网络舆情监测

基础与应用

曹 蓉◎著

INTERNET PUBLIC OPINION

Basics and Application

时事出版社

北京

图书在版编目（CIP）数据

网络舆情监测：基础与应用/曹蓉著．—北京：时事出版社，2018.12（2024.2 重印）

ISBN 978-7-5195-0269-0

Ⅰ.①网…　Ⅱ.①曹…　Ⅲ.①互联网络—舆论—研究　Ⅳ.①G219

中国版本图书馆 CIP 数据核字（2018）第 248357 号

出版发行：时事出版社
地　　址：北京市海淀区彰化路 138 号西荣阁 B 座 G2 层
邮　　编：100097
发行热线：（010）88869831　88869832
传　　真：（010）88869875
电子邮箱：shishichubanshe@ sina. com
印　　刷：北京世纪优彩科技有限公司

开本：787×1092　1/16　印张：15　字数：230 千字
2018 年 12 月第 1 版　2024 年 2 月第 4 次印刷
定价：98.00 元
（如有印装质量问题，请与本社发行部联系调换）

前　言

网络舆情监测与导控是一个21世纪初刚刚兴起的全新工作领域，也是一个受到各级部门、单位甚至个人高度重视、极具发展潜力的热门服务领域。全新性使得它缺乏系统的工作经验和现成的工作模式可资借鉴；热门性使得它急需构建一个专门的体系结构，其中就包括一支专业化的人才队伍。这就需要研究者们从已有的网络舆情工作经验出发，面向未来网络舆情工作的体系化、专门化发展趋势，对网络舆情工作规律、原则和具体实施与应用过程进行详细而全面的梳理。而就目前已出版的各类与舆情相关的书籍来看，或仍延续着传统社会舆情的工作思路，或仅围绕着网络舆情监测的某一特定环节（尤其以网络舆情的处置应对策略研究居多）。而实际上，一方面，新兴的网络舆情监测与传统的社会舆情调查相比具有很多新的特征，给舆情工作也提出了更多更新的要求；另一方面，虽然舆情工作的最终成效体现在对各种舆情问题、危机的处置应对上，但没有网络舆情信息采集、分析、预警、报送等环节的有效保障，单纯的处置应对是不存在的。此外，一些以网络舆情为主题的教材出版物，虽涉及到网络舆情监测的多个方面、多个环节，却多为“蜻蜓点水”式的泛泛而谈，内容较为简略，缺乏对网络舆情监测与导控理论问题的深入探讨以及实践环节的细致介绍。

结合上述现状特点，本书紧紧围绕网络舆情多学科理论交叉融合和实践性、实用性特点，一方面广泛吸取已有研究成果之精华，另一方面结合编写者在实践工作中的探索和积累所得，对网络舆情监测与导控相关理论问题、实践方法与技术等进行深入、全面而细致的介绍和探讨，旨在解决网络舆情工作者应具备什么样的准备性知识、应掌握什么样的实践技能以及将来应该在哪些重点领域有所作为等问题，从而帮助读者从一个网络舆情工作的“门外汉”转变为一个具有初、中级职业水平的网络舆情工作者。

本书内容共分为三大部分：第一部分为基础理论知识，涵盖社会学、传播学、计算机网络、心理学等多学科知识领域，对网络舆情的基本概念、网络舆情的发展历程、网络舆情工作的机制原则、网络舆情的主要特点及形成演变机制、网民行为及心理特征等进行了全面的介绍，并结合丰富的实例进行多维度阐释；第二部分为实践模块部分，按照网络舆情监测与导控的实际工作流程，分选题、搜集、分析、报送、预警处置五大模块展开，对各环节的具体操作流程、关键技能与技术以及所使用的具体工具等进行了详细的介绍；第三部分为专题研究部分，对网络舆情监测与导控相关的重要议题，如突发事件网络舆情、国外的网络舆情监测与导控等进行专题性介绍，旨在通过更具体、关键的任务帮助读者拓展网络舆情的应用思维。诚然，由于水平所限，书中所表述的观点难免有疏漏和不当之处，敬请广大读者批评指正。在此，感谢本书作者所在单位对本书出版给予的大力支持，感谢时事出版社编辑对本书认真、细致的审阅。

目录

contents

第二部分 实践模块

第三部分　专题研究

第一部分——基础理论

第一章　网络舆情的基本概念

所谓网络舆情监测与导控，监测是工作的过程，导控才是工作的终极目标，无论是过程还是目标，均离不开网络舆情这一最基础的前提。而单就网络舆情而言，核心在于“舆情”。到底什么是舆情，网络舆情是否只是传统舆情在网络这一新载体上的体现还是具有其新的内涵，这是本章力图解决的问题。我们将从“舆情”这一概念的历史起源说起，结合当代对网络舆情的各种解读，提出本书所支持的对于“网络舆情”的新认识。

一、“舆情”的历史由来

舆情的“舆”，最早出现在商代的甲骨文中（见图1—1①），表示靠人力抬举起来的车。它的构形与现代汉字的“舆”大致相同，中间部分象征轿子，外围部分则象征着合力抬举的四只手，后来逐渐演变为现在的“舆”。而随着字形的演变，其所指代的含义也发生了变化，从最开始表示具体的物，演变成指代与这些物相关的人，包括车夫、差役、小官吏和随车士卒等下层普通大众。后来，其则泛化成普通老百姓的代名词。

根据国内学者的考证，②“舆”与“情”的结合最早出现在《旧唐书》中。书中记载，唐昭宗在乾宁四年（公元897年）的一封诏书中写道：“朕采于群议，询彼舆情，有冀小康，遂登大用。”意思即皇帝采纳群臣的意见，了解老百姓的看法，不仅有益于国家安康，更将对进谏者委以重

① 冯希莹、王来华：“舆情概念辨析”，《社会工作（学术版）》2011年第5期，第83页。

② 中共中央宣传部舆情信息局、天津社会科学院舆情研究所，《舆情信息汇集分析机制研究》，北京：学习出版社，2006年版。

图 1—1　“舆”的字形演变历程

图片来源：作者自制。

用。此处，“舆情”与表示群臣意见的“群议”对称使用，表示与代表统治阶层意见的群臣朝议相对应的普通老百姓的情感和看法。自唐昭宗起，“舆情”一词开始得到广泛使用。尤其是在清朝时期，“舆情”一词的使用频率最高。在清朝康熙年间，康熙皇帝首次南巡驻江苏宿迁时，发现漕运总督邵甘问题严重，随即传旨召见，并对他说：“朕时巡之举，原欲周览民情，查访吏治。尔身为大臣，理应洁己率属，乃莅任以来，并无善状，且多不谨处。此朕得之舆情，访闻颇确。”另外，《聊斋志异·续黄粱》中也用到“舆情”一词：“伏祈断奸佞之头，籍贪昌之产，上回天怒，下快舆情。如果臣言虚谬，刀锯鼎镬，即加臣身。”

由这些历史考证我们不难发现，在封建统治时期，舆情具有明显的政治指向性，它强调被管理者对管理者的态度，具体则指国家管理者无法通过官方渠道获得的普通百姓对制度、官员等的意见、评价和看法。因而，长期以来，“舆情”都是社会学中民意理论下的一个概念，被定义为民意的一种综合反映，而相应的舆情工作就是一种为统治阶级服务的民意调查工作。

二、“舆情”的当代解读

互联网这一新型舆情载体的快速发展，使得“舆情”这一古老的词汇迅速成为各界关注的热点词汇。然而，尽管近年来关于舆情基础理论的研究取得了较大的进展，但学界对于网络舆情的定义仍存在一些分歧。

一种较为典型的观点认为，“网络舆情是指在一定的社会空间内，围绕中介性社会事项的发生、发展和变化，作为主体的民众对作为客体的国家管理者产生和持有的社会政治态度”。[①] 该定义将网络舆情概念划分为舆情主体、舆情客体、舆情本体和中介性社会事项四大主要构成成分。其中，舆情主体指民众，舆情客体指国家管理者，舆情本体为社会政治态度。中介性社会事项则包括国家管理者制定和推行的法律规章制度、各类方针政策、工作措施，也包括影响民众利益以及民众与国家管理者主客体利益关系变化的事件、人物，甚至还包括国家管理者的工作成就和存在的各种问题等。可以说，该定义回答了谁（主体）因为什么（中介事项）对谁（客体）产生了什么（本体）的问题。然而，从当下网络舆情的发展实际来看，其内涵和外延都有了进一步的拓宽。一方面，网络舆情的客体不再仅仅局限于国家管理者，而是包括任何民众关心甚至只是关注到了的事物、现象等。例如发生在 2006 年初的“虐猫事件”，以及各种“艳照门”事件、“范跑跑”事件等，这些事件并不是国家管理事务，而更多的是一些个人行为、私人事件。另一方面，网络舆情的本体也不仅是社会政治态度，还包括各种观念、情绪、意见，甚至隐性的行为倾向等。例如，针对企业产品口碑而言，舆情就是舆情主体对某事物的一种个人喜好或品味；而针对社会治理而言，舆情可能体现为舆情主体危害社会的某种行为倾向。因此，我们认为，当前网络舆情的实际已经超出了这一概念的范畴。

另一种典型观点认为，舆者，舆论也；情者，情况也。由此，舆情便等同于舆论情况。显然，这一观点既不符合舆情这一概念的历史渊源，也不切合当下网络舆情的应用实际。一方面，历史上的舆情之“情”并非指情况，而是指舆情主体的各种情绪、态度、意见等主观产物；另一方面，舆情之“舆”也并非指舆论，二者在影响力等特征上存在一定区别，下文概念辨析部分将有详细阐述。

此外，学术界还有多种有关网络舆情的定义，如：

“网络舆情指在网络空间内，围绕舆情因变事项的发生、发展和变化，

---

① 王来华：《舆情研究概论》，天津：天津社会科学院出版社，2003 年版，第 32 页。

网民对执政者及其政治取向所持有的态度。”①

“网络舆情是国家决策主体在决策活动中必然涉及的、关乎民众利益的民众生活（民情）、社会生产（民力）和民众中蕴涵的知识和智力（民智）等社会客观情况，以及民众在认知、情感和意志基础上，对社会客观情况以及国家决策产生的主观社会政治态度。”②

“网络舆情就是从互联网上传播的公众对某一‘焦点’‘热点’问题所表现的有一定影响力、带有倾向性的意见或者言论的情况。”③

“网络舆情是由各种社会群体构成的公众，在一定社会空间内，对自己或与自身利益紧密相关的各种公共事务所持有的多种情绪、态度和意见交错的总和。”④

学术界之所以对“舆情”的概念界定还存在如此多的争议，一方面是因为舆情作为一种复杂的人类精神现象，本身就很难界定和把握，因而容易与各种相似概念（如舆论等）发生混淆；另一方面，网络舆情兴起之迅猛，使得与之相关的理论研究相对于其实际的发展情况而言总是稍显落后，概念的界定总是无法覆盖网络舆情仍在不断拓宽和深化的所有内涵。

三、“舆情”的概念辨析

正如上文所述，对舆情定义的不统一也源于对舆情以及与之关联的其他概念的混淆认识，如舆情信息、舆论、民意、社会舆情、情报等。对舆情与上述概念的异同辨析，将有助于我们更清楚地认识网络舆情这一概念，从而也有助于我们更准确地定位网络舆情监测与导控这项工作。

---

① 纪红、马小洁：“论网络舆情的搜集、分析和引导”，《华中科技大学学报（社会科学版）》2007 年第 6 期，第 104 页。

② 张克生：《国家决策：机制与舆情》，天津：天津社会科学院出版社，2004 年版，第 13 页。

③ 苏云升、周如俊：“网络舆情与思想政治教育”，《广东青年干部学院学报》2005 年第 4 期，第 73—76 页。

④ 刘毅：《网络舆情研究概论》，天津：天津人民出版社，2007 年版，第 51 页。

（一）舆情与舆情信息

传统的舆情研究中似乎并不区分舆情与舆情信息这两个概念，然而近年来这两个概念却被频繁使用。究其原因主要在于，传统的舆情无论是基于口头表达还是付之于文字记录，通常都是主体情感态度的直接表露，因而从某种意义上而言，舆情即舆情信息，舆情信息即舆情，二者可等同而语。然而，随着网络时代的到来，舆情表达形式、途径的多样性以及舆情本身所涉及范围的宽泛性，使得舆情并不那么显性，这就带来了一个舆情是否得以直接反映或体现的问题，于是衍生而来的就是对“舆情”和“舆情信息”做出区分的必要性。舆情作为一种复杂的主观情感的总和，它并不是一个看得见、摸得着、抓得准的东西，但我们又需要去了解它、掌握它、应用它，因而我们需要为它找一个物质外壳，让我们能够以更明确的形式去接触它、度量它，于是就需要引入“舆情信息”这一概念。

所谓舆情信息，是指“通过物质载体记录和表达的，能够反映舆情的语言、符号、数据、消息，它经过产生、传递、交流，通过分析应用于决策活动”。[①] 具体到网络舆情信息，就是指网民在互联网上发布和传播的能够反映舆情的各类信息，包括文字、图像、音频、视频等，其中文字形式占据主体地位，视频、图片等可视化信息则呈不断上升趋势。

一条网络舆情信息涵盖的内容很多，涉及的范围很广，不仅指静态存在的信息内容，还涵盖整个信息内容产生、发展的全过程，是一个动态的全程性概念。它由五大基本要素构成：

- 参与主体，指通过互联网发表言论或执行其他网络操作的个人、群体或组织。
- 网络载体，指各种网络媒体类型，如新闻网站、论坛、微博、QQ 等。
- 言论内容，指舆情信息的直接表现形式，包括文字信息、图片、视频等。
- 传播扩散，指网民对已有言论信息所执行的各种网络操作，包括点

① 刘毅：《网络舆情研究概论》，天津：天津人民出版社，2007 年版，第 53 页。

击、转载等。

● 反馈影响，指网民对已有言论信息的评论，甚至包括可能发生的行为倾向等。

上述五大要素也是网络舆情监测与导控所要关注和采集的重点内容。大量舆情信息样本的汇集即可构成如图1—2所示的舆情信息数据库，该信息数据库将是后续舆情信息统计分析的基础性资源。

1	“魏则西”互联网信息报告(2016-5-04至2016-05-11)										
2	类型	标题	来源	发表时间	正负面	转载量	点击数	回复数	URL	作者	搜索时间
3	贴吧	【在流放地】七日谈 |	百度贴吧	2016/5/8 23:32	中性	2	103	27	http://tie		42501.
4	贴吧	从魏则西事件看P2P广告	百度贴吧	2016/5/8 22:18	负面	0	15	0	http://tie		42501.
5	贴吧	当看到魏则西事件的时候	百度贴吧	2016/5/8 23:26	负面	0	14	2	http://tie		42501.
6	贴吧	当医生都成了陈仲伟，我	百度贴吧	2016/5/9 0:13	正面	0	15	3	http://tie		42501.
7	贴吧	回复:[exo]本正义人士揭	百度贴吧	2016/5/8 21:55	负面	0	34	0	http://tie		42501.
8	贴吧	回复:“魏则西”“莆田	百度贴吧	2016/5/9 0:10	正面	2	11	7	http://tie		42501.
9	贴吧	回复:【16-05-05 意见建	百度贴吧	2016/5/8 23:23	正面	0	23	1	http://tie		42501.
10	贴吧	回复:【分析】魏则西的	百度贴吧	2016/5/8 23:40	负面	3	159	21	http://tie		42501.
11	贴吧	回复:【建议反馈】05-04	百度贴吧	2016/5/8 23:45	负面	0	74	19	http://tie		42501.
12	贴吧	回复:【讨论】魏则西事	百度贴吧	2016/5/8 22:19	负面	0	23	1	http://tie		42501.
13	贴吧	回复:【真相】关于魏则	百度贴吧	2016/5/9 0:19	正面	0	14	0	http://tie		42501.
14	贴吧	回复:E租宝后台硬你们不	百度贴吧	2016/5/9 0:15	中性	0	13	3	http://tie		42501.
15	贴吧	回复:百度间接害死了魏	百度贴吧	2016/5/8 22:21	中性	0	0	0	http://tie		42501.
16	贴吧	回复:不得不说，这次的魏	百度贴吧	2016/5/8 23:56	负面	13	162	76	http://tie		42501.
17	贴吧	回复:大学生魏则西的葬	百度贴吧	2016/5/8 21:49	负面	0	0	0	http://tie		42501.

图1—2 舆情信息数据库范例

图片来源：作者自制。

总之，就舆情与舆情信息的关系而言，我们认为：舆情信息是反映舆情的信息，它不是舆情本身，只是舆情的物质体现。通过对舆情信息的搜集和分析，可以挖掘和推导出其中所含舆情的内容、指向和强度等，从而达到为决策活动服务的目的。舆情工作需要采集舆情信息，更要分析舆情信息，因为网络舆情监测与导控的核心是掌握舆情，而不仅仅是掌握舆情信息。

（二）舆情与舆论、民意

现实工作和生活中存在着大量对舆情、舆论和民意三个概念混淆使用的情况，因此对它们的异同特征进行辨析十分有必要，不仅对相关的实际工作有帮助，还能从理论上加深对舆情概念的理解。

对于舆论的概念，国内外学者都有不同角度的界定，但是至今也没有较为权威的结论。这同样是因为，舆论作为社会生活中一种发挥重要作用的、极为丰富和复杂的人类精神现象，其界定和分析的角度可以是多样化的。我国国内有关舆论的研究直到20世纪80、90年代之交才正式展开，而其中有代表性的定义包括：

- “舆论是社会生活中经济政治地位基本相近的人们或社会集团对某一事态的大体相近的看法。”①
- “舆论是显示社会整体知觉和集合意识、具有权威性的多数人的共同意见。”②
- “舆论是公众对其关心的人物、事件、现象、问题和观念的信念、态度和意见的总和，具有一定的一致性、强烈程度和持续性，并对有关事态的发展产生影响。”③

上述几个定义从不同角度对舆论进行了分析和强调，归结起来反映了有关舆论的如下共识：

- 强调舆论是多数人的意见，个别人的意见因形不成声势，构不成压力，在整个舆论场上没有统计意义，因而不被纳入舆论的范围；
- 强调舆论是共同的、一致的意见；
- 舆论是经过各种形式公开表达的意见，没有表达的意见不是舆论。

相比而言，舆情通常是一种原初的表露，可以是零散的、非体系化的，不一定是大量一致性意见的集合，而可能包含对同一问题的多种不同意见。而舆论则十分强调其影响性和一致性，是某一种观点的集聚化表现。因此二者之间有区别，同时又存在密切的联系，那就是：当舆情产生聚集时就会向舆论转化。而网络舆情监测与导控就是要对舆情向舆论演变的这一过程进行干预，使舆情不要转化为舆论或者是转化为良性的舆论，从而使事态朝更和谐有利的方向发展。

民意则是人民意识、精神、愿望和意志的总和，是一种特殊的共同意

---

① 甘惜分：《新闻理论基础》，北京：中国人民大学出版社，1981年版，第52页。

② 刘建明：《基础舆论学》，北京：中国人民大学出版社，1988年版，第11页。

③ 孟小平：《揭示公共关系的奥秘——舆论学》，北京：中国新闻出版社，1989年版，第36页。

识。之所以特殊，是因为民意体现的是人民改变现状、维护自己利益的历史要求，是社会真理的坐标，是立国、治国之本。我们常说，违背民意就是阻止历史前进，最终就会遭到历史的抛弃。因此，我们无法在没有提供充分数据证明的情况下主观地判断哪些意见是民意或不是民意。民意只能由人民自己来说明，需要通过民意测验取得确凿的证据才能认定。在民意中，包含社会绝大多数成员的利益，也包含绝大多数成员所赞成的意见。从这一共同基础出发，民意是公正的，是永远不会发生谬误的，如果出现谬误，则必定是错把一部分人的意见当做了民意。因此，对于民意我们可以理解为：

- 民意是舆论的一部分，也是一种一致性的意见；
- 民意不是由任何个人或小集团主观断言的，它需要有大量、全面、客观、科学的调查分析方能认定；
- 民意是公正和正确的，是人民意识、精神、愿望和意志的总和，反映的是人们在社会发展过程中必然的历史要求。

民意的这种顺应历史规律的正确性，使得一旦违背民意，则极有可能产生一系列反对的社会运动，甚至转化为一系列实际的社会斗争。

因此，综合而言，舆情与舆论、民意的关系如图1—3、图1—4所示：

图1—3表示三者所涵盖范畴的大小，即舆情既包含一致的、影响力大的、成体系的意见，也包括一些零散的、不一致的、原初的意见；而舆论则既包括正确的一致性意见（即民意），也包括不正确的一致性意见。

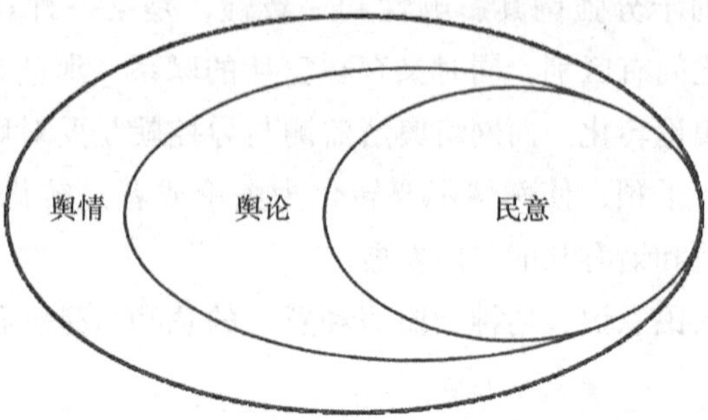

图1—3 舆情、舆论、民意的范畴界定图

图片来源：作者自制。

图 1—4 表示零散的舆情集聚到一定规模的一致意见后就成为舆论，由于舆论有好坏之分，因而需要展开舆情监测与导控对该转化过程进行掌控，而掌控的最终指向则是使一切顺应民意。

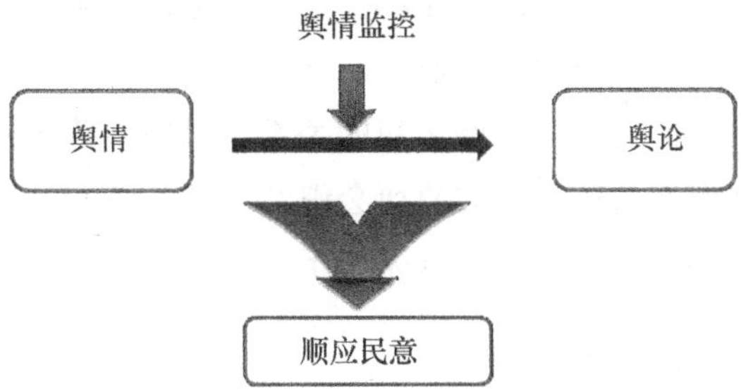

图 1—4　舆情、舆论、民意的关系

图片来源：作者自制。

（三）网络舆情与社会舆情

网络是信息网络技术发展条件下出现的新事物，而网络舆情显然是指以网络为载体或平台的舆情。那么作为一个新事物，它与人们长期以来所讨论的社会舆情又是一个什么样的关系呢？

首先，网络舆情是社会舆情的新成员。随着网络的加入，社会舆情可以划分为通过网络反映出来的网络舆情和通过传统媒介反映出来的非网络舆情。后者也被称为狭义的社会舆情。

其次，网络舆情是社会舆情的风向标。由于网络的特征，网络舆情对于社会舆情的反映更加迅速、直接。同时，根据中国互联网络信息中心（CNNIC，下同）2018 年 1 月的最新报告显示，2017 年我国网民人均周上网时长达到 27 个小时。可见，上网在人们生活中扮演着越来越重要的、必不可少的角色。这种高渗透率也使得网络舆情成为社会舆情的一个最重要组成部分。基于网络舆情在反映社会舆情上的这种直接性和重要性，我们将其界定为社会舆情的风向标。

再次，网络舆情是社会舆情的“放大器”。近年来，诸多真实案例表明，网络成为舆情形成和爆发的主要阵地，舆情信息在决策和其他方面的作用也日益突出，这一方面是改革开放、社会进步的必然趋势，另一方面也表明网络舆情对社会舆情的放大作用不可轻视。网络舆情跨越时空迅速传递，能将产生于特定时间、地点的态度传递到最大范围，得到来自一切可能方面的回应，并可能通过多种网络形式快速地进行整合，使意见空间和意见力度进一步扩大或增强。线上舆情与线下舆情相互影响，互相放大，使社会舆情的影响力大大增强。

上述是网络舆情与社会舆情之间的关系。同时，作为一种全新的舆情表现形式，网络舆情与传统形式的社会舆情相比，还具有很多自身的鲜明特色，这一点我们将在后面的章节详细介绍。

（四）舆情监测与舆情监控

一直以来，人们对于“网络舆情监控”这一表述总是存在一定的反感情绪，认为“监控”就是一种控制，是对公众权力的一种限制。实际上，“舆情监控”这一表述并非一开始就有的，它的由来与舆情工作方式、手段的不断更新变化密切相关。

在古代，传统而古老的舆情获取方法包括奏折（各地官员以奏折的方式向朝廷上报当地的民情民意及民间疾苦）、钦差大臣（皇帝特派亲信到实地调查民情）、百姓上访（老百姓为维护自身利益向当地官吏或更高级官吏反映民情民意）、文艺作品（富有正义感的政治家、文学家和一些民间艺人以及普通老百姓创作或演绎的反映当时当地社会舆情的作品）。

到近现代，对舆情的搜集和调查有了新发展。一些先进的知识分子开始运用问卷调查这一新兴调查技术搜集舆情。实际上，这一传统调查方式到现在我们还在使用，只是它的形式更加丰富且技术成分不断增加。

从最初以人工手段为主的民意调查，到利用技术手段开展的实时密切跟踪的舆情监测，再到集采集、分析、预警、处置建议于一体的舆情服务，有关舆情的术语也从民意调查发展到舆情监测，再到舆情监控。而需要说明的是，此处的“监控”重心在于强调其与此前单纯的数据抓取、搜集的监测服务不同，它既重视对网络信息的筛选、量化统计和分析研判，更重视就如何应对和处置舆情问题提出科学的咨询和建议。因此，“监控”的“控”更准确而言是一种充分尊重公民权益的、科学合理的导控，而不是武断、强行的控制。及时准确的测量服务与科学合理的引导才是“监控”一词的核心所在，也是网络舆情工作的核心价值所在。

因此，网络舆情监测实际上只是网络舆情监控的一个环节，其目的在于服务于用户对情况的掌握，从而更好地做出有关处置与应对的决策并付诸实施。从这一点看，虽然网络舆情是无限宽泛的，它可以是任何人的任何主观情绪，但对网络舆情的监控却并不是无的放矢的，而是有所指向的，这种指向依据不同用户的需求而定。我们将网络舆情监控的这一特性称之为显著面向用户性，从而将网络舆情监控定义为：为满足特定用户需求而开展的对网络舆情信息的搜集、测量、分析、研判以及处置建议的提出与落实等的总和。

（五）网络舆情监控与公开源情报工作

到目前为止，对于网络舆情是否属于公开源情报，尚存争议。

对于什么是情报，作为情报理论研究先驱的美国情报界普遍认为：情报是一种知识、信息，主要内容是有关对手（或敌方）的情况，它不仅包括原始信息的直接搜集，还包括分析、研判这一至关重要的环节，且以预测作为情报工作的最高境界，而其最终的作用是辅助用户的决策。[①] 而作为情报组成部分的公开源情报则指“为特定用户解决某一问题而从报纸、书籍、学术和技术刊物、政府公报、广播、电视和互联网等公开的多语种与多媒介渠道，以合法且合乎道德伦理的手段获取的信息，并对这些信息加工处理后得到的情报”。[②]

从上述定义来看，一方面，网络舆情监控以用户需求为主要牵引的显著面向用户性，与情报工作辅助用户决策的最终目标高度一致；另一方面，网络舆情监控从舆情信息的采集、舆情的分析研判、预警处置再到报送反馈的流程与机制，无不与情报工作的流程高度契合；此外，网络舆情监测以互联网这一公开的信息集散地和公众交流平台为渠道的方式，与公开源情报的“公开”特性相一致。事实上，现有诸多有关用户评论在企业竞争情报中的应用探索就是网络舆情与公开情报融合的典范。因此，我们

① 张晓军：《美国军事情报理论研究》，北京：军事科学出版社，2007 年版，第 37 页。

② OSS 研究院（Open Source Solutions Academy）给出的定义。

认为，网络舆情理应划入公开源情报的范畴，且从当前网络发展的势头以及情报工作的转型来看，网络舆情作为公开源情报的一个有机组成部分还将发挥越来越重要的作用。

四、本书的观点

在上述历史追溯、当代解读与概念辨析的基础上，我们试图对网络舆情的定义提出如下两点看法：

第一点，应注重对“舆情”与“舆情信息”的区分。这就意味着对舆情的分析与研判工作尤为重要，它是将简单的信息堆积或汇集上升到决策参考依据的关键步骤，我们不仅要重视这一关键性环节，更要重视对相关工作人员分析能力的培养。

第二点，应弱化“网络舆情”与“公开情报”的界限。这就意味着网络舆情监测的对象不仅应包括直接表露情感态度的舆情信息，还应包括一切以间接方式折射、体现舆情的信息，是广义框架下“大情报观”的体现。因此，我们应重视网络舆情工作的情报效益。

在上述两点认识的基础上，我们将作为网络舆情监测对象的网络舆情定义为：在一定的社会空间内，网民（个人或团体）通过互联网表达、体现、传播的一切有助于用户决策的、相关主体对相关客体的情感倾向和行为倾向的总和。而网络舆情工作则是：为满足特定用户需求，遵循舆情演变规律和信息搜集原则，运用科学合理的手段，有针对性地采集、分析网络舆情信息，为用户报送情况预警及处置建议的信息服务业务。

首先，网络舆情不是虚无缥缈地存在着，而是以特定的时空为背景的。所谓舆情的社会空间，就是指舆情形成、变化和发生作用的情境或环境，是多维或多元的相互刺激、影响和制约。

其次，既然是网络舆情，其制造者和发布者毋庸置疑必须是网民，而传播载体也必须是互联网。此处的“网民”既包括以个人身份认证的个体网民（如张三、李四等），也包括以社团或单位认证的群体网民（如新闻媒体、机构官方微博等）。而且，舆情信息不只是单纯的一串文字，还包括这条信息的受关注度、传播扩散情况等所体现出的影响力等，因此我们说它涵盖直接表达、间接体现、传播扩散三种表现方式。

而所谓“一切有助于用户决策”的定义，即不区分是否为热点，也不区分是否为社会政治态度，只要是对用户决策具备参考意义的“特殊的信息或知识”，均被纳入舆情信息的范畴。

而之所以说是相关主体对相关客体，是因为特定的舆情事件通常具有特定的对象，并非所有舆情都牵涉到所有人的利益，同一个舆情事件可能涉及多个客体，但特定用户通常只关注与己相关的情况，这一限定与定义中的“一定的社会空间内”是相对应的。

我们将上述定义称为一种面向应用的（或基于网络舆情监测框架下的）、广义的网络舆情界定，也是贯穿本书的一个概念核心。

第二章　网络舆情的发展概况

互联网时代新的信息产生、发布和传播模式，带来了舆情发生、发展的新变革，也使得网络舆情相比以往口口相传的社会舆情具有更加空前的影响力。网络舆情的空前影响必然带动相应的对网络舆情加以利用、导控的业务发展，于是网络舆情监测与导控这一新兴信息服务业务，伴随着网络舆情信息的持续迅猛传播以及一件件舆情事件的接踵而至迅速走红。网络舆情监测与导控业务到底是如何一步一步发展起来的、目前发展状况如何以及在现时代具有何种重要价值与地位，是本章所要介绍的主要内容。

一、网络舆情的发展历程

如前文所述，我国对于舆情的研究和关注古已有之，然而将舆情与监测和导控相结合则是从互联网诞生之后开始的。因此我们说，舆情监控的兴起是与整个互联网的发展分不开的。1994 年，我国被国际承认为拥有互联网的国家。最初，互联网仅作为一种技术手段，后来逐渐演变成一种新闻传播媒介，而它真正成为一种言论工具则是在 1999 年。1999 年 5 月 8 日，北约轰炸了我国驻南斯拉夫大使馆，引起了我国民众的强烈愤慨。5 月 9 日晚，《人民日报》网络版就趁势开通了我国国内媒体网站开设的首个时政类论坛——“强烈抗议北约暴行 BBS 论坛”（也就是如今为网民所熟知的“强国论坛”的前身）。该论坛一经开通，原本通过电视、报刊杂志、游行等方式和渠道表达、传递的抗议情绪迅速蔓延至网络世界，每天通过该论坛发布的帖文多达上万条，互联网所扮演的角色已然发生质的变化。自此，互联网作为言论工具的作用越来越凸显，伴随而来的网络舆情对社会的影响力也越来越深远。

（一）2002—2004 年：网络舆情影响力初现端倪

2002—2004 年，我国互联网尚处于 Web1.0 时代。Web1.0 以门户网站等技术为代表，强调内容的组织与提供，各网络媒体盈利的共通点即点击量。互联网上的各种舆论载体的主要运行模式是引用、转载报纸、电视等传统媒体的报道，并对其进行扩充式的传播和讨论。此时的网络媒体基本等同于传统媒体的电子版。在此期间，网民主要作为信息的接收者，其网络行为以单向浏览新闻页面为主。尽管此时新闻报道占据网络媒体传播的主导地位，但供网民参与发言的论坛平台已经出现，诸如留言板、讨论区等的兴盛，使得网上发表言论的网民也快速增加，开始形成各种网络社区。

这些变化推动着网络舆情的迅速发展，由此引发的舆情事件也时有发生。尤其是 2003 年，这一年因发生了数起网络舆论热点事件而被称为“网络媒体元年”。

其中一个最典型的事件即广州大学生孙某在收容所意外身亡。2003 年 3 月 17 日晚，湖北青年孙某因未随身携带相关证件而送至广州市某收容人员救治站。3 月 20 日，孙某在该收容救治站内意外身亡。4 月 25 日，《南方都市报》首次披露了这一事件，随后即被各大网站转载，并激起互联网上的一片议论之声。网民对案件的侦查和相关人员的处理密切关注，同时对原有收容遣送制度的落实进行了深入探讨和批评。网络上的这些讨论和批评，最终导致了 6 月 18 日国务院常务会议对新的相关制度的审议，以及对旧的收容遣送办法的废止。实际上，在旧的收容遣送制度下，类似于孙某事件的案例绝不止一例，然而正是这个案件最终导致了原有收容制度的废除。除去事件本身可能存在的一些特殊性外，网络舆论的强大影响力是不容忽视的，它推动着整个事态的发展，甚至可以说起到了一种决定性作用。从 3 月事发到 6 月制度审议，这是中华人民共和国成立以来国务院首次在如此短的时间内废除一种旧的制度办法，而这均源于孙某事件的爆发。如果说 1999 年人民日报网开通“强烈抗议北约暴行 BBS 论坛”标志着网络开始成为我国舆情表达的新渠道的话，那么孙某事件就可以说是舆情开始发挥其巨大社会影响力的一个开端。

有了第一个成功的案例，民众就更加重视通过网络这一渠道来表露心声，监督社会。

同年，辽宁黑社会老大刘某在一审被判死刑后改成死缓，这一改判招至网上骂声一片，仅当时搜狐评论栏目中有关刘某案件的留言就超过了8万条，创下了中国互联网网民留言量的历史纪录。最终，在舆论的推动下，最高人民法院复审了此案并改回了原判。同样，苏某宝马车撞人案中肇事者的嚣张表现引发网民对其身份及社会关系的各种猜测与质疑，最终中央纪委介入调查后方才平息了网友的各种质疑与申诉。

这些事件的发生初步向我们证明了集体声音的空前影响力和权威性。也正是因为这些典型的网络舆情事件的发生，2003年被研究界称为“网络媒体元年”。当时，有媒体分析专家就提出，在这一时期，尽管《人民日报》、新华社、中央电视台依旧是信息传播的权威，但若是新浪和搜狐加起来，其影响力必定会超过央视，如若再加上人民网和新华网，则相当于两个央视的影响力。这一论断也从侧面说明了网络媒体作为主流媒体，已经逐渐得到社会各界的肯定。

因此，面对日益升温的网络舆情，一方面，如何在国内重大活动报道中引导舆论成为我国网络主流媒体的重要担当，以国家重点新闻网站为首的主流媒体梯队已初具规模，管理和运作也逐步成熟，并开始积极引导网络舆情的发展。与此同时，政府开始正视网络舆情的监测和引导工作，具体体现在：从2003年起，舆情监测开始上升为各级党政部门的一项重要工作；2004年，舆情工作首次被写入中国共产党中央全会工作报告，中共十六届四中全会在中共中央关于加强党的执政能力建设的决定中强调：“要高度重视互联网等新型媒体对社会舆论的影响”，“要建立舆情汇集和分析机制，畅通社情民意反映渠道”。于是，一些舆情开始作为社情民意进入决策程序，成为政府决策的重要参考依据，但由于仍然处于初级阶段，这一时期政府对网络舆情的管理还比较粗放，尚处于摸索阶段，干预力度也不是很大。

（二）2005—2009年：网络舆情兴盛引各方高度重视

2005—2009年，我国互联网开始进入Web2.0时代。同单纯浏览HTML网页的Web1.0模式相比，Web2.0互联网模式交互性更强、内容更丰富。在这一模式下，普通网民在网络参与中的角色身份亦发生了根本性变化，从被动接收互联网信息向主动创造互联网信息转变，从单纯的读向写和共同建设转变。个人不再是单纯的互联网使用者，而是作为一种主体参与到互联网中，是互联网内容的主动传播者、作者和生产者。

互联网的舆论平台作用进一步凸显，几乎所有门户网站都开设了BBS论坛，几乎每条受网民关注的新闻后面都开设了跟帖。网络用户开始取代网络媒体方，成为网络信息的主要提供者。互动、共享的网络传播理念及其相关技术的使用，为网络舆论兴盛提供了技术条件。

在网络技术飞速发展的同时，网民的规模也在急剧增大，巨大的网络使用群体形成了一个强大的网络舆论主体。仅以博客为例，根据CNNIC的调查显示，2006年中国网民注册的博客空间达3375万个，其中60.2%的网民建博客的目的是为了“表达自己的观点”。这一时期，阅读博客成为网民上网习惯的重要组成部分，经常阅读博客的活跃读者达5471万人。而另一方面，伴随着网络影响力的加强，政府也开始致力于推行信息公开与社会民主，尤其重视网络言论，网络媒体的舆论监督作用得以充分展现。以人民网“地方领导留言板”为例，自2008年5月开通至2009年11月这一年半的时间内，该留言板共接收网民留言40多万条，有37位书记或省长、95位地市主要领导做出公开回应，其中约6000项网友提议得到落实和解决。与此同时，政府官员开设博客这种更个性化的互动方式也一度成为热点，引起各方讨论。除上述各类媒体平台的开通外，国家领导人在国家重大活动中对网络舆论的重视更是被提到一个新高度。例如，从2005年起，温家宝总理在“两会”期间召开的记者招待会上都是率先回答网民提出的问题。这种从中央到地方对互联网地位和作用的正面肯定和率先垂范，都推动了网络舆情的持续发展。

在网络舆情管理方面，我国开始形成一个从中央到地方的舆情监测和导控系统。一方面，从中央部委到县级政府均建有专门网站，及时发布权威信息。另一方面，监测和导控网上舆情的队伍也初步形成，中央宣传部成立了舆情信息局，全国各省宣传部成立舆情信息处，层层架构，初步形成了一套较为完整的网络舆情监测与导控体系。

总之，从这一时期起，网络舆情已成为我国政治生活、社会生活和文化生活中不可或缺的一部分。中央和各级地方政府对网络舆情则采取高度重视、积极回应的态度，从而使互联网成为我国政府治国理政、了解社情民意的新平台。我国的网络言论得到开放，管理水平逐步提升，政府对网络舆情的认识也更加客观、科学。

（三）2010 年至今：网络舆情微时代带来处置应对新挑战

2010 年，微博的到来将我们带入了舆情发展的第三个阶段。2009 年 8 月，中国最大的门户网站新浪网推出“新浪微博”内测版，成为门户网站中第一家提供微博服务的网站。自此，微博正式进入我国上网人群的视野，随后微博用户量急剧上升，从 2010 年底的 6311 万剧增至 2013 年 6 月底的 3.31 亿，成为用户增长最快的互联网应用模式。作为一个基于用户关系的信息分享、传播以及获取平台，微博的舆情传播具有更新更及时、原创性更凸显、发布更便捷、信息投放更精准（凭借其@ 功能）、易形成意见领袖等特点。自微博诞生以来，在其推动下引发了一系列热点舆情事件，从江苏溧阳某局长“微博开房”到郭美美“微博炫富”，再到四川会理“领导悬浮照”事件等，无一不是在微博上酝酿、发酵甚至平息的。相比以往的论坛、博客，微博时代公众参与公共事务的热情和能力都得到极大的提升。

继微博之后，2011 年 1 月腾讯推出即时通信应用——微信，不仅提供点对点之间的文字、语音、视频传播，还支持一定朋友圈范围内的信息共享。微信较好地连接了人际传播和大众传播的通道，在传播模式上对大众传播模式有颠覆性的影响。从诞生至今，微信已渗透至社会的各个领域并对其产生了逐步广泛而深入的影响，成为我国新媒体发展的重要组成部分，在舆论影响上则正在成为一只举足轻重的“看不见的手”。在微信中，公共账号成为与个人账号地位平等的信息源，而哪些信息可以传入微信朋友圈则由网民自己来“把关”决定，无数个“朋友圈”交叉重叠又构成了社会网络和公共空间，同时也实现了以“人”为主体的传播渠道的构建，形成了“人”与“媒介”的深度融合。①

进入“微时代”以来，由微博、微信引发的舆情事件不在少数，并呈现出一些新的特点，给网络舆情的处置与应对提出了一些新的挑战。在2010年江西宜黄强拆事件中，事件最初曝光于微博平台，数张当事人满身着火的照片及相关文字说明在网上迅速传播。随后，在当事人被地方政府截访过程中，微博进行了直播并经网络意见领袖转发，之后该事件的关注热度呈几何级增长，并最终由一个原本单纯的自焚事件向公共事件演变。在2012年10月的浙江温岭幼儿园教师虐童事件中，网民们充分利用微博这一高度开放的平台来发表自己的看法和观点，形成了规模壮阔的网络舆情浪潮，网络关注度空前高涨，也促使国人思考当前中国的教师道德沦陷与教育体制问题。

从江西宜黄的钟如九姐妹微博直播自己的维权过程，导致舆论的逆转及真相的呈现可以看出，这是中国民间草根力量自发利用微博传播引导舆论风向的一个典范性示例，是具有标志性的微博传播事件。随着微时代舆情事件的逐步上升，舆情的疏导与管理也变得越来越复杂化。

首先，网络舆论以前所未有的规模向前发展。尤其是当互联网与手机结合后，网络舆论达到空前的繁荣。截至2017年12月，我国手机网民规模达7.53亿，占网民比例的97.5%。有了手机，网民即可随时随地上网发布和浏览信息，发表和分享意见。手机无线上网也便于人们利用碎片化的时间来参与舆情讨论。在新闻发生的现场，任何一个在场的人都可能上网发送文字、图片、视频，所有网民之间形成了一股强大的社会力量。有人将这种社会力量描述为：消息比文章有影响力，舆论比讨论有煽动力，谣言比事实有吸引力，歪理比真理有生命力，假话比真话有诱惑力，微博比报纸有传播力，网络比电视有覆盖力。这种社会力量的“怪圈”给政府处置与应对各类问题带来了严峻的挑战。

于是，网络舆情成为事件发展的最重要推手。在网络媒体越来越发达

① 赵云泽：“微信舆论特点及其带来的监管挑战”，移商通，2014-05-12［2015-01-13］. http：//www.iwanshang.com/news/020140512/1201311999.html。

的大众麦克风时代，公众的话语权实现空前的普及，社会各阶层都习惯于在网络上“喊话”，表达个人观点。一些社会事件一旦在网上曝光，网络舆情就成为事件发展的重要推手。互联网不仅成为弱势群体展示伤痕、互相取暖的地方，同时也是倾泻仇官、仇富等负面情绪的垃圾箱。而自“7·23”动车事件后，中等收入阶层也开始加入网络舆情生产者的队伍。微信平台的出现，更是使得企业职员、白领阶层开始更多地参与到网络世界的公众讨论中来。至此，网络舆情的影响力进入一个暴涨期，覆盖范围不断扩展，参与人员身份不断多元化，使得各级政府、机关、企事业均高度重视并积极回应和致力于解决网络舆情反映的相关问题。这一切推动着网络舆情监测工作不断向成熟化迈进。

二、网络舆情的现实状况

就网络舆情目前的发展势头来看，不仅政府、企业在关注它，学者、研究机构也在关注它，同时一些情报服务部门也开始对它委以重用。因此，为了进一步掌握网络舆情监测与导控当前的发展现状，我们有必要从不同角度出发，对其现实状况进行全面的了解。

（一）研究领域现状

有关网络舆情的学术研究是伴随着网络舆情自身的发展而发展起来的。根据 2003 年到 2016 年 CNKI 有关网络舆情研究的检索结果，我们得到如下所示的网络舆情年度文献计量统计表及关键词统计表（见图 2—1、图 2—2）。从最初的 1 篇，到 2015 年的 2859 篇，仅单年度文献数量就实现了成千倍的增长。截至目前，以“网络舆情”为主题的文献总量已达 14024 篇。这种数量上的惊人变化足以体现网络舆情在学术界火热程度的爆发式上升，且在未来可预见的范围内，网络舆情将继续成为研究和关注的热点。而从已有文献的关键词分布情况来看，当前网络舆情研究的主要话题涉及高校网络舆情、新媒体（或自媒体）网络舆情、突发事件网络舆情，研究的指向则集中于特征分析、引导策略、监测分析三个目标。

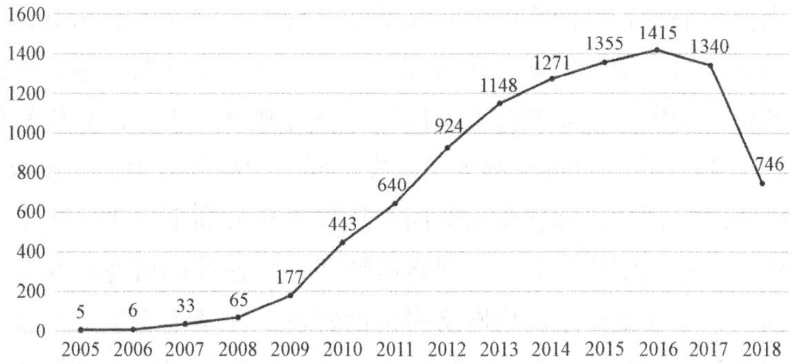

图 2—1　CNKI 有关网络舆情的年度文献量统计

图片来源：作者自制。

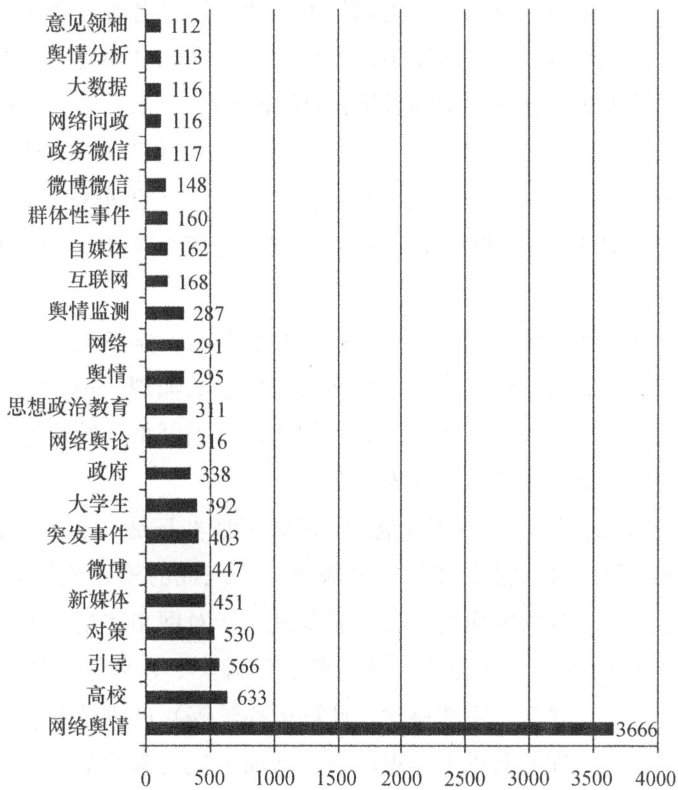

图 2—2　CNKI 网络舆情相关文献的关键词统计表

图片来源：作者自制。

随着数量的增长，网络舆情研究所涉及的领域也在不断拓宽，涉及到新闻与传媒、行政学与国家行政管理、高等教育、中国共产党、中国政治与国际政治、公安、互联网技术、信息经济与邮政经济、计算机软件及计算机应用等40多个不同的学科方向。在不同的学科维度中，又包括多种分析和观察网络舆情的研究视角在新闻与传媒学科方向下，主要集中于网络传播规律、网络舆情传播途径、网络舆情演化特征等的研究；在高等教育学科方向下，主要集中于高校网络舆情的特征、大学生思想政治教育、高校网络舆情的监管与应对等；在行政学、中国政治与国际政治等学科方向下，主要集中于网络舆情与政府公信力、政府形象、政府公共决策等的关系及影响力研究；在互联网技术和计算机软件及计算机应用等学科方向下，则主要致力于各种网络舆情监测技术的研究以及各种软件平台的开发与应用等。伴随着这种研究热度不断升温，一些期刊开始专注于网络舆情类学术论文的发表，典型的期刊包括：《情报杂志》（212[①]）、《青年记者》（138）、《领导决策信息》（117）、《电子政务》（113）、《中国社会报》（99）、《新闻导刊》（91）、《法制与社会》（84）、《新闻爱好者》（70）、《现代情报》（70）、《情报科学》（67）、《今传媒》（66）、《新闻传播》（65）等。

然而，在综述我国国内的网络舆情研究现状时，学者们几乎一致性地指出：与当前互联网的快速发展、网络舆情信息的涌现、舆情的复杂程度及其对社会生活的空前渗透率、影响力相比，我国网络舆情研究的总体水平还显得滞后。而这种滞后主要表现在：

1. 缺乏成熟的网络舆情研究范式。网络舆情本身是一个新事物，而网络舆情的多学科交叉性质，使得其又缺乏一个现成的模式或框架可套用。因此，要形成一个成熟的研究框架，需要进一步对网络舆情所涉及的各个学科（如新闻传播学、社会学、政治学、管理学、法学、心理学、统计学、情报学、信息科学、系统科学、计算机科学等）的理论和研究方法予以吸收和转化，并在此基础上实现融合，从而形成有深度的原创性理论和

---

① 括号中数字表示截至2016年8月该刊物发表的以“网络舆情”为主题的文献数量，数据来源于CNKI。

实践的研究范式。

2. 理论与实践的相互促进作用不明显。当前我国国内对网络舆情的研究主要分为理论研究与实践应用两大块，前者侧重于对规律、特点的挖掘与提炼，后者侧重于对现实问题的处置与应对以及应用工具或平台的开发。实际上，这二者之间应是一种相辅相成的关系，理论的探索是为了更好地指导和服务于实践。然而，从当前的实际情况来看：一方面，多数研究仅停留于表面，宏观的、空洞的论述较多，而可直接应用于实际的、具体可行的结论较为少见；另一方面，一些侧重于技术开发的研究则较少借鉴已有的理论成果，试图采用纯数字化的方式来进行舆情的分析与研究，这势必难以深入到内容的本质，也难以深入到问题的本质。因此，要想真正实现理论与实践的高度融合，就应面向实际应用来开展理论问题的探讨和规律特征的总结。

3. 研究的科技含量有待提高。现有大多数研究中的数据分析仅停留在对数据的描述层面，尽管一些网络舆情监测系统、社交网络分析工具开始不断出现，但其实际运行的效果却仍不尽如人意。“网络舆论场的快速扩容、复杂演变和巨大影响，要求研究上不能仅停留在现象描述和事后总结，需要做到对海量数据的实时抓取和深度分析，提高研究的及时性和准确性，这对提升应用研究与理论研究的水平都有重要作用。”①

因此，从研究领域的角度来看，网络舆情监测与导控是一门极具爆发力和生命力的新兴交叉学科。“爆发力”指其迅猛的发展势头，“生命力”指其可进一步拓展和深入的广阔空间及其未来持续火热的势头。

（二）行业领域现状

日益复杂的网络舆论环境和日益高涨的网络舆论影响力，也催生了网络舆情监控行业从无到有、从小到大、从碎片化到规范化的发展过程。从古代的微服私访、群臣朝议，到近代的问卷调查，再到现代的舆论研究、社会调查，我国的舆情服务工作不断多元化。进入网络媒体时代后，专门的网络舆情监测机构开始大量涌现，从最开始单纯的人工信息搜集到自动

① 王一：“中国网络舆情研究的现状、问题及对策”，《北京社会科学》2014 年，第 9 版。

化信息监测，发展到智能化信息分析、研判，甚至提出专业化的应对策略。这种通过对浩如烟海的互联网信息进行监测、分析，从而把握网络民意走向的工作，正在成长为一个庞大的产业。到目前，我国国内已成立上百家大大小小的网络舆情监测服务机构。它们中的一部分以技术服务为主，致力于从技术上来解决海量信息的处理问题，因而主要业务是销售相关的舆情监测软件或搭建舆情监测系统。另一部分则以分析、研究和提供应对策略为主，技术服务不是其强项，但专业的舆情分析研究队伍是其主要特色。另外，还有不少是集技术服务、分析、研究以及提供应对策略于一体的综合性舆情服务机构。从上述这些机构的背景性质来看，主要分为以下几大类：

1. 倚靠主流媒体的网络舆情监测机构

早在 2003 年就开始为中央有关部门提供舆情方面报告的新华网，可以说是我国国内最早从事网络舆情监测、研究的专业机构之一。新华网的服务优势主要体现在：拥有海量信息实时处理、智能化信息分类与聚合、视频语音识别与特征提取等方面的技术优势；能采集国内外上万家门户网站、垂直网站和政府网站的十几万个频道信息内容，以及国内外百余家电视台的 2000 多个电视新闻栏目，平均每天可处理电视新闻 3 万多条；长期为中纪委、中央办公厅、中宣部、中央政策研究室、国务院办公厅、国新办等提供网络舆情，拥有 100 多人的专职分析师队伍，积累了较为丰富的舆情分析研判经验。

2008 年 7 月，人民网成立了人民网舆情监测室，并开始在国内的舆情监测和分析研究领域占据领先地位。截至目前，该舆情监测室已建立一套完整的网络舆情监测理论体系、工作方法、作业流程和应用技术，可以对传统媒体网络版（包括中央媒体、地方媒体、市场化媒体、部分海外媒体）、网站新闻跟帖、网络社区、论坛、微博、社交网站、博客等网络舆情主要载体进行 24 小时监测，并进行专业的统计和分析，形成舆情监测分析研究报告等成果。该舆情监测室还创办了国家重点新闻网站首家舆情专业频道——人民网舆情频道，主办了国内唯一一份有刊号的《网络舆情》内刊，围绕突发事件和公共舆情话题进行较为专业的分析与评论。

除新华网的“舆情在线”和人民网舆情监测室外，此类机构还包括检察日报社下属的“正义网”舆情监测、天涯论坛的“天涯舆情”等。它们一方面拥有信息资源和专业技术方面的优势，另一方面拥有对时事热点和受众心理变化较高的敏感度，在舆情分析与评估方面经验丰富，在提供网络舆情监测服务方面享有得天独厚的条件，从而与中央和地方的党政机关、企业、社会团体等之间建立了良好的互动合作关系，享有较高的行业声誉。

2. 倚靠高校或学术机构的网络舆情监测机构

1999 年，天津社科院舆情研究所成立，主要致力于舆情领域的基础理论研究，并于 2007 年出版了《网络舆情研究概论》一书，该书可以说是我国较早以“网络舆情”命名的著作。

2003 年，南京大学网络传播研究中心成立，是国内最具影响力的网络传播学科研机构之一。南京大学谷尼舆情分析研究实验室专门研究网络舆情监控，开发面向媒体的新闻线索监控系统和面向企业用户的企业竞争情报系统。2012 年 7 月，南京大学设立“南海舆情监测与国际交流对话”平台，该平台定期发布南海月度国内、国际舆情简报，截至目前已发布简报 18 期，每期 8 页。

2005 年 12 月，中国传媒大学公关舆情研究所创立，专门对舆论信息进行分析和研究，具体领域涉及社会舆论、危机预警、品牌声望、公关活动等。该研究所不定期出版各类舆情报告，并组织开办了一系列舆情论坛，其主要服务项目是为科教单位、企事业单位、政府等相关组织提供公关舆情咨询。

2008 年 6 月，上海外国语大学成立了“中国国际舆情研究中心”，主要从新闻传播学的角度分析、比较全球范围内与我国相关的国际媒体舆情。同年 12 月，中国人民大学舆论研究所启动网络舆情监测，主要通过人大—方正舆情监测平台对国内主要新闻网站、重点论坛、重点博客、贴吧乃至微博等社交媒体平台的数据进行采集，通过构建热点网络舆情指数体系来测量网络事件的影响力系数，并在此基础上对事件进行加权运算，进而得出中国社会的整体舆情运行态势。

2009 年 1 月，北京交通大学成立了国内首个网络舆情安全研究机构——网络舆情安全研究中心，主要目标在于密切结合国家和谐社会网络环境的战略需求，利用电子信息技术手段，从人文、计算机和复杂系统等多学科的角度，进行网络舆情产生、传播和导控等方向性研究和自主网络舆论安全关键技术研发。

2010年，北京语言大学成立了外媒报道研究中心，通过对西方60多家媒体（主要是英语媒体，也包括部分日语、法语、德语、阿拉伯语媒体）的涉华报道进行监测分析。

此外，还包括华中科技大学舆情信息研究中心、北京理工大学网络与分布式计算实验室、上海交通大学舆情研究实验室、复旦大学舆情研究实验室、暨南大学舆情研究实验室等。这些拥有高校背景的舆情监测机构通常都善于归纳、梳理网络舆情的变化及一般规律，理论研究能力较强，学术性特征更为凸显。

3. 倚靠软件公司的网络舆情监测机构

目前，在我国国内公开发布的网络舆情监测软件不下100种，根据百度搜索的返回结果，我们将排名前20位的网络舆情监测产品及对应厂商和网址整理成表2—1：

表2—1 百度搜索排名前20位的网络舆情监测产品厂商

排名	公司名称	产品名称	公司网址
1	湖南蚁坊软件有限公司	鹰眼网络舆情监测系统	http：//www. eefung. com/
2	红麦聚信（北京）软件技术有限公司	红麦网络舆情监测系统	http：//www. soften. cn/
3	深圳市乐思软件技术有限公司	乐思网络舆情监测系统	http：//www. knowlesys. cn/
4	谷尼国际软件（北京）有限公司	Goonie 网络舆情监控分析系统	http：//www. goonie. cn/
5	北京本果信息技术有限公司	鹰隼网络舆情监测监控系统	http：//www. ibenguo. cn/
6	百度	百度司南舆情分析系统	http：//yuqing. baidu. com
7	中科点击（北京）科技有限公司	军犬网络舆情监控系统	http：//www. 54yuqing. com/
8	西盈信息技术有限公司	西盈网络舆情监测分析系统	http：//www. softxy. com/

续表

排名	公司名称	产品名称	公司网址
9	厦门市美亚柏科信息股份有限公司	美亚舆情网	http：//www. myyq. com. cn/
10	北京拓尔思信息技术股份有限公司	TRS 互联网舆情监控系统	http：//www. trs. com. cn/
11	人民网	人民网舆情监测系统	http：//yuqing. people. com. cn/
12	北京北大方正电子有限公司	方正智思网络舆情监测系统	http：//www. founder. com. cn
13	北京中科天玑科技有限公司	天玑舆情监测系统	http：//www. golaxy. org/
14	广州市邦富软件有限公司	互联网舆情监控系统	http：//www. barfoo. com. cn/
15	海态格信息技术有限公司	帕拉斯舆情监测分析系统	http：//www. palaspom. com/
16	麦知讯（北京）信息技术有限公司	全网络信息监测系统	http：//www. mzhixun. com/
17	北京一飞科达软件有限公司	Rank 舆情监测系统	http：//www. yqing. net/
18	北京线点科技有限公司	互联网舆情监控系统	http：//www. xd－tech. com. cn/
19	上海昂声信息科技有限公司	利盾网络舆情监测系统	http：//www. onsys. org/
20	赛尔互联（北京）教育科技有限公司	中国教育舆情管理系统	http：//www. view. edu. cn

资料来源：作者自制。

网络舆情信息的大量、快速涌现，使得对软件平台的需求量不断激增，这种需求也为上述软件开发商打开了市场，使其用户遍布各级政府部门、党政机关，乃至各大门户网站、各种企事业单位、商业公司，再到明星、名人等。

可以说，从行业领域角度来看，网络舆情监控是一项应用前景广阔的朝阳产业。

（三）情报领域现状

大数据时代的信息是爆炸式增长的信息，也是海量的信息：互联网一天产生的信息量可刻满 1.68 亿张 DVD 光盘；互联网每天发出的社区帖子达 200 万个，相当于《时代》杂志 770 年的文字总量；而根据 IBM 的研究，整个人类文明所获得的全部数据中，有 90% 是过去两年内产生的，如果把这些数据储存在光盘中，这些光盘的 1/5 堆积起来便可延伸到月球。同时也有专家预测，2020 年全世界产生的数据规模将是今天的 44 倍。

海量的信息及其复杂多变、无处不及的传播势头，给情报工作创造了一座价值无穷的宝库，也带来了一种新的情报生产模式，使得网络舆情监测成为大数据时代情报角逐的一个新的战场。充分利用网络舆情的情报价值，从中获取和挖掘更多有价值的专门性情报，是网络舆情研究和应用的一个重要发展方向，是面向各类突发事件应对、重大决策制定等的一支重要情报支援力量。网络舆情的出现为网上情报信息的自动获取带来了新的途径，又因网络这一特殊载体所具有的即时性、多样性、互动性等特点，其越来越受到情报工作者的重视。这种新的情报生产模式已经在多个国家投入使用并产生了很好的情报效益，如美国早在 2005 年就成立的“公开源信息中心”，以及美国自 2007 年以来通过从微软、雅虎、谷歌、苹果等 9 家国际互联网公司挖掘数据获取情报的“棱镜”项目等等。网络已成为各国情报活动竞相施展身手、展开角逐的大舞台。通过网络，情报人员可以无所限制地访问和观察各类公开信息源，发现和监测一些能透露敌方意图、实力、动向和预警信息的网站。相比其他情报工作方式，网络舆情的监测与运用是更为广泛、更为经济、更为安全可行且更为迅速的情报获取途径。据美国情报机构统计，在各国情报机构获得的情报中有 80% 左右来源于公开信息，而这其中又有将近一半来自互联网。互联网上有些看似普通的信息，都有可能蕴含着重要的机密。美海军情报专家介绍说，通过一张士兵的工作照片，就有可能从中看出美军一些绝密设备或军事设施的内部情况，而这种照片对于任何一个网民来说，都是不难在互联网上找到的。

这一情报价值的开发不仅体现在国与国的竞争层面，企业间竞争情报的获取同样如此。网络舆情作为完全公开且体现着公众倾向的网络情报信息的集合，可能含有大量与企业未来发展密切相关的信息。因此，“如何有效地关注、整合网络舆情，及时为企业搜集有用的情报，也是摆在竞争情报从业者面前的新课题”。①

因此可以说，网络舆情监测与运用是大数据时代情报工作的必然组成部分，是新时期情报工作转型的一个重要转向。

三、网络舆情的应用体现

（一）网络舆情与民主政治

从舆情与民意的内涵界定来看，舆情本身即包含了民意，因而网络舆情本身即是一种民意的体现，因而其民主价值毋庸置疑。所谓民主，通俗而言即让有利益相关的人能够参与到公共事务的讨论和决策当中，而让无相关利益诉求的人亦能贡献其聪明才智和真知灼见。随着互联网的到来，民众的这种参与度显著加强，网络舆情为民众参政提供了政治资源，也提供了意见表达的安全感和自由权，从而拉近了民众与政府的沟通距离，使网络舆情成为各级政府了解社情民意的主要渠道。

目前，我国不仅网民数量居世界首位，而且这一群体主动关注和希望参与政治生活的兴趣也位居第一。从近些年网络舆情的发展演变来看，中国网民关注的议题已从一般的生活议题向社会议题、政治议题快速转化，网络意见的主流化、政治化、现实化趋势十分明显。越来越多的人利用网络来表达自己对民生、司法、反腐败等社会热点问题的态度和看法，阐述自己的利益诉求与政治诉求，甚至在一些论坛、博客、微博中，大量未经修饰、直截了当的表达和评论开始涌现。网民的舆情呼声已经成为引导和影响社会舆论的重要力量，影响着社会关注点的变化与一些事件的发展动向。

2013 年，习近平总书记在全国宣传思想工作会议上强调指出：“要根

---

① 孙捷、宋福根：“网络舆情与企业竞争情报关系研究”，《图书馆学研究》2012 年第 17 期。

据形势发展需要把网上舆论工作作为宣传思想工作的重中之重来抓。网络发展势不可挡，它深刻改变着舆论格局，已经成为治国理政的重要工具。”为了应对瞬息万变的网络资讯，各级政府已经越来越注意通过网络问政于民、问计于民、问需于民，网络已成为各级党政领导了解民意、汇聚民智、排解民忧的一种新方式、新途径，例如近几年兴起的“E 两会”模式。从 1999 年互联网第一次走进两会、对两会进行实时传播，到 2009 年两会前夕温家宝总理“网络问政”，短短十年间，互联网从一种宣传的形式演变为一种民意形成、民意表达和民意互动的工具。两会期间，会内会外互动、线上线下民意表达，已经成为近几年各省尤其是全国两会召开期间的一道独特风景。网民参政议政从虚拟走向现实，网络已经成为“两会”收集民意的一种常规渠道。从“我有问题问总理”“E 政广场”“两会粉丝团”“我为改革献智”，到各种网络民意征集、大型专题网络调查；从最初网民关注代表和委员的看法，到后来通过网络参与到代表和委员参政议政的过程之中，再到今天借助微博实现高度、快速的互动交流；这是我国参政议政模式的变化，也是我国民主政治信息化表达的一种创新。

此外，互联网的发展为我们提供了一种更为直接、更为快捷的监督渠道，扩展了民主的监督对象和范围，使公民能充分发挥其民主监督的主体作用，创造出一种全新的网络监督模式。从“孙 × × 事件”中网络呼声推动了立法，到“XP 案件”中网络舆论引发公共事件，再到“全民大侦探”“人肉搜索”下一件件贪腐案件的曝光，互联网已经从最初的“发声渠道”演变为“监政督腐”的特别平台。网络民主力量与政府权威部门之间的良性互动是网络舆情新的发展，也是网络舆情推动社会民主的又一种表现。

（二）网络舆情与国家安全

所谓国家安全，即“国家政权、主权、统一和领土完整、人民福祉、经济社会可持续发展和国家其他重大利益相对处于没有危险和不受内外威胁的状态，以及保障持续安全状态的能力”。[①]

近年来，特别是冷战结束后，国与国之间从此前单纯的军事力量竞争

① 《中华人民共和国国家安全法》第一章第二条，2015 年 7 月颁布实施。

慢慢拓展到经济、科技等方面的综合国力竞争，并进一步延伸至文化、意识形态领域的竞争。与传统的“硬实力”相对应的“软实力”逐渐成为国与国之间博弈的重要变量。所谓软实力，就是通过自己思想的吸引力或者决定政治议题的能力，让其他国家自愿效仿或接受体系的规则，从而间接地促使他人确定自己的偏好。而这一目标的实现，必然离不开自身形象或观念的对外宣传与推广。

美国在这一方面又再一次走在世界的前列。早在一战期间，总统威尔逊就成立了“公共信息委员会”(Committee on Public Information)。该委员会主席克里尔曾表示：“这是为人的心灵而战，为征服他们的信念而战，而战线延伸到每个家庭、每个国家……正是认识到公众舆论乃主要战力之一……”在此前后，社会学、统计学、实验心理学（特别是社会心理学）和商业广告在美国的蓬勃发展，则为美国的国家传播活动提供了丰富的理论和技术。到2010年，在美国军方的竭力推进下，以奥巴马总统的《国家战略传播构架》（National Framework for Strategic Communications）为标志，美国政府终于以“战略传播”一词来统括上述所有活动。是年3月，奥巴马总统向美国参众两院提交了一份报告——《国家战略传播构架》。在这份报告中，美国总统有史以来首次系统而清晰地阐述了美国的国家战略传播——由国家主导的、直接服务于国家总体战略目标和军事战略目标的宣传体系——的性质、目标和实施体系。根据《国家战略传播构架》这一报告，“战略传播”作为“精心运作的传播”，是有目标、有规划、有步骤的系统化的全球攻略，是美国实现由其主导的国际秩序，维护并提升其全球领导地位的重要手段之一。这一战略的实施对于美国具有三重意义：促进国内的团结，并以此作为对外扩张的动员要素；对盟国而言，具有强化同盟关系的作用；对非盟国而言，则是削弱其政府、分化其政治和社会制度的利器。美国国防部对美国战略传播之目标界定则更为直言不讳：(a) 增进美国的信誉和合法性，引致有利于美国的态度和行为；(b) 贬损对手的信誉和合法性，比如诋毁对手的意识形态或政策，揭露对手的错误和谎言；(c) 说服特定受众采取特定行动来支持美国的目标；(d) 引致对手采取或放弃采取特定的行动。①

网络时代和手机时代的到来，使得此种“战略传播”如虎添翼，其效能和穿透方式更加不可抵挡。网络冲破了时间、空间和身份、内容等的限制，使得网络舆情进一步削弱了政府对信息的控制能力，国家主权开始呈现出相对化趋势。这种相对化主要体现在：一方面，国家政府随时置于大众和其他国家政府、非政府组织的监督之下，其内政与外交的透明度越来越高，受到的牵制和约束也随之增大；另一方面，国家在行使其处理国内外事务的最高权力时，受到更多来自外部的制约，强国与弱国主权事实上的不平等，随着以网络为代表的信息技术的发展，更加扩大和加剧了。因此，在当今国际政治格局中，谁能最大限度地掌握信息传播渠道与资源，谁就可以在塑造国际规则和决定政治议题的博弈中抢得先机，占据主动，而其他国家则会处于被动，其行使国家主权的行为必将受到极大的制约。2009 年伊朗总统选举危机以及 2010 年底开始的“茉莉花革命”等均是这一战略传播模式的“受害者”。

1. 2009 年伊朗总统选举危机

2009 年 6 月 12 日，伊朗举行了第十届总统选举。保守派候选人、总统艾哈迈迪·内贾德和改革派候选人、前总理米尔侯赛因·穆萨维被外界普遍认为是最有竞争力的两名候选人。由于此次选举结果对伊朗的未来将产生重要的影响，伊朗民众对选举展现出空前高涨的政治热情。但谁也无法料想，伴随着 6 月 13 日伊朗内政部宣布艾哈迈迪·内贾德以压倒性优势取胜，伊朗保守派与改革派之间就选举是否公开、公平、公正的争议越来越大，抗议活动愈演愈烈，来自伊朗内部和外部的大量信息开始在网上传播，并引发了世界瞩目的伊朗选举危机。

从披露的信息看，以美国为首的西方国家在这场选举危机背后扮演了重要的角色。首先，美国等西方国家在伊朗总统选举当晚就通过手机、网络等方式发布消息称，伊朗宪法监护委员会已经通知穆萨维其赢得总统选举的消息，营造了“先入为主”的选举结果预期。于是，当数小时后伊朗

---

① 吕祥：“美国国家战略传播体系与美国对外宣传”，《美国题研究报告（2011）》，社会科学文献出版社 2011 年版，第 242—259 页。

官方宣布艾哈迈迪·内贾德获胜的消息时，本来真实的信息却似乎成为一场骗局、一个阴谋。由于“先入为主”的胜选预期，改革派民众对选举结果表示出极度的不信任，一些社交网站和微博客的用户也开始通过手机发布一些关于政治危机和街头抗议行动的信息，这些信息又鼓动了大量支持改革派的伊朗青年开始走上街头，引发大规模集会抗议。在此过程中，网络成为伊朗反对派与世界联系的重要通道。他们通过著名的社交网站Facebook、图片共享网站Flickr、视频网站YouTube，还有微博客网站Twitter向外界广泛地传递消息，并从外界获取信息。正是通过网络、Twitter、Facebook、手机等人际传播手段，美国等西方国家成功地实现了迷惑受众的目的，让受众对本国官方权威发布的信息心存怀疑，却对来自外部的信息深信不疑，不假思索地全盘接受。随着伊朗骚乱日趋严重，伊朗政府在6月16日不得不全面禁止外国记者对示威活动的报道。外国记者开始通过电话、手机、网站、个人博客等渠道采访、收集抗议动态，特别是通过网络。Twitter、YouTube等网站传出的德黑兰街头示威的照片以及冲突、伤亡情况，甚至成了西方各大媒体报道伊朗的重要信息来源。由此可以看出，美国利用手中的信息技术优势，通过预设话题，刻意引导伊朗境内支持反对派的部分民众形成某种一致的舆情意见，与伊朗官方形成强烈的意见冲突，引发伊朗境内两派持续交锋，积极干预、影响伊朗总统大选进程，对伊朗国内稳定造成严重影响，对伊朗独立自主地行使主权构成严峻威胁。

2. 2010年底“茉莉花革命”

2010年12月17日，突尼斯一名叫穆罕默德·布瓦吉吉的大学生为了抗议警方阻止他贩卖水果、蔬菜谋生，自焚而不治身亡，引发了突尼斯的大规模社会骚乱，并不断导致暴力冲突，最终演变成突尼斯“茉莉花革命”。总统本·阿里被迫选择离开突尼斯，前往沙特避难。受此影响，埃及亦爆发大规模的反政府示威。2011年2月，在位30年的政治、军事强人穆巴拉克下台。紧接着，利比亚、巴林、也门、约旦、阿曼、沙特阿拉伯等中东北非国家相继发生动乱。为何一名水果商贩的自焚能带来如此震惊世界的连锁反应？其间，网络舆情的作用不可小觑，既有前期的“埋下伏笔”，也有其间的“推波助澜”，尤其是以Facebook、Twitter和YouTube

为代表的新兴网络社交媒体发挥了巨大作用。

在运动发生前的数年间，大量有关突尼斯政府和总统家庭成员贪污腐败的消息已在 Facebook 上散播，这些消息对负面情绪的积累产生了直接的刺激作用。在示威抗议爆发之初，水果贩穆罕默德·布瓦吉吉自焚事件的影响力相对有限，仅在事件发生地西迪布吉德市就形成了一定的传播势头。随着人们将其自焚情景以及当日抗议活动用手机拍摄下来发布到个人 Facebook 主页，该事件的影响力得以不断扩大，并逐渐成为手机视频的焦点。由于突尼斯政府实行严格的网络审查制度，突尼斯 Facebook 用户往往在访问和分享批评政府的内容方面小心翼翼。但是一小部分网络活动精英在国外运作，协力在 Facebook 上搜索与抗议示威相关的内容，并将其翻译成不同语言，按时间顺序排列好，通过 Twitter 向半岛电视台等国际新闻媒体推送。学者罗坦（Lotan）、格雷夫（Graeff）等人所做的一项关于 Twitter 信息流的研究表明，在“茉莉花革命”期间，由于各国记者普遍转发活动者们的 Twitter 内容，网络活动者已经成为为主流媒体提供信息的重要中转站。因此，青年自焚事件在突尼斯全境的广泛传播，得益于网络激进分子、精英抗议者和国际电视台基于互联网社交媒体的互动机制。①

而上述国家主权和安全稳定受到威胁的情况不只发生在伊朗及中东北非。“9·11”事件以来，以美联邦调查局的“食肉动物”监控系统合法化等为标志，美国政府开始将“控制”全球范围信息流动作为其国家信息战略的重点。而这种全球范围的“控制”必然也包括我国。通过推进“互联网自由”战略，美国加大对华负面网络舆论的宣传，通过提供境内网络活跃分子翻墙软件等形式，多次针对我境内民生、人权等问题在网络世界营造不利于我的负面国际网络舆论，对我应对网络舆情，有效维护国家安全造成巨大压力。美国中央情报局曾恶意声称：“我们要利用一切来毁灭他们的道德人心，摧毁他们的自尊自信，尽量打击他们刻苦耐劳的精神”；“只要他们向往我们的衣食住行、娱乐教育的方式，就是成功的一半。”网

① Lotan G，Graeff E，Ananny M，et al. The Revolutions Were Tweeted：Information Flows During the 2011 Tunisian and Egyptian Revolutions，2011；转引自廉思：“世界范围内青年运动新趋势研究：对‘茉莉花革命’、英国青年骚乱、美国‘占领运动’的分析”，《中国青年研究》2013 年第 12 期，第 5—10 页。

络舆情显然成为某些阴谋集团摧毁、破坏他国的“隐形杀手”。

在国家层面借助网络舆情干涉、影响一国国家主权行使的同时，恐怖组织也越来越多地通过网络来传播恐怖活动信息，危害国家安全稳定。据伍德罗·威尔逊国际学者中心旗下的共同实验室的一项最新研究显示，以往恐怖组织只是通过自己的网站来招募新人及宣传极端主义，但如今许多恐怖组织越来越善于利用 Twitter、Facebook 等社交媒体来扩大他们在网络上的存在。据多年来专门研究恐怖分子通信方式的海法大学韦曼教授透露，1998 年网上只有 12 个与恐怖分子相关的网站，但如今这类网站有近 1 万个。对于恐怖分子来说，社交媒体有一个非常重要的优点就是匿名。他们利用网络自由来制造一些新的工具，例如通过在线英语杂志《启发》来招募和训练美国和其他地区的新人。而除了利用视频网站来分享组织内部录像（如绑架和暗杀行动的片段）外，他们还会利用 Twitter 来“直播”他们的恐怖袭击行动。因此，专家也表示，随着恐怖分子逐渐扩大在网络上的存在，各国政府有必要加强现有的监视系统，以更好地维护国家或地区的安全。

（三）网络舆情与情报斗争

在今天，由于互联网的出现，许多国家的情报工作方式正在发生重大转变，不再像过去那样倚重间谍等秘密方式来获取情报资料，而是在很大程度上依赖人人都能获得的公开源信息。公开源情报享有政治和军事上得天独厚的优势，而且成本低廉，在互联网络这一新的传播媒介的推动下，能够在全球范围内，针对所有秘密情报视野之外的海量网络数据开展情报搜集、分析和传递工作。网络舆情作为公开源信息的一个重要组成部分，在为非公开源情报提供发掘线索、拓宽情报工作范围、提升情报搜集和分析能力、提高决策的科学化水平等方面具有更为突出的价值。

美国历来高度重视情报的搜集和处理，早在 1941 年就成立了“外国广播监测处”。在经历了“9·11”恐怖袭击的惨痛教训之后，美国各界要求美国官方加大公开信息情报价值开发与应用的呼声更是日益高涨。2004 年，大规模杀伤性武器委员会（WMD）在其报告中强烈建议组建一个公开源情报专职机构，认为应“加强对公开情报的搜集与利用，努力借鉴并采用情报界以外专家的研究成果，广泛应用信息网络等新兴技术手段”。[①]在此背景下，美国国家情报总监于2005年11月宣布成立公开信息中心。[②]该中心与美国15家情报单位以及政府部门展开合作，在全世界范围内进行数据的搜集、分析，力求打造一个“全球覆盖、全面支援”的公开源情报机构。继公开信息中心之后，2008年美国国防部又发起了旨在提升公开信息搜集、萃取能力的“密涅瓦”社科研究计划，通过加强对全球范围内与美国有战略利益关系的国家和地区的社会、文化和政治动态的理解，来推动对当前海量网络信息的甄别和阐释，以及对未来未知动态、趋势更准确的预测。到目前，“密涅瓦”计划研究人员已向参谋长联席会议主席、防御政策决策者、战场战斗指挥决策者等高级官员提供了大量有价值的研究。2012年3月，奥巴马政府又提出了“大数据研究和发展计划”，将国家对数据的拥有、解释和应用能力视为未来综合国力的重要组成部分，将对数据的占有和控制权视为继陆权、海权、空权等传统权力之外的另一项国家核心资产。“大数据”技术使美国利用大量复杂数据集合获取知识和情报的能力进一步提升，尤其是在利用“大数据”寻找恐怖分子踪迹方面。据称，正是依靠长期的海量信息分析，美军发现了本·拉登的藏身处所并成功将其击毙，这也是国际上所流传的“是数据抓住了本·拉登”。

所谓“商场如战场”，在企业竞争情报领域，网络舆情同样扮演着越来越重要的角色。同其他舆情客体一样，企业的行为及形象也受整个社会舆论的监督，而网络舆情的兴盛也为企业品牌打造、形象宣传创造了契机。借助网络平台，一些特定企业的活动及其社会影响成为舆情关注的热点，如食品安全、医药卫生、产品质量、公共能源费用上涨等问题。由于网络这一载体的特殊性，一些影响较大的企业行为在进入公众视线后极有可能迅速引发舆论热点。“而这些舆情，在一定程度上，代表着公众的态度和未来的市场倾向，对企业竞争力及未来的发展与走向，势必会产生巨大的影响。”[③]

---

① 李会明：“美国国家公开情报研究中心”，《国际资料信息》2008年第6期。

② 英语为National Open Source Center，也译作“公开源信息中心”或“公开源中心”。

③ 廉思：“世界范围内青年运动新趋势研究：对‘茉莉花革命’、英国青年骚乱、美国‘占领运动’的分析”，《中国青年研究》2013年第12期。

越来越多的影响力巨大的企业危机表明，一些个人意见、感受分享、调侃乃至揭露、提醒类的短评、帖子或博客文章极有可能成为危机的导火索，使得某些事件迅速成为民众关注的焦点，并引来传统媒体的大规模介入，从LG翻新事件，到万科“捐款门”、王老吉遭“封杀”，再到宜家“夺命抽屉柜”事件等等，我们可以明显看出这种趋势。因此，企业必须紧随时代，重视对企业自身行为引发的舆情、企业竞争对手行为引发的舆情以及产业链和宏观环境的舆情体现等进行及时的监测，并做出合理的反应。

第三章　网络舆情的工作机制

网络舆情已然成为一种常态，传统媒体时代的社会舆论格局已被打破。古语言“穷则变，变则通，通则久”。面对新的舆论局势，政府和企业中管理和宣传职能部门的机构改革呼之欲出，“临时工作小组”的工作对于迅猛扑来的海量舆情信息而言就好似杯水车薪，虽费尽气力也只能事倍功半。因此，设立专门的舆情机构和工作部门已经成为党政部门和企业机构改革的热门话题，将网络问政和舆情监测工作制度化也成为扭转我国网络舆论形势的全局性重大举措。

一、组织机构

一项工作的有效开展离不开科学合理的组织。从组织管理学角度出发，“组织指为了完成一定的目标，按一定规范形成的彼此协调的职务结构和职位结构”。① 网络舆情工作到底应该遵循一种什么样的组织结构？到底是设在党委和政府办公厅，还是宣传部、管理处，还是第三方监测机构？这些问题实际上并无一个统一的标准答案，而应根据舆情用户的具体情况而定。就我国目前网络舆情工作的组织架构情况来看，主要分为以下几类：

一种是独立、完整的舆情工作体系。一些机构或单位成立了专门的舆情信息部门（或科室），并形成了一套较为完善的舆情汇集、汇报体系。

① 张创新：《现代管理学概论》，吉林大学出版社2000年版。

例如2004年6月中宣部成立的舆情信息局，其下设网络舆情处、社会舆情处、舆情分析处等机构。此外，除了党委宣传系统之外，其他机构如教育部、公安部、新闻办、政法系统各下属单位也构建了自己的舆情汇集和汇报体系。这些部门均根据自身的业务规模、人员编制、技术实力、经费额度等灵活安排处室和岗位，人员比较充实的单位还会将相关工作人员再进一步细分为监测类（主要负责动态、实时操作）、数据类（负责对采集信息进行量化统计与可视化）、会商类（负责舆情信息的分析研判）、文案类（负责具体报告的撰写）、技术类（负责各种软件平台的开发与维护），实行分工负责、统一领导，有所侧重，也互相支援。

一种则是倚靠第三方监测机构。如上文提及的各类网络舆情监测服务机构，它们在技术开发和分析能力上各有特点，软件公司技术实力雄厚，抓取舆情数据的能力强，主流媒体则资源优势突出，分析研判能力突出，因而这些网络舆情服务机构也成为各类用户合作的主要对象。这种倚靠第三方监测机构的组织模式，既有助于节省人力（或岗位），同时集各方之优势，也有助于提高网络舆情的工作效率，尤其是对于一些人员配备不足、技术力量较为薄弱的用户单位而言。但问题与不足在于：一方面，需要较大的财力付出，当前的各类网络舆情监测软件均售价较高，这就对用户单位的财力提出较高的要求，软件的性价比问题也是各用户顾虑的主要问题；另一方面，软件平台的运行多处于一种“黑箱”模式，用户方无法了解其内部运行情况，从而亦无法检验其运行结果的可靠性和权威性。

虽然自网络舆情相关工作启动以来，舆情工作体系在机构、队伍、制度、理论和技术等方面取得了一系列成果，但也有研究者提出一系列不足和有待改进的地方，①（1）基层舆情信息汇集机构未能有效建立，这不仅体现在一些市县的专门舆情机构的缺失上，也表现在各直报点或舆情员缺乏卓有成效的工作开展方面；（2）舆情工作具体内容不够明确，容易将舆情工作与新闻工作等相混淆，导致任务不明确甚至被歪曲；（3）舆情信息的科学化报送机制未能形成，忽视了舆情报送的地方性、独特性，且存在迎合用户喜好的倾向，并在质量、深度性和持续性上有

① 张创新：《现代管理学概论》，吉林大学出版社2000年版。

待改进；（4）舆情工作者的有效激励机制未能完善，当前的奖励机制在保持舆情工作者敏感、主动、积极的意识和状态上效果不明显；（5）舆情的反馈应对机制未能有效启动，导致存在重汇报、轻应对的倾向；（6）舆情信息的共享机制未能有效构建，导致重复性劳动等弊病。

二、工作程序

任何工作都需要遵循一定的程序，网络舆情信息工作也需要按照一定的流程进行。所谓网络舆情信息工作的生命周期，指从网络舆情监测需求产生到监测成果被采用的这一循环，是将网络舆情信息转变为可供用户决策参考的舆情甚至情报的过程，它由网络舆情工作规划、网络舆情信息采集、网络舆情分析研判、网络舆情预警处置和网络舆情报送反馈五项任务构成，其流程关系如图 3—1① 所示。

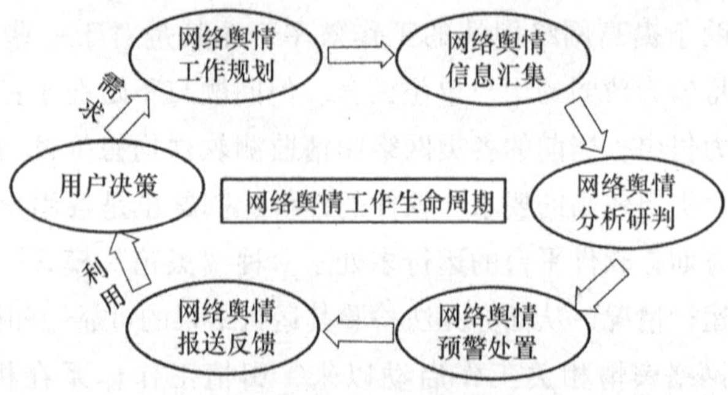

图 3—1 网络舆情工作生命周期

图片来源：刘毅：《网络舆情研究概论》，天津人民出版社 2007 年版，第 412 页。

（一）网络舆情工作规划

网络舆情工作规划包括对网络舆情需求的分析和整个网络舆情监测工作实施方案的制定。其中，网络舆情需求分析是网络舆情监测的起点。开展网络舆情服务需要准确把握用户的舆情需求，这是最基础、最重要的工

① 刘毅：《网络舆情研究概论》，天津人民出版社 2007 年版，第 412 页。

作。需求分析是否准确，在很大程度上决定、影响着舆情服务的质量、价值和意义。从操作层面看，了解舆情需求的途径主要有两个：一是用户有明确需求，直接下达给实施机构；二是通过全方位了解用户职能范围和工作重点，结合当下网络舆情发展形势自行确定。由于网络舆情需求是动态变化的，需求分析工作不能一劳永逸，需要在服务工作中通过这两种途径的相互交叉来不断调整。选题确定后，还需要拟制整个舆情工作的方案，它是整个舆情工作的指南和纲领，是对工作全面而系统的筹划和安排。

（二）网络舆情信息汇集

网络舆情信息汇集主要包括信息的搜集、鉴别、筛选、归纳、分类、汇总与储存等环节。首先，围绕已确定的主题从相应的网络信息源搜索、采集相关的舆情信息。由于所采集到的信息还处于一种原始状态，数量大、种类多、杂乱无序，甚至真假相掺，因此需要对其进行必要的鉴别和筛选：一是鉴别其是否真实；二是鉴别其是否偏颇，确定它不仅在局部是正确的，而且在全局也是正确的；三是看信息是否具有决策参考价值。随后，对经过鉴别、筛选的信息按照具体的工作目的、要求、时间、主题、来源等情况进行分类和归纳，使零散无序的信息条理化，最后将有用的信息汇集起来并进行必要的存盘或归档。

（三）网络舆情分析研判

网络舆情分析研判是网络舆情信息工作的关键性环节。网络舆情分析研判的主要任务就是运用科学的理论、方法和手段，在对大量互联网上的舆情信息进行搜集、整理和价值评价的基础上，透过由各种关系交织而成的错综复杂的表面现象，把握舆情的内容本质，从而获取对舆情运动规律的认识，达到辅助决策的目的。分析研判的质量越高，对用户决策的参考价值就越高。尽管目前大部分统计分析工作可通过计算机来实现，但要做到深度分析还是离不开人脑。因此，就目前而言，人工分析在这一环节仍占据主导地位。未来机器的份额能否大幅提升，还得看机器的智能化水平如何。因此可以说，如何从语言工程这一角度来推动网络舆情实务的效率，也是十分关键性的课题。

（四）网络舆情预警处置

所谓预警，就是“在社会顺境状态下，在对舆情信息汇集和分析的基础上，对社会运行接近负向质变的临界值的程度所做出的不确定性的早期预报”,[①] 通俗讲就是对可能导致危害的各种苗头进行预测并做出警示。事实证明，无论是危机事件发生之前、发生过程中，还是结束之后，对舆情信息的及时搜集与分析均能达到较好的预防和控制的目的，尤其是在群体性突发事件的处置应对过程中，其效果更为明显。近年来，在一些群体性突发事件发生之前，网络舆情分析机构都能发现一些网民通过网络表达自己的过激情绪或是煽动他人情绪，甚至通过网络来串连的信息。因此，越早预测出舆情危机可能爆发的时间，用户就有越充裕的时间来应对危机。当然，光有充裕的应对时间还不够，还需要有科学合理的应对策略、应对措施，因此实施方在及时提供预警的同时，更要能给出针对这一危机的合理处置应对建议和方案，这才能算是一个完整的舆情监测与导控体系。

（五）网络舆情报送反馈

该环节是网络舆情信息工作服务大局、服务决策的基本手段之一。网络舆情信息分析成果需要及时报送给决策者，同时决策者也会将修改意见和建议反馈给舆情信息工作者。首先，报送要及时，形式要合理，也就是说要报得早，还要写得好，这样才能让决策者更早、更好地了解情况。而对于反馈工作而言，实际上包括对当次工作的评价和对后续工作的指导。因此，做好网络舆情信息的报送与反馈工作，直接关系到网络舆情信息的传递效率和价值实现，关系到网络舆情信息工作作用的完整发挥。

综上，我们将贯穿整个生命周期中舆情工作者所需完成的工作表示为如下工作流程图（见图3—2）。

---

① 刘毅：《网络舆情研究概论》，天津人民出版社2007年版。

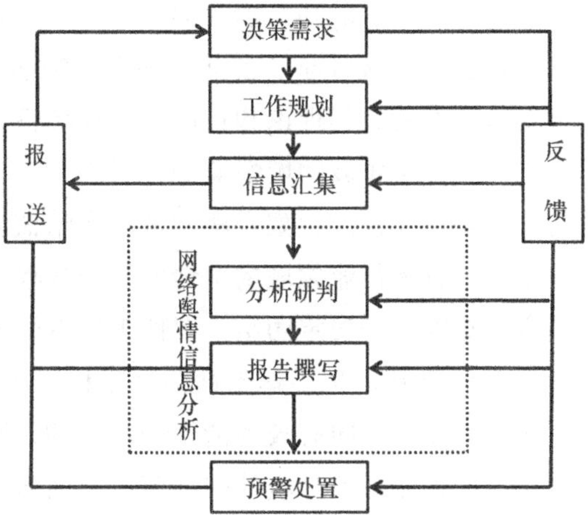

图 3—2 网络舆情工作流程图

图片来源：刘毅：《网络舆情研究概论》，天津人民出版社 2007 年版，第 422 页。

三、队伍建设

（一）人才要求

1935 年 3 月，一位名叫伯尔托尔德·雅各布的瑞士作家出版了一本名为《战斗情报》的小书。他从公开发表的新闻报道的字里行间，寻觅到德国军事核心的秘密情报，所用工具只是一把剪刀、一罐糨糊、一个卡片盒和一个情报人员的头脑。如果雅各布身处 21 世纪，他或许就是一位杰出的网络舆情工作者。那么，一位合格的网络舆情工作者到底应该具备哪些素质呢？

一是要有绝对合格的政治思想。这是舆情工作实务对舆情工作人员提出的一个最基本、最关键的要求。因为海量的网络信息中既有正面的、传递正能量的信息，也包括大量无法辨识真伪的以及反动的、非法的负面言论。作为舆情工作者，每天都在这些鱼龙混杂的信息中"摸爬滚打"，没有"绝对忠诚、绝对纯洁、绝对可靠"的政治信念，没有一颗始终闪亮的红心，是无法坚定自己的立场的。若不具备这一基本条件，则很可能在还未捕获任何有用舆情之前反倒被负面的舆情卷走了。

二是要有广博的知识。这里的知识涵盖面很广，首先在基本知识掌握方面，新闻传播学、社会学、统计学、公共管理学、法学、经济学、计算机科学等学科知识是最基本的，其理论和技能也是在舆情工作中运用较多的。与此同时，对于相关专业领域的舆情监测与导控，舆情工作人员还需要掌握相应专业的基本知识和技能，如金融领域的舆情监测与导控、科技领域的舆情监测与导控、具体行业领域的舆情监测与导控等。以面向党政部门的舆情工作而言，对内维护安定团结，舆情工作者既要了解国家的大政方针和党政决策的工作机制，又要熟悉社会舆论格局和社会矛盾构成，应对关系国计民生的重大政策走向有较为清晰的认识和判断；而对外维护独立自主，舆情工作者的关注对象是境外网络舆情，因而要了解对象国互联网的舆论架构，并对境外重点网站的发展背景有准确的了解，能够根据政治背景、股权结构、产生机制、运营体制、技术特点、言论特色等的不同，分清网站特点和网友群体特征。

三是要有敏锐的情报意识。“情报意识是指情报人员获取情报的一种能力。”[①] 这种能力包括：敏感能力，即有较强的新闻敏感和信息意识，能及时捕捉可能给社会稳定或用户利益带来影响的各种倾向性问题；洞察能力，即“察人之所未察，见人之所未见”，在表面的“平静”之中看到暗藏的“波动”；鉴别能力，即能去伪存真、去粗取精，真正从信息的大海里捞出针；联想能力，即善于见微知著、以小见大，从纷繁复杂中提炼出清晰的关联网络。

四是要有一定的实践技能。这种实践技能首先是指对网络的操作和利用水平。网络舆情侧重于对网络信息的搜集、挖掘、聚类、归纳、判断和推理等能力，因而从助理级舆情分析师开始，就必须熟练互联网搜索引擎、搜索关键词设置技巧，并且熟悉网络舆情抽样、统计和分析工具、模型等。其次，这种实践能力还包括良好的语言能力，这一方面指对网络语言的理解能力，另一方面则指语言表达能力，如在报告撰写方面，语言既要体现深刻的思想又要有严密的逻辑，既要周到严谨又要简洁明快，在保质保量的同时还要适应“突击性”的要求。

---

① 李海燕：“论情报意识”，《图书馆学研究》1994 年第 4 期，第 21 页。

综合上述对舆情工作者所提出的各项要求来看，一名优秀的舆情工作者可以算是一位名副其实的“杂家”：既要是一位搜索引擎专家、网络调查专家、电脑高手、软件高手，还要是一位统计高手、图表专家，更要是一位资深的情报分析家。而这一系列的标准和要求是某一个特定的人员无法具备齐全的，这也是上文提出要建立一套制度化的、完整的舆情工作体系，通过部门、机构之间的分工合作让这一“合成的杂家”真正在舆情监测与导控领域大展身手的原因。

（二）培训现状

与人才要求密切关联的是与此对应的人才培养、队伍建设工作。从2003年至今，我国网络舆情的发展已经历了十多个年头，然而专业化的网络舆情人才培训却直到2012年后才算正式启动。目前，我国网络舆情专业培训按主办单位和级别的不同大致可分为三类：

第一类是国家工信部自2012年起牵头主办的全国舆情能力水平考试及培训。培训级别分为网络舆情助理分析师、分析师和高级分析师。培训内容涵盖舆情信息工作体系、网络舆情的策略管理、舆情监测和监控管理、分析研判与应对等，学制多为3—5天。

第二类是国家人社部自2013年起牵头主办的网络舆情分析师职业培训。培训内容涉及舆情产业分析、舆情理论、新媒介素养、危机处理与应对等，学制多为4天。讲师资源采用“内外结合”的模式，授课注重“理论+实践”，并提供专门的“在线模拟演练平台”。

第三类则是由各大院校开设的网络舆情相关课程。一般开设在经济管理、中文、新闻类学院，教学内容多以新闻传播、社会网络媒体、舆情引导等理论为主，人才培养的目标多以从事新闻媒体类工作的基础性人才或在职人员进修为主要指向，如北京大学开设的网络舆情管理与应对高级研讨班，北京政法职业学院开展的舆情及资讯分析方向的人才培养，上海交通大学开设的危机管理、舆情监控与媒体应对相关课程等。此外，一些地方政府部门、媒体机构、科研机构也组织了一些培训项目，但多局限于单位内部或较小范围，是针对特定需求或特定领域的临时性培训，因此通常具有不定期性和零散性，而培训内容则相对更具针对性和地方特色。

上述三类网络舆情培训项目在培训理念和具体实施上具有如下特点：

1. 重考核，轻培训。上述培训项目学制多为2—7天，培训内容则多达8—12门课程。显然，短短几天时间内很难完成大量课程的深入学习与培训，因此考核并颁发相应合格证是上述培训项目吸引大量报名者的一个重要原因。由于网络舆情服务行业尚缺乏统一的行业规范，相关从业人员也缺乏正规的认可制度，上述项目即旨在为行业提供一种更规范、更统一的认证和标准。

2. 重分析应对，轻技术手段。就培训内容而言，无论是工信部组织的考核培训，还是人社部开设的课程培训，舆情分析、管理类课程均占较大比重，而具体实施使用的技术方法与手段则并不是培训的重点。人才培养的类型也多定位于“网络舆情分析师”或“网络舆情管理师”。而大多数高等院校的舆情相关课程多针对文科专业开设，更是注重从媒体与传播角度对网络舆情的处置与应对。

3. 重理论与实践的结合。上述培训项目均采用案例式、研讨式、实战演练、分组模拟、参观见学等综合教学方式，将理论知识讲授与实战练习相结合，保障了培训模式的灵活性。此外，各主办单位还注重自身特色项目的开发，例如工信部自建有“网络舆情数据研究中心”、人民网舆情监测室专门研发了“在线网络模拟教学系统”等，以此为参训学员提供更贴近实战的经验和操作平台，以更好地保障培训效果。

4. 重师资的内外搭配。“内外搭配”即除本单位已有师资外，还聘请外部资深专家开展联合施教。这些外请专家既包括国家相关部门的高级官员、舆情行业知名专家，还包括长期开展舆情研究的高校、学术机构的专家教授，可谓是纳众家之长、集广域之思。

可以说，上述培训项目的开展使得网络舆情分析师等新型职业开始步入公众视野，也带动了网络舆情培训的迅速升温。这些培训项目在网络舆情人才培养方面做出的探索和努力，给进一步规范化、专门化舆情人才培养积累了丰富的经验。

第四章 网络舆情的特点与表现

在第一章，我们曾就网络舆情与社会舆情的关系进行辨析，指出网络舆情是网络信息化时代社会舆情的一种日益占据主导地位的、新的表现形式，它具有传统的社会舆情所不具备的特点。这些特点影响甚至决定了当前以及未来舆情应用的方式、手段。因此，在开展网络舆情监测与导控等实务之前，相关人员有必要了解和掌握网络舆情的主要特点及其特殊的表现途径。

一、网络舆情的主要特点

网络舆情的特点与网络这一特殊传播渠道的特征密切相关，我们将之归纳为：身份的相对隐匿性、内容的广泛性、传播的迅捷性、影响的交互性、情绪释放的自由性、管理的复杂性。

（一）身份的相对隐匿性

网络世界通常被等同于虚拟世界，人们在这一虚拟世界发布信息、表达情绪并不需要交代自己的真实身份，其姓名、地址、电话号码、性别、年龄、职业等均可以达到不同程度的隐匿，人们甚至可以为自己虚构各种与实际情况千差万别的身份，这也是各种网络闹剧、网络诈骗产生的重要原因之一。1993 年，美国画家斯坦纳曾用一幅小狗上网的漫画来刻画网络的这一隐匿性特点，“互联网上没有人知道你是一条狗”成为对网络世界虚拟性的一个经典描述。然而，我们认为，绝对的虚拟性是不存在的，任何虚拟构想都是对现实生活的映照。尤其是对于网络舆情这一反映参与主体内心世界的产物而言，无论是其最初的形成过程还是对其最终的处置与应对，均应以现实世界为参照和指向，因为隐匿并不等同于虚无，相反它更接近真实。另外，信息的可分析性以及网络世界各种信息结点之间的彼此交叉关联性，使得身份的隐匿性是可以破解的。因此，有人将1993年斯坦纳的漫画更改为“互联网不仅让人知道你是一条狗，还可以知道你是一条什么样的狗”。也就是说，通过对网络参与者网络行为、网络言论等的观察与分析，就可获得与其相关的各类信息，包括年龄、性别、兴趣爱好、社会关系甚至身高、体重、职业以及更为私密的个人信息等。

网络世界的这种相对虚拟性以及网络舆情参与主体身份的相对隐匿性，使得对网络舆情的分析与应用面临着一定的挑战，同时又具有广阔的价值空间。如何通过提升信息分析能力来实现对海量匿名信息的价值转换，是网络舆情监测与分析的关键应用点。

（二）内容的广泛性

网络舆情的身份隐匿性使得越来越多的人倾向于通过网络来表达自己的真实内心，从而使得网络舆情具有了广泛性这一显著特点。这种广泛性既指参与人员的广泛性，即网络舆情的参与主体涵盖各行各业、各社会阶层、各地域民众、各年龄阶段，任何人都可以通过网络来实现舆情的表达、传播，人们可以不受时间、空间、身份等的限制，自由地参与到讨论和交流中来。同时，这种广泛性也指内容上的广泛性，即其所涉及的问题、事件、现象可谓包罗万象，既有事关国际、国内形势与发展的大讨论，也有涉及个人生活、家长里短的小思考、小心得、小牢骚、小情绪等；其信息质量则既有客观、真实的，也有虚假、消极的，既有正能量的弘扬，也有反动情绪的渗透；其表现形态除传统的文字形式外，图片、音频、视频甚至多模态信息融合形式等也大量涌现。

网络舆情的广泛参与性、广泛相关性，使得原本在现实生活中具有“内隐性”的公众内心活动开始在网络上“外显”出来，从而使得对网络舆情的监测与应用成为一种可能。

（三）传播的迅捷性

前文中，我们曾定义网络舆情是社会舆情的风向标、放大器，其根本的原因在于，网络舆情相对于口耳相传的传统社会舆情传播模式而言是一种革命性的转变，尤其是随着社交类网络媒体类型的出现，舆情的传播模式开始从传统的口耳相传的线性模式发展到压缩时空距离的扁平式传播，再到社交媒体时代裂变式的传播模式，使得网络舆情表现出即时发布、迅猛扩散、突发影响的迅捷性特点。一旦特定问题出现或事件发生，在现场网民即可通过网络对此做出反应。一旦首条相关信息发布，舆情即开始在网络世界进行“裂变式”传播和扩散。所谓“裂变式”传播，即如同核爆炸一般，可在瞬间波及到一个极大的范围，且其总能量在传播过程中是不断增强的。在这种“裂变式”的传播模式下，以秒计算发布信息和获得反馈的微博、微信在网络舆情形成、传播、演变过程中的作用尤为突出。以微博为例，一个拥有10000名粉丝的意见领袖，若这10000名粉丝又平均拥有100名粉丝，则该意见领袖所发布的信息可在瞬间实现100万人的覆盖率。若将信息的二次转发、三次转发……计算在内，则覆盖率几乎呈指数级暴增。

网络舆情传播的迅捷性使得网络舆情事件的爆发更加难以预料，给网络舆情的监测与应用提出了越来越大的挑战。

（四）影响的交互性

与传统媒体单向的信息传播通道相比，网络传播的另一个显著特点在于，Web2.0之后的网络是一种双向交互式的信息传播通道，由此形成的网络舆情是一种“形成→传播→影响→反馈→再形成→……”的循环交互模式的产物。从对网络舆情的应用来看，这种交互式的影响主要体现在三个方面：一个是舆情主体与舆情客体之间的互动，即舆情主体针对舆情客体发表看法和态度，希望借此达到宣泄情绪、引起注意、得到解决等目的，而舆情客体则通过接收、分析、应对这些看法或态度来推动自身的发展、获得自身的利益；一个是网民与媒体之间的互动，即网民通过媒体获取信息并产生和发表看法、态度而成为网络舆情主体，媒体又通过网民的言论及其他网络行为来了解民众对事件或问题的看法、思想动态、关注点，由此来决定媒体进一步的信息运转模式；一个是网民与网民之间的互动，即网络媒体时代信息的公开发布与传播模式，以及个体与个体之间的彼此关注模式，使得网络世界的人际交往甚至超过了现实生活，网民与网民之间的告知与被告知、说服与被说服、影响与被影响对网络舆情的产生和传播有着重要的影响，尤其是微信的到来，实现了公众网络与私密空间的无缝对接，也实现了亲密朋友之间基于高信任度的互动。

网络舆情影响的交互性使得网络舆情不容小觑，对网络舆情的监测与分析以及及时有效的处置应对成为一种必需。

（五）情绪释放的自由性

网络舆情本身就是一种情绪的释放，而网络舆情在隐匿性、广泛性、迅捷性、交互性等方面的特征，使其在情绪的释放上更具自由度，更易被激发甚至产生极化。按照弗洛伊德的界定，人格的结构是由本我、自我和超我三部分组成的。其中，本我即原我，即一切按快乐原则行事，而不理会社会道德和外在的行为规范等，其唯一的追求就是获得快乐、避免痛苦。在情绪得以自由释放的网络世界，各类情绪、态度、意见多是以原生态的形式展现，从而使得这种本能的、情绪化的、带有非理性色彩的“本我”得到了更好的体现，体现在网络舆情中即呈现出悖逆式、破坏式宣泄的非理性倾向，[①] 具体则指：因对社会不满而常以反传统、反主流、反权威的价值立场示人，对政府的政策、官方的言论、社会的精英、富裕的人群统统持怀疑和排斥的态度；因对社会不满而常以暴力方式来发泄心中的情绪，多通过发表带有攻击性、煽动性和侮辱性的言论来恶意损害他人的人身、名誉、财产等权益。此外，非理性倾向有时还表现为娱乐化，甚至包含网络恶搞，即以一种讽刺、幽默、游戏的视角来看待所谓的传统和经典，以图达到颠覆传统、标新立异之快。

与非理性情绪占据网络舆情上风相并行的是网络舆情的群体极化性。所谓群体极化性，是指某种初期的认知倾向经由群体间成员商议之后，将朝既有偏向的方向继续移动，最后形成极端的观点。这一极化倾向反映到网络舆情当中，即当一个特定的网络舆情事件发生之后，群体情绪在相互刺激和共鸣中逐步发酵并激化，尤其是一些情绪化的煽动会通过群体感染

---

① 吴玉敏：“当前舆情非理性态势堪忧”，《人民论坛》2013 年第 12 期，第 66—67 页。

不断放大并迅速支配整个人群，使得群体的理性和自控能力降低，从而表现出非理性的攻击和情绪化的冲动，并极有可能导致现实生活中集体性情绪的宣泄，诸如拉标语，挂横幅，堵塞交通要道，围堵、冲击国家机关甚至打砸抢暴力事件等，均是这种群体极化的现实体现。

网络舆情的非理性情绪与群体极化性，是构建健康的网络环境的重要影响因素，因而也是网络舆情处置应对中不得不始终重视的一个主要问题。

（六）管理的复杂性

所谓网络舆情管理的复杂性，是指网络舆情既是可控制的，又是难以控制的。网络舆情看似洪水猛兽、自由散漫，但它亦是遵循一定发展规律的，而并非可以不受任何纪律、条例、制度的约束。网络也是身在社会之中，而不是独立于社会之外的、没有管理者的绝对自由空间，也要遵循“游戏规则”。因而，我们说，网络舆情是可以进行引导和得到有效控制的。这种可控性，一方面是网络舆情自身发生发展中蕴藏的内在的政治和经济的控制，这是一种社会发展的必然促使；而另一方面则是人为的主动导控，即通过研究网络舆情的自身特性和使用各种信息技术手段，对网络舆情、网络舆情信息尤其是各种负面的、有害的网络舆情信息，开展一种引导或控制，如敏感词汇捕捉或屏蔽、不良信息追踪等。然而，这种控制又是十分有限的。一方面，舆情作为一种个人的心理、情感，属于意识和思想范畴。而意识和思想是最难控制的，一个人的行为可以通过各种限制方式甚至强迫手段去左右，但却很难使其真正心悦诚服。另一方面，作为舆情传播载体的网络在自由度、跨时空界限、快速即时和身份隐匿等多方面的传播优势，使得网络舆情的传播速度总是超前于我们对网络舆情的捕获速度，网络舆论事件的发展演变总是要超前于我们对舆论事件的处置应对速度。而同样，网络媒体的发展进步进程也总是超前于网络舆情监测与导控技术的研究开发进度。总是处于滞后的一方，自然无法掌控超前一方的节奏，亦无法跟上超前一方的步伐，更无法谈论完全的掌控。因此，网络舆情的难控性是绝对的，它说明了网络舆情监测与处置存在的必要，更指出了网络舆情监测与处置面临的挑战。

二、网络舆情的表现途径

网络舆情的表现途径也被称为网络舆情的信息源或网络舆情的传播途径。不同的表现途径通常会带来不同的传播效果。因此，对于网络舆情工作者而言，不仅要熟悉和了解各种可能的网络舆情发布、传播平台，更要掌握这些平台在传播模式、受众范围、权威性等方面的特点，从而为更全面、准确的网络舆情监测与应用提供依据。

（一）网络新闻

网络新闻是一种新的新闻生产模式，而并非传统新闻在网络上的简单重复。相比传统新闻而言，网络新闻具有快速、多面化、多渠道、多媒体、互动等特点。在时效性上，从最初定时的新闻发布，到后来将“及时”性界定为新闻发布的时效标准，到各媒体间争相开展“实时”报道，再到如今“及时、实时、全时”三时合一的巅峰竞争，网络新闻的时间观发生着革命性的转变。由此带来的对网络舆情形成与演变的影响包括：（1）由于抢时，一些原有的审核、把关环节被高度压缩甚至删减，新闻的真实性、准确性难以得到保障，于是各类假新闻事件不断发生，影响了公众对新闻信息的信任度和判别力；（2）由于抢时，对特定问题或事件缺乏更为深入的报道，或尚未来得及进行全面剖析即淡出了公众的关注视线，这一影响的直接结果即当前广泛存在的快餐式信息消费。

针对网络新闻的“瞬时化”和“碎片化”，网络新闻专题应运而生。所谓网络新闻专题，是指以聚合的方式围绕某个特定的新闻事件或事实，在一定的时间跨度内综合运用各种题材及背景材料，以文字、图片、声音、视频等多种表现形式进行连续的、全方位的、深入的报道，展示出相关主题或话题的前因后果、来龙去脉，并提供与受众的互动渠道。通常，一个网络新闻专题的构成要素包括新闻报道、背景材料、新闻分析和综述、新闻评论、花絮、新闻图片等。

2005 年 9 月“国务院新闻办公室”“信息产业部”联合颁布的《互联

网新闻信息服务管理规定》规定，[①] 提供网络新闻信息服务的单位主要分为三大类：一类是新闻单位设立的登载超出本单位已刊登播发的新闻信息、提供时政类电子公告服务、向公众发送时政类通讯信息的互联网新闻信息服务单位；一类是非新闻单位设立的转载新闻信息、提供时政类电子公告服务、面向公众发送时政类通讯信息的互联网新闻信息服务单位；一类是新闻单位设立的登载本单位已刊登播发的新闻信息的互联网新闻信息服务单位。据不完全统计，我国现有一类新闻网站仅200多家，其中大部分是依附在传统报纸或广播电视台等有影响力的媒体旗下的网站。具体而言，我国现有新闻媒体及网站单位分布情况如表4—1[②] 所示。

网络新闻是事实性信息与意见性信息的集合。网络新闻报道的热点往往反映了社会的焦点，而一些网络新闻评论更是与网络舆论热点产生直接互动。因此，网络新闻专题是网络舆情的重要表现途径之一，也是网络舆情监测的重要信息源。

（二）新闻跟帖

新闻跟帖是网络新闻附带的评论业务，是网友就网络新闻发表自己观点看法的地方。每篇新闻报道或评论都设置了完整的新闻跟帖功能，网民可以用文字、表情等符号形式对这条新闻进行评论，同时也可以阅读或回复其他网民的跟帖，与之形成观点互动。新闻跟帖将 Web2.0 的特征移植到作为 Web1.0 代表的门户网站中，使新闻不再像过去那样只是单纯地被“演示”和“披露”，从而具备了“对话性”，实现了新闻信息传递从单向到双向甚至多向的转变。

① 国务院新闻办网站：《互联网新闻信息服务管理规定》，（2005－09－29）［2016－08－10］. http：//www. gov. cn。

② 中国各地新闻媒体和网站单位名单，（2013－07－07）［2016－08－10］. http：//www. wenku. baidu. com。

表 4—1 我国现有新闻媒体及网站单位分布情况

	类别	典型代表
我国各地新闻媒体和网站单位名单	中央新闻网站（14 家）	人民网、新华网、中国网、央视国际网络、国际在线、中国日报网、中国青年网（中青网）、中国经济网、中国新闻网、中工网、党建网
	中央新闻单位（61 家）	人民日报、人民日报海外版、新华社、新华社每日电讯、瞭望、中国新闻社、中国新闻周刊、解放军报、求是、光明日报、经济日报、中央人民广播电台、中央电视台、中国国际广播电台、中国日报、北京周报、半月谈、经济参考报、中国证券报、环球时报、京华时报、新京报、科技日报、工人日报、中国青年报、中国妇女报、农民日报、法制日报、人民政协报、人民中国、人民画报、中国教育报、中国工商报、中国电力报、中国民航报、中国铁道报、人民邮电报、中国交通报、中国医药报、中国质量报、中国税务报、中国体育报、中国财经报、检察日报、人民法院报、中国建设报、中国环境报、中国文化报、人民公安报、中国水利报、中华工商时报、中国纪检监察报、中国审计报、金融时报、国际商报、中国商报、中国经济周刊、中华儿女
	部委网站（5 家）	外交部网站、卫生部网站、商务部网站、财政部网站、国家发改委网站
	省级新闻单位	北京（千龙新闻网、北京日报、北京电视台等） 天津（北方网、今晚报、滨海时报、天津日报等） 河北（长城在线、燕赵晚报、河北新闻网等） 山西（黄河新闻网、山西日报等） 内蒙古（内蒙古新闻网、内蒙古日报等） 辽宁（东北新闻网、辽宁日报等） 黑龙江（东北网、黑龙江日报、生活报等） 上海（东方网、新民网、解放日报、文汇报等） 江苏（中国江苏网、新华报业网、新华日报等） 浙江（浙江在线、钱江晚报、今日早报等） 安徽（中国安徽在线、安徽日报等） 福建（东南新闻网、福建日报、厦门日报等）

续表

我国各地新闻媒体和网站单位名单	省级新闻单位	江西（中国江西网、大江网、今视网等） 山东（大众网、齐鲁网、大众日报等） 河南（大河网、河南日报、郑州晚报等） 湖北（荆楚网、湖北日报、武汉晚报等） 湖南（红网、华声在线、金鹰网等） 广东（南方新闻网、大洋网、南方日报、羊城晚报等） 广西（广西新闻网、广西日报、南方科技报等） 海南（南海网、海南日报、海口晚报等） 重庆（华龙网、视界网、重庆日报等） 四川（四川新闻网、华西都市报、四川在线等） 贵州（金黔在线、贵州日报、贵阳日报等） 云南（云南网、云南日报、昆明日报等） 西藏（西藏日报、中国西藏网、拉萨晚报等） 陕西（西部网、陕西日报、西安日报等） 青海（青海新闻网、青海日报、西宁晚报等） 宁夏（宁夏新闻网、宁夏日报、银川晚报等） 新疆（天山网、新疆日报、兵团日报等）

资料来源：中国各地新闻媒体和网站单位名单，（2013－07－07）［2016－08－10］. http：//www. wenku. baidu. com。

新闻跟帖的参与群体广泛，价值含量高，是网络舆情监测的重要抽样对象。同时，新闻跟帖也是最“接地气”的网络舆论。一般而言，人民网、新华网等体制内网络媒体的网友以公务员或文教系统的人员居多，近年来的回帖量正逐步攀升；而相比较而言，四大门户网站（腾讯、网易、搜狐、新浪）有众多基层网友，积极发言者不在少数。

新闻跟帖通常是一事一设，讨论的主题明确，集中反映了网民对于某一事件的意见，并由此传达了对于某一类社会现象或问题的网络舆论。因此，对新闻跟帖的监测有助于了解基层网民对特定事件或主题的舆情状况。

（三）论坛帖文

论坛即电子公告板，简称BBS。它是Internet上的一种交互性强、内容更丰富且及时的互联网电子信息服务系统。它提供一块公共的电子白板，使得每个用户都可以在上面书写、发布信息或提出看法。论坛一般由站长（创始人）创建，并设立各级管理人员对论坛进行管理，包括论坛管理员、超级版主（也称总版主）、版主（网络语言也表述成“斑竹”“斑猪”）。论坛从产生开始就如雨后春笋般迅速发展壮大起来，几乎涵盖人们生活的各个方面，几乎每个人都可以找到自己感兴趣或者需要了解的专题型论坛。而与此同时，各类网站、综合性门户网站或功能性专题网站也青睐于开设自己的论坛，以促进网友之间的交流，增加互动性和丰富网站的内容。

综合类的论坛包含的信息比较丰富和广泛，能够吸引几乎全部的网民来到论坛，但是由于广，这类论坛往往做不到精细和面面俱到。而小型规模的网络公司或个人建立的论坛网站，就倾向于选择专题性的论坛来做到精致。这类论坛通常能够吸引真正志同道合的人一起来交流探讨，有利于信息的分类整合和搜集。专题型论坛对于舆情监测工作有时具有更大的参考价值，如购物类论坛、军事类论坛、情感倾诉类论坛等，这些专题性论坛能够在单一领域里进行版块的划分设置，甚至把专题性直接做到最细化，这样往往能够帮助我们更便捷地获取相关类别的舆情信息。

此外，地方性论坛是论坛中娱乐性与互动性最强的论坛之一。不论是大型论坛中的地方站，还是专门的地方论坛，都有很热烈的网民反响，比如长春贴吧、北京贴吧、清华大学论坛、运城论坛、海内网、长沙之家论坛等。地方性论坛能够更大限度地拉近人与人的距离，更可能影响到所涉地方的人心稳定。因此，在监测地方舆情的时候，要特别关注各省市级地方地域性论坛，地方网友的观点往往更具有代表性。对于地方舆情事件、现象和话题，要首先监测分析地方网友言论，深入群众，抽取有价值的言论样本。而对于政府机构和大型企事业单位而言，舆情监测的对象在涵盖全国性与地方性、综合类网络论坛版块的同时，要特别关注相关行业、单位、企业的官方网站及其论坛、留言板等。

目前，影响全国网络舆论走势的有20多家BBS，比较著名的有天涯社区、凯迪社区、中华网论坛、强国论坛、百度贴吧、新华发展论坛、央视复新论坛、凤凰网论坛、西祠胡同、华声论坛、网易社区、新浪论坛、搜狐社区、腾讯论坛、大旗网、猫扑论坛、奇虎社区、ChinaRen社区、西陆社区、国际在线、铁血论坛、豆瓣网、水木社区、TOM论坛、泡泡俱乐部、博客网论坛等。另外，红网论坛、京华论坛、大洋论坛、南方社区、深圳论坛等带有地域特色的论坛影响力也很大，也是全国性舆情监测的重要对象。

总之，网上论坛大都是相对稳定的，大多数论坛也由相对固定的网民群体组成。这些论坛中的帖文虽然话题较为分散，但它们从各个侧面反映了网民的思想动向与意见倾向。在某些重大事件发生时，许多论坛的讨论也会集中在这些焦点上，并与其他网络舆论渠道形成互动。

（四）博客空间

博客也被称为“网络日志”，通常用于记载日常发生的事情和作者的兴趣爱好，目的在于把自己的思想和知识与他人分享、交流，对有关的社会热点和新闻事件、热点话题和现象发表个人评论等。在经历了微博时代博客的受冷时期之后，近年来其在网络舆情发生与演变过程中的重要作用开始回升。除表达自己的观点外，博客还可以链接更多志趣相投的朋友。于是，一些关注社会热点的博客群开始出现，这种群体的出现让我们看到了其巨大的舆情信息价值。

博客空间在兴起之初仅是年轻人私生活的记录，从2008年开始，关心时事和参与评论舆论热点的博客空间开始增多，博客网站成为社会不同群体汇聚内部声音的重要平台。为了引起社会大众的关注，从而促进权威机关解决社会问题，富有责任感的网民会借助博客网站来聚集力量和制造舆论压力。尤其是一些影响力较大的名人博客，其访问量动辄上千万，成为网络舆情发生演变过程中的“意见领袖”。

对于网络舆情监测工作而言，对名人博客等具有较大影响力的博客的关注是舆情工作的一个重要内容。此外，就境外舆情工作而言，一些国外的博客用户也应成为我们关注的焦点。例如，美专注台海关系的新智库“2049 计划研究所”，其博客“亚洲之眼”（AsiaEye）共有 27 位专业人士充当写手，而我国就是其评论的重要对象之一。

（五）微博

微博是微博客的简称，是一个基于用户关系的信息分享、传播以及获取的平台，用户可以通过 Web、Wap 以及各种客户端组建个人社区，以 140 字左右的文字更新信息，并实现即时分享。微博作为一种分享和交流平台，相对于更偏重于梳理一段时间内的见闻、感受的博客而言，其更注重时效性和随意性。一方面，其即时通信功能强大，尤其是在面对一些突发性事件或引起全球关注的事件时，微博在实时性、现场感以及快捷性上甚至超过了所有媒体；另一方面，微博重在表达发布者每时每刻的思想和最新动态，使得一些原本“沉默的大多数”网民找到了展示自我的舞台。微博是典型的社交型媒体，其关注机制分为单向和双向两种：一方面，用户可以根据自己的兴趣偏好与对方发布内容的类别和质量来选择是否“关注”，并可以对已“关注”的用户群进行分类；另一方面，用户发布的信息越有吸引力、新闻性越强，关注者就越多，被“关注”数量是衡量微博影响力的重要因素。

美国的 Twitter 是最早也是最著名的微博。Twitter 网站被公认为是重大新闻和评论的集散地，提供了许多实时的、当事人亲历的事件，例如伊朗大选抗议活动、哈德逊河上的空难以及海地的地震等。该网站用户人群涉及政界、商界名人甚至国家领导人等，“Twitplomacy”（一个由 Twitter 和 Diplomacy 组合成的英文新词）的出现带来了“推特外交”的诞生，自此社交媒体不再是一种纯粹的大众消费，而开始与政治形成紧密的关联。

在我国，由从校内网起家的王兴于 2007 年 5 月建立的饭否网成为第一个提供微型博客服务的类 Twitter 网站。2007 年 8 月，腾讯又推出了腾讯滔滔。从 2009 年开始，仅半年时间，嘀咕网、即时客、Fexion 网、9911 微博客、同学网、我烧叨叨、贫嘴、Follow5、雷猴等一大批微博网站上线。2009 年 8 月新浪推出的“新浪微博”更是成为我国最具影响力的微博。在新浪的带动下，综合门户网站微博、垂直门户微博、新闻网站微博、电子商务微博、SNS 微博、独立微博客网站纷纷成立，推动我国进入了微博时代。微博曾一度成为我国网民获取新闻时事、人际交往、自我表达、社会分享以及社会参与的重要媒介，成为社会公共舆论、企业品牌和产品推广的重要平台，成为政府和企业舆情应对的重要渠道。然而，自 2014 年 7 月开始，一种新的变化正在悄然发生。伴随着微信、易信等即时通信工具的诞生，腾讯、网易等相继退出微博服务，微博逐渐开始衰落，在网络舆情中的影响力也相对降低，但由于其随意、快捷的多向互动模式，其并不会在短时间内淡出网络舆情的影响圈。

（六）微信

微信的英文名为 WeChat，是腾讯公司于 2011 年 1 月 21 日推出的一个为智能终端提供即时通信服务的免费应用程序。它支持跨通信运营商、跨操作系统平台，通过网络快速发送免费语音信息、视频信息、图片和文字信息等。微信具备公众平台、朋友圈、消息推送等功能。用户可以通过“摇一摇”、“搜索号码”、“附近的人”、扫二维码等方式添加好友和关注公众平台，同时支持将内容分享给好友以及将用户看到的精彩内容分享到微信朋友圈、微信群、微信好友等。凭借丰富的通信功能，微信实现了社交、资讯、娱乐、商业推广等多项功能与服务的集成模式，吸引了众多的客户群体。

截至目前，微信已走过 7 年多的发展历程，从最初的社交通信工具，成长为连接人与人、人与服务、人与商业的平台，在社交通信、内容分享、生活服务等领域越来越受到用户和第三方服务商的认可。根据腾讯 2018 年一季度报告数据显示，微信活跃用户数近 10 亿，再次刷新了 2017 年 9.02 亿微信登录用户数量。微信已成为我国国内最大的移动流量平台之一。众多网友已开始从微博的公众意见平台，转向更为私人化的微信朋友圈。微信用户的迅速增长使得移动互联网开始成为社会舆论的新信源。

目前微信的注册号主要分为两种：一种是普通网民个人账号；一种是个人或企业认证的公众号。普通个人用户通过朋友圈的用户数量增长可以使微信变成小众甚至大众媒体，而一些公众微信号通过订阅和服务用户数量的增加，在影响力上更是具备了大众传播的属性。这一新的舆情传播平

台的诞生，也带来了网络舆情传播的一些新特点：①

第一，微信的朋友圈传播，加之借助腾讯 QQ 的强关系链，通过微信的网络舆情传播具有更高的到达率和转发率。

第二，微信交流较微博等公共平台的“私密性”，使得舆情传播的可信度增加，从而使其舆情影响力也相应增加。

第三，微信与移动互联网之间的“链接分享”模式，实现了私密空间与互联网信息之间的连通，使得舆情传播的不可控性增加。当朋友圈人数达到一个相当大的数量时，微信的大众传播加人际传播的属性与微博无异，但其粉丝的数量和转发数量却是隐藏的，其对信息的分享更是不可获知的。

随着微信舆论影响力的不断增加，这种影响力还在朝更加深入的方向发展。这种深入主要表现在潜舆论和深层次情感层面。种种迹象表明，被认为信息传递私密但社会动员功能更强、用户数量也更为庞大的微信，将成为舆论引导和舆情监测的新阵地。

（七）视频网站

视频网站是指在完善的技术平台支持下，让互联网用户在线流畅发布、浏览和分享视频作品的网络媒体。视频网站在信息传播方面的特点主要有：

1. 内容生产速度极快。目前，最大的在线电影数据库 IMDb 上保存的从 1888 年至今生产的电影和电视节目大约有 96 万部。而 YouTube 上每天上传的视频就达六七万个。也就是说，仅从数量而言，生产同样数目的视频，YouTube 只需约 15 天。

2. 内容来源多样化，草根性与专业性并存。视频网站主要是利用 Adobe Flash Video 技术来呈现各种用户生成的视频内容，既有电影、电视，更有海量由网友自行拍摄、制作的简短的原生态视频内容。而随着技术的发展，上传视频的容易程度以及速度都在增加。

---

① 乐思舆情监测中心：“新媒体时代下微信舆情该如何监控?”，（2014－04－05）［2016－08－10］. http：//www. knowlesys. cn。

3. 视频可以植入其他网页。也就是说，一些非视频网站可以通过在本站页面上设置链接的方式指向其他视频站点，部分网站甚至希望通过这种方式来提高自身的点击率。而这无疑将促进热点视频的加速传播。

根据用户流量，视频网站可以划分为四大类别：

1. A 类。该类主要是一些领先的视频分享类网站、门户网站的博客频道等。这些视频网站通常拥有广大的用户群体，网站流量大，同时视频内容丰富，但自身的内容生产功能尚不完善，且对视频资源来源以及网民原创视频质量的控制能力还不强。代表的网站有土豆网、优酷网、爱奇艺以及搜狐视频、腾讯视频、新浪播客等。

2. B 类。该集团主要是一些领先的视频点播或直播网站。该类视频网站用户群体庞大，流量可观，且视频内容质量较高，具有一定程度的视频资源制作与整合能力。典型的包括 21cn、酷 6 网、激动网以及传统媒体（央视、凤凰卫视等）的网络视频平台等。

3. C 类。该集团主要是一些领先的 P2P 播放平台。该类视频网站借助客户端获取广大的用户群体，且视频内容基本是长视频或直播类节目。典型代表包括 PPLive、UUSee、QQLive 等。

4. D 类。该集团主要指一般性的视频网站。此类视频网站的用户规模较小，用户黏性低，同时网站对视频来源的控制能力弱，视频内容质量也是参差不齐。

实际上，随着智能手机拍摄录制功能的增强和普及，以多媒体形式存在的网络舆情信息越来越呈上升趋势。不仅上述视频网站，其余支持以多媒体形式传递网络舆情信息的网站同样应该引起网络舆情监测工作者的重点关注。

第五章　网民行为及心理特征状况

据中国互联网络信息中心（CNNIC）2018 年 1 月最新发布的第 41 次《中国互联网络发展状况统计报告》显示，截至 2017 年 12 月，我国网民规模达 7.72 亿，手机网民规模达 7.53 亿。有学者评论称：我国的互联网拥有着全球人数最多的网民，其群体结构之复杂、思想激变之多元、意识形态斗争之激烈，尤其是在重大公共突发事件中表现出来的突出矛盾亦全球罕见。随着网络用户群体的不断壮大，网络舆情的影响力可见一斑。作为网络舆情的参与主体，网民使用网络的行为特征以及由此反映出来的心理特征是及时掌控舆情发展状况、合理引导网络舆论导向的关键。只有了解了网民心里所想、所需，才能在处置和应对中顺应和满足网民的心理期许。

一、网民的行为解读

用户信息行为研究最早主要针对用户对图书馆馆藏资源的利用情况，而随着互联网的飞速发展，网络成为人们获取信息和使用信息的主渠道、主平台，因而网络用户的信息行为成为用户信息行为研究的一个主要问题。所谓信息行为，有学者将之定义为“主体为了满足某一特定的信息需求，在外部作用刺激下表现出的获取、查询、交流、传播、吸收、加工和利用信息的行为”。[①] 我国有关用户信息行为的研究主要集中在对不同用户群的信息需求、信息查询与信息检索行为调查分析的实践研究。其中，中

① 胡昌平：《现代信息管理机制研究》，武汉大学出版社 2004 年版。转自孙玉伟：“用户信息行为研究的理论基础探源（上）”，《图书馆杂志》2011 年第 10 期，第 7 页。

国互联网信息中心（CNNIC）每年均定期发布有关我国互联网发展及使用情况的报告书，包括《中国互联网络发展状况统计报告》《中国网民搜索行为研究报告》《中国社交类应用用户行为报告》《中国移动互联网调查研究报告》等。对网民行为的了解和解读是开展网络舆情工作尤其是处置应对网络舆情事件的一种有效准备。以下将以 CNNIC① 公布的最新统计情况对网民的互联网行为进行分类解读。

（一）群体分布

对网民的性别、年龄、学历、职业、收入等结构特点的了解，有助于网络舆情工作者掌握互联网用户的群体特征。截至 2018 年 6 月，我国网民的群体分布呈现如下特点：

1. 网民性别结构趋向均衡。截至 2016 年 6 月，网民的男女比例为 52.6∶47.4（同期全国人口男女比例为 51.2∶48.8）。

2. 城乡的网络普及率差距依旧较大。截至 2018 年 6 月，农村网民占网民总体的 26.3%，规模为 2.11 亿，农村互联网的普及率为 36.5%。尽管农村互联网普及率保持较稳定水平，但较之城镇地区的互联网普及率仍相差 37.4 个百分点。而这种差距的主要原因仍是互联网知识的缺乏以及对互联网功能认知的不足，因而农村的互联网使用需求较弱。

3. 年轻群体仍是我国网民群体的主体。截至 2018 年 6 月，我国网民仍以 10—39 岁群体为主，占网民总体的 73.8%，其中尤以 20—29 岁年龄段的网民占比最高（见图 5—1）。尽管年轻群体占主导，但随着互联网普及率的不断升高，网民群体也在不断向 10 岁以下儿童群体和 40 岁以上中高龄群体渗透。

4. 中等学历群体仍占网民群体主导。截至 2018 年 6 月，我国网民群体中初中、高中、中专、技校学历的网民占总数的 62.8%，但小学以下、大专学历的网民占比同 2017 年底相比均有所提升（见图 5—2）。

---

① 本部分数据、图表均来源于 CNNIC 于 2018 年 6 月发布的《第 42 次中国互联网络发展状况统计报告》。

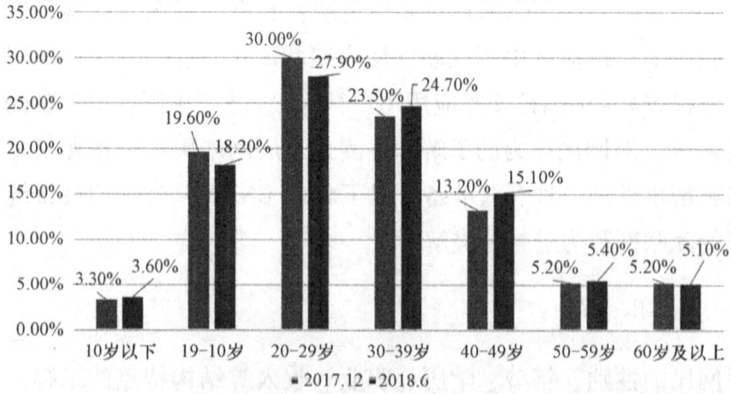

图 5—1　我国网民的年龄结构

资料来源：CNNIC 中国互联网络发展状况统计调查。

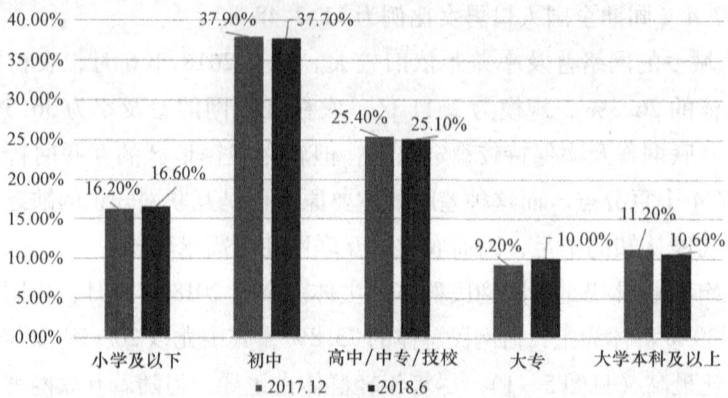

图 5—2　我国网民的学历结构

资料来源：CNNIC 中国互联网络发展状况统计调查。

5. 低收入职业群体占我国网民主流。截至 2017 年 12 月，我国网民中学生群体占比仍最高（占比 25.4%），其后依次为个体户/自由职业者（占比 21.3%）、企业/公司的管理人员和一般职员（占比 14.6%）（见图 5—3）。2017 年，我国网民规模向高收入群体扩散，月收入在 5000 元以上群体占比较 2016 年底增长 3.7 个百分点。

从上述分布情况来看，我国网民构成仍呈“低龄、低学历、低收入”

的群体分布状况。而这种“三低”背景无疑使得其在面对纷繁复杂、泥沙俱下的网络信息时，一方面缺乏成熟的判别能力，另一方面较易将现实生活中的“不平衡”等情绪与网络世界相关联，从而给网络舆情的发生、演变带来影响。

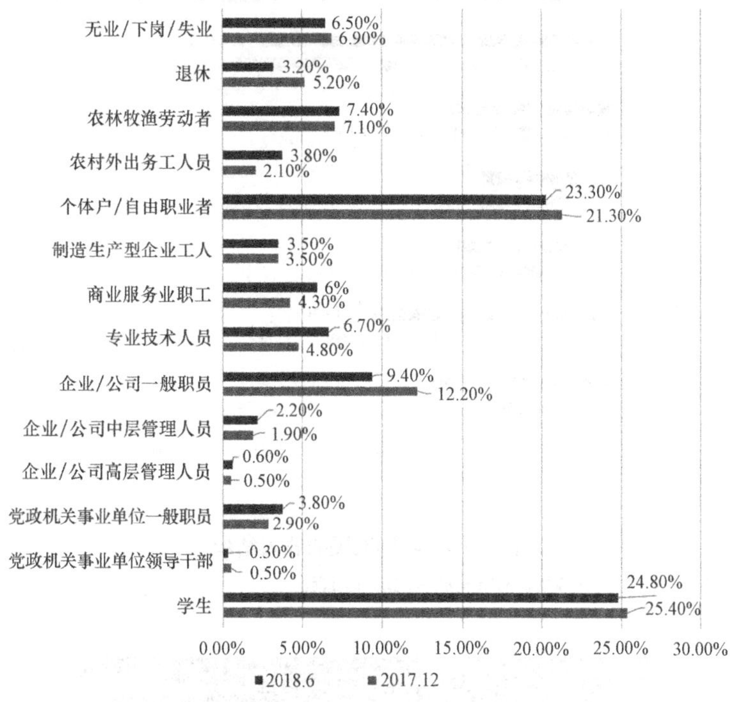

图5—3 我国网民的职业结构

资料来源：CNNIC 中国互联网络发展状况统计调查。

（二）时间分布

网民上网的时段分布为网络舆情信息的监测与影响力评估等提供了一定的参考依据。2018 年 6 月，我国网民人均周上网时长为 27 小时，相比 2017 年末提高了 0.7 小时。而具体上网的时段则如图 5—5[①] 所示分布：

---

① 来源于百度统计流量研究院（http：//tongji. baidu. com/data/hour），统计结果基于百度统计所覆盖的超过 150 万的站点。

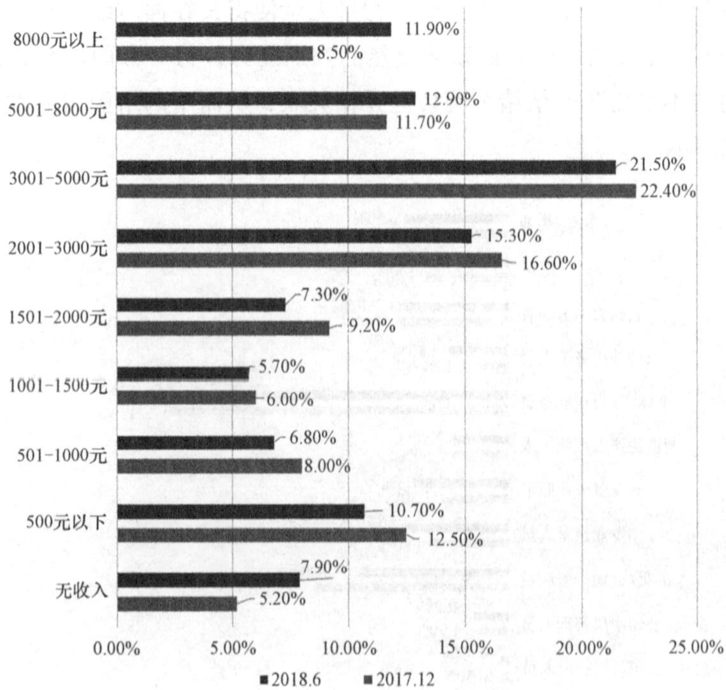

图 5—4　我国网民的收入结构

资料来源：CNNIC 中国互联网络发展状况统计调查。

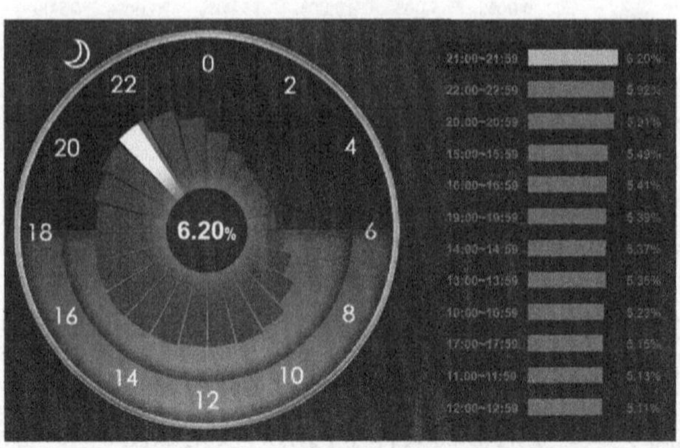

图 5—5　2016 年 1—7 月网民上网时段分布

图片来源：作者自制。

由图5—5可知，自2016年以来，我国网民上网的时段主要集中于上午10点至夜间23点，其中21：00—22：00为最高峰，占比为6.20%。也就是说，这一时段上网的人数最集中，从而使得这一时段成为网络舆情最易爆发、扩散的关键期。在研判特定网络舆情信息的影响力时，同样应考虑该信息首爆所处的时段，从而预判其形成爆发势头的时间距离。例如，谣言信息A最早发布于凌晨2：00，而谣言信息B最早发布于晚间20：00，因此相比而言，谣言信息B形成爆发之势的可能性更大、时间紧迫性更强，对网络舆情处置应对造成的压力也更大。

（三）应用分布

据CNNIC最新调查统计显示，2017年我国个人互联网应用保持快速发展，即时通信、搜索引擎、网络新闻等基础互联网应用的用户稳定增长，网络娱乐类应用用户规模均保持高速增长，强烈的市场需求、政策的鼓励引导、企业的资源支持共同推动网络文化娱乐产业进入全面繁荣期。在手机应用方面，手机外卖、手机旅行预订用户规模增长明显，年增长率分别达66.2%和29.7%。

1. 资讯类

资讯类应用关乎网络舆情信息的主动获取与被动接收。根据CNNIC报告显示，在整体网民、手机网民中，搜索引擎都是仅次于即时通信类的第二大互联网应用。使用率较高的搜索引擎主要有百度搜索、搜狗搜索、神马搜索等。此外，视频网站也成为部分搜索用户获取突发事件相关信息的重要途径。通过对搜索引擎使用状况的了解，舆情工作者可判断各搜索渠道的舆情影响力，从而进一步指导舆情信息的采集工作。

除搜索引擎外，移动端网络新闻取代传统的电视、广播等新闻平台，成为我国网民了解时事新闻的重要渠道。一方面，在信息分发方面，移动互联网促进了网络新闻“算法分发”模式的快速发展，这一模式一改传统纸媒和电脑端门户网站的“编辑分发”模式，转而通过数据技术来筛选和推荐用户感兴趣的新闻资讯。另一方面，移动互联网的迅猛发展加速了传统媒体与新媒体的融合进程，特定网络舆情事件发生时，传统媒体与新媒体之间是一种交融的、双向影响的关系。搜狐新闻、网易新闻、腾讯新闻、百度新闻、新浪新闻、凤凰新闻、鲜果、新华社发布、澎湃新闻等新闻客户端产品继续蓬勃发展，在各类重大事件的发生演变过程中扮演着不可或缺的角色。与此同时，中央和各地方媒体则积极利用“两微一端”向新媒体转型，其中人民日报、央视新闻等传统媒体已经形成强大的网络传播影响力。

此外，博客也是网民获取资讯的平台之一。“从社会传播的角度来看，博客是一个社会化的草根媒体，让网民从信息的接受者变成信息的发布者和评选者。”早期博客的交互性凸显，而随着社交媒体和社交网络的兴起，博客的交互性逐渐被媒体性所取代。如今的博主大都是精英人士，创造的内容也趋于专业化，其受众主要是把博客当成其获取信息的渠道来源。

2. 社交类

社交类应用关乎网络舆情信息的传播。所谓“社交”，是指“社会上的人与人的交际往来，是人们运用一定的方式传递信息、交流思想，以达到某种目的的社会活动”。① 而“社交类应用”泛指具有社交功能的互联网应用，包括社交网站、微博、即时通信工具、博客、论坛等。如今，社交作为互联网应用发展的必备要素，不再局限于信息的发布与传播，而与沟通交流、商务交易类应用相融合，通过与各类应用之间的紧密关联形成一种强大的关系链，从而进一步促进信息广泛、快速地传播。截至 2017 年 12 月底，我国典型社交类应用的使用情况如图 5—6 所示。

由图 5—6 可知，在社交类应用中，微信占据绝对优势的地位。根据中国信息通信研究院调查，2016 年微信深度用户比例较 2015 年有所上升，日均使用时长在 4 小时以上的用户较 2015 年增加了一倍。微信作为一个沟通工具，近年来不断帮助用户拓展关系链的上限，2016 年好友数量在 200 人以上的用户比例约占 45%。微信关系链由强关系链条衔接的家人、好友的范围，向弱关系联系的泛工作关系网络延伸，职业社交已经成为微信社交的重要一环。据 2016 年 3 月的调查统计显示，微信用户中男性用户居多(占近七成)，男女用户的比例约为 2∶1，同整个网民群体的性别比例相比

① 引自 CNNIC《2014 年中国社交类应用用户行为研究报告》第 6 页，下载地址为 http://h.cnnicresearch.cn/u/login/rid/144。

存在较大的差异。从职业分布情况来看，微信用户中，企业职员占比超过四成，其次是自由职业者及个体户。超过九成的微信用户每天都会使用微信，六成以上的用户每天打开微信超过十次，五成以上的用户每天使用微信超过 1 小时。因此可以说，无论是在使用的频率还是使用的时长上，微信都表现出强大的用户黏性。超过八成的用户是朋友圈的高黏性使用者，61. 4% 的用户每次打开微信必刷“朋友圈”。而对于朋友圈中多样的信息，用户更喜欢图片、文字类内容，而促成用户通过微信分享新闻的三个要素主要是：价值、趣味、感动。在微信公众号中，泛媒体类公众号比例最高（超过 1/4），其次是服务行业类公众号（占比 1/5）。微信公众号满足用户的主要需求是获取资讯，约 3/4 的用户表示，这是其关注微信公众号的主要目的。

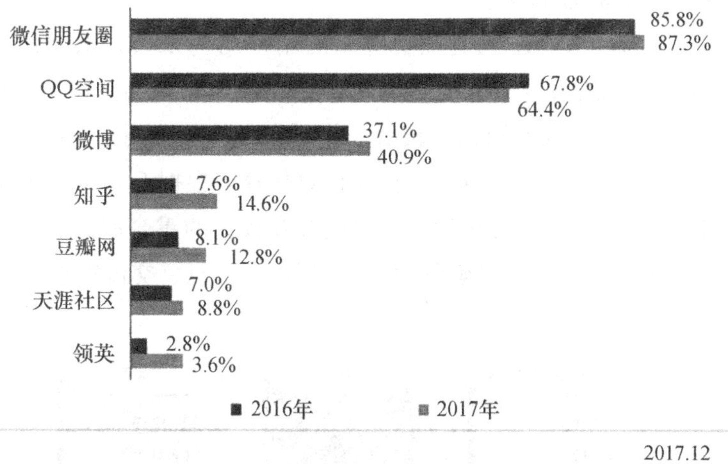

图 5—6　典型社交应用使用情况

资料来源：CNNIC 中国互联网络发展状况统计调查

QQ 空间作为排名第二位的社交类应用，截至 2016 年 6 月，其使用率为 67. 4%。同微信相比，QQ 空间的用户在年龄上存在年轻化的特点。微信的用户 60% 以上是 25 岁以上的人群，QQ 则正好相反，大部分是 26 岁以下的用户。QQ 空间在关系链上强弱关系兼而有之，在信息维度上则以个体信息为主，媒体属性较弱。

微博是社交类应用的又一典型代表。微博用户之所以选择微博来关注新闻或热点话题，主要原因是微博的快速响应速度和话题的高度关注度，这两个因素获得了一半以上的认同。在传播速度和传播深度上，微博都比传统的新闻媒体有天然的优势，而新浪微博一直都是各类重大新闻事件的首发源头。每逢遇到社会重大事件，新浪微博上的内容发送量都会出现显著上涨。因此，新浪微博一直是网络舆情工作的一个重点观测对象。此外，微博用户对“脉络清晰”“反应及时”“权威性高”等认可度较高，这也从另一个侧面反映出微博辟谣的效果。因此，微博平台也是开展网络舆情导控的一个有利窗口。经历了微信等新型社交类应用的挤压以及行业调整之后，在内容上，微博开始从早期关注的时政话题、社会信息更多地向基于兴趣的垂直细分领域转型，其用户规模有所回升，当前用户规模为2.42 亿，使用率为34%。

总体而言，从上述三类社交应用的用户结构来看，微博用户呈年轻化、高收入、高学历的趋势，即时通信的用户年龄则相对较大，而社交网站用户在学历和收入上则相对较低。相对来说，社交网站、即时通信更偏重于沟通、交流，而微博则更偏向于信息传播。根据 CNNIC 的调查结果显示（如图 5—7），三类应用的用户之间存在较大的重合率，有 33.7% 的网民同时使用这三类产品来满足他们各个层次的信息、交流需求。

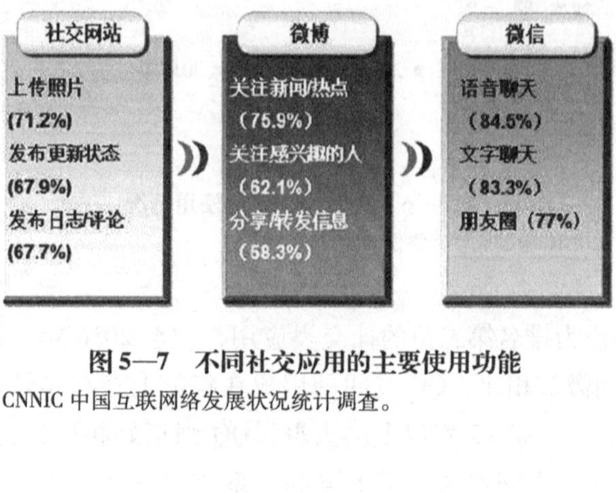

图 5—7　不同社交应用的主要使用功能

图片来源：CNNIC 中国互联网络发展状况统计调查。

二、网民的心理特征

网民的信息行为实际上是网民心理特征的一种体现和落实，无论是网民群体的构成，还是网民对互联网应用的使用或对互联网的态度、认知，均受其内心心理特征的支配。当前我国处在“转型过渡”期，利益调整、新旧交替、阶层分化等转变给社会心态尤其是网民心态，带来了深刻的影响。一方面，在社会道德方面，市场经济和物质主义的侵入，使很多人失去了理想和信仰，失去了诚实信用，于是“物质至上”“炫富”“潜规则”等变成热门词汇；另一方面，随着工业化、城市化进程的推进，政治民主化诉求强化，拆迁、征地、下岗等开始成为社会冲突热点。这些社会大环境因素使得网民们原有的某些心理被强化，而一些新的心理特征也在网络世界逐步显现。

（一）固有心态

固有心态是指根据内心既定的认知框架对信息进行主观分类判断，对符合自己已有认知的信息选择接受、强化认知，而对不符合认知的信息选择排除。在网民群体中，这些固有的心态主要体现在对强弱势群体的硬性划分以及由此产生的扶弱抑强的罗宾汉情结等。以城管与摊贩之间的冲突事件为例：在2013年7月的湖南郴州临武城管执法冲突事件中，瓜农邓某因城管人员用秤砣重击而身亡；同年，四川南充再次发生秤砣伤人事件，但此次却是摊贩用秤砣砸昏城管人员。同样是“秤砣伤人”，但前后两起事件所引发的舆情却存在极大的差别。在临武瓜农事件中，事发第二天相关新闻报道数就达到3000余条，[①] 自媒体方面更是从事发伊始便呈现出一种高温状态。而从网民对此事的观点倾向分布情况来看，认为小贩不易、城管不应暴力执法的占27%，死亡赔偿不等于认可暴力执法的占20%，质疑调查机构公正性的占22%，批判警方抢尸行为的占23%。由此可见，对

---

① 有关本案的统计数据均来自于人民网舆情监测室，具体参见“湖南临武瓜农死亡事件舆情分析”，http：//yuqing. people. com. cn/n/2013/0808/c354318 -22493663. html。

城管、警方等政府部门，官方群体，网民多持“一边倒”的谴责、批判等负面舆情。而在南充城管事件中，事发后对此事的报道量远不及前一事件，且在具体的评论方面并未见有对摊贩暴力抗法的激烈言辞，网民对这一事件多持有一种淡化、选择性忽略的舆情倾向，甚至还有部分网友为摊贩的举动拍手称快。之所以会出现上述两种截然不同的反应，正是基于网民对城管与摊贩强弱势的固有成见。在网民心中，城管被固化为强势甚至是恶势群体，而摊贩则无疑被固化为生活不易、值得同情的弱势群体，于是临武秤砣事件被定性为城管暴力执法，而南充秤砣事件则被定性为摊贩的无奈之举。

实际上，这种出于固有成见而对事件进行“粗暴”定位并形成舆情偏见的情况，在网民群体中并不少见。在网络世界已经形成两组对立的划分，一组是“网上黑五类”，即城管、警察、公务员、医生、教师；一组是“网上弱五类”，即农民工、摊贩、下岗工人、访民、被拆迁户。上述两个对立组的形成既有新闻报道取向的原因，也有上述群体（尤其是“网上黑五类”）自身实际行为特点的原因，但归根结底在于人们对强弱势群体划分的先入为主。人们总是习惯以群体数量、收入水平、工作性质来进行强弱势的划分。对于上述所谓“网上黑五类”而言，一方面他们均属特定的行业群体（其中城管、警察、医生还拥有统一的工作制服），群体性特征凸显，因而相对于零散的个体而言，显然前者易被贴上“人多势众”“以多欺少”的标签；另一方面，他们均有一定的官方背景，或为政府直接工作人员，或为国家企事业单位人员，收入水平相对稳定，而后者则通常被视为被管理者，从而使得前者容易被贴上“以权谋私”“以势压人”“官压民”等负面标签。这样一来，当相关事件发生时，网民极易套用已有的划分框架来对事件进行定性，并形成一些认知偏见，甚至导致现实生活中一些较为偏执的“打抱不平”的行为或活动。这种固有成见导致的偏见以及极易被恶性势力掌控、误导、煽动的可能性，就是导致网络世界群体极化、情绪非理性化趋势的重要因素之一。

（二）期望公平

目前，我国网民群体仍呈“三低”分布态势，即低收入、低学历、低年龄。尤其是低收入造成的贫富差距，使得这部分网民容易产生一种较为严重的相对剥夺感和社会不公平感，再加之贪污腐败、炫富晒金以及富人违规违法现象的屡见不鲜，导致这部分网民对富人、官员有一种先入为主的不良印象。这种心理到网络世界中就变成人们对社会正义的寻求。自2003年网络舆情在我国初步形成以来，凡是涉及到富二代、官员、官二代、拆二代、星二代等的话题都较能引起网民的高度关注，诸如“70码”事件、罗彩霞事件、烟草局局长日记门事件、“我爸是李刚”事件等。这些事件之所以能造成比较普遍的影响，实际上就在于其是网民仇富仇官心理的反映。网民通过在网络中的发言和行动来表达自己对弱势群体的同情以及对不公正现象的斥责。

对于仇富仇官心理，不同的网民有不同的表现。有些网民能比较客观地对待这些事件，他们所关心的是事件的进展、事实的真相、处理的公正性以及问题的解决。而另一部分网民身上却表现出“仇富仇官”心理的泛化和偏激化的倾向。这种泛化倾向使得其对所有涉富、涉官者都不加以区分地持有愤怒、仇视的态度，并通过一些非理性的方式来表达自己对其的愤怒情绪和仇恨心理。这种心理上的泛化和偏激化无疑成为他们正确看待问题，形成理智的网络舆情的障碍。而之所以存在上述心理差异，与不同网民个体在现实生活中的体验、境遇是有直接关系的。通常，那些相对比较理智的网民多是通过一些间接的方式对官员的腐败和滥用职权等现象有所接触，他们对这些问题的认知多来自于新闻或是网络论坛的一些爆料帖，是一种间接经验，因此在发生类似的事件时，他们所联想到的是此前看到的相似的新闻或帖子，从而使愤怒的情绪被激发，但由于对事件并没有直接经验，其愤怒情绪的激发程度相对较弱。而那些较为激进的网民，或曾在生活中与“富”“官”群体有过矛盾冲突，或自身生活存在较多的不如意。因此，当类似事件再次发生时，他们头脑中的负面记忆被唤起，从而使愤怒的情绪得到激发，而这种激发又同网民过去的直接经验联系在一起，因而他们愤怒的程度相对会比较强一些。而处于强烈愤怒情绪下的人往往会做出一些非理智的行为，比如恶意散播谣言、中伤他人等。例如“70码事件”判决后，充斥网络的“替身说”后被证实为不实信息。而假消息的制造者正是因为仇富心理的过激化，才会不顾事实真相而做出了编造、散播谣言的偏激行为。面对此类不实信息，原本就存在仇富心理、不明真相的网民很容易被激怒，从而引发现实的群体性事件甚至是暴力冲突。

（三）从众围观

跟风从众是网民心理的一个典型特征。所谓从众，是指个体由于受到周围人群行为的影响，在知觉、判断、认识上表现出符合公众舆论或多数人行为方式的一种心理。以往的研究表明，在群体中，只有很少的人能够保持或已经保持了独立性，因而从众心理是大部分个体普遍具有的心理特征。在网络世界，这一特征表现得尤为突出。网络时代信息飞速传播与更新的模式，使得快餐式信息消费模式迅速风行，人们已无暇对长篇信息进行深入的理解和消化，甚至还会出现信息接收速度跟不上信息发布速度，只能实现“偶遇”式的信息获取与吸收。这样一来，其在信息掌控的全面性、深入性、准确性上无疑大打了折扣，即来不及思考就被新的信息所覆盖，来不及下结论就被已有的主流结论所淹没。

在这样的信息与舆论生态环境下，网民的心理都不可避免地打上了“从众”的烙印，有些网民甚至完全失去了自我判别力，而这是十分值得警惕的。当整个群体形成一种一致性的“优势意见”，而网民个体又对外界环境没有充分把握的时候，网民总是倾向于将多数人的行为作为自己的行为参照。很多网民个体会选择改变自己最初的意见，或者至少将自己的反对性意见压制下来。在一项针对大学生网民从众心理的调查①中，48.46%的学生不是很提倡网络上的激烈措辞，但为避免被孤立或围攻会选择不发表自己的观点；43.08%的学生能公平公正地指出不当之处并且言论不情绪化；3.85%的学生觉得网络激烈的措辞很过瘾、很刺激；4.62%的学生认为跟着大家一起说也许会找到志同道合的朋友。此项调查虽仅针对大学生，但其是网络用户群体的一个主要构成部分，这份调查可以说反映出了网民群体的整体从众心理趋势。

---

① 许杭璐、昝琪：“大学生网络舆论从众心理的探究”，《学理论》2013年第35期，第329—330页。

从众的心理使得网民容易形成一种“众则合理”的误解，即只要是大多数人认可或实施的就是合法合规的。例如，前些年网络上兴起的“人肉搜索”就是一个典型的极端表现。如在“铜须门事件”“女子虐猫事件”“虎照事件”“姜岩事件”“最毒后妈事件”“我爸是李刚事件”“丁某某到此一游事件”中，“人肉搜索”已失去了应有的尺度和理性的界限，好奇心驱动着窥视欲的任由发展，结果使得“人肉搜索”成为众网民合谋的网络窥私行为，其所带来的负面效应则是隐私在网络世界得不到尊重而被肆意传播的非合理现象。以“丁某某到此一游事件”为例。2013 年，网友“空游无依”通过微博爆料在埃及卢克索神庙浮雕上的一处“丁某某到此一游”的留言，瞬间掀起轩然大波。网络上对此骂声一片，微博、论坛、社区等媒体上聚集了大量网友围观，舆论对当事人及其父母、学校进行口诛笔伐，而丁某某本人更是被网友“人肉搜索”，其个人信息包括父母、学校地址等都暴露在网上，丁某所在学校的网站也被黑。这种网络暴力（包括网络语言的暴力和网络行为的暴力）已经超出了正常的理性范围，围观者借道德的名义，实则实现的是自己的宣泄欲、窥私欲，这本身即是对社会道德的一种巨大冲击。

（四）渴求真相

在快餐式、碎片化的信息消费模式下，网民每天所接触到的热点事件、小道八卦、奇闻异事等更为层出不穷，而这些类型的信息则恰好激起了网民探究真相的热情。对新鲜事物充满好奇，希望打破砂锅一探究竟，是每个人自然产生的、普遍具有的心理活动。网络媒体推陈出新、挖头条、爆内幕等报道取向正好迎合了人们的这一心理。尤其是对于一些社会热点事件，网民探求真相的心理表现得尤为突出，他们关注事件的起因，时刻注意跟进事件的调查进展，更对事件最终是否有处理、有问责，问责是否到位、处理是否公正等表现出高度的热情。一时间，仿佛每个网民都成为私家侦探，他们不仅主动关注真相的发布，更积极地推动真相的揭露，包括追问当事部门、自行推理事件真相、提供线索等。

例如在 2018 年 5 月发生的“严书记”事件中，尽管事件发展过程中相关学校、人物均出面就“老师被开除”“内定生”等问题发表了声明，但这并未阻止网民对“谁是严书记”这一真相的追寻，网民开始不断深挖“严书记”的真实身份、任职履历以及事件中“严夫人”的生活背景及其与“严书记”的婚姻关系等问题。这种对真相的追问，一方面将敦促相关方面及时介入、尽快调查并公布真相，另一方面也极有可能引发次生舆情。

一件又一件网络热点事件、网络群体事件的发生，大多是网民的心理没有得到及时关注和疏导造成的。因此，针对上述网民普遍存在的心理特征，从舆情监测与导控角度而言，通过对网民心理特征的了解与掌握，舆情工作者将更好地判断哪些舆情是值得引起注意的、哪些舆情是有可能进一步放大和扩散的、哪些处置应对方法是更顺应网民心理期许的、哪些导控方法将引起网民心理的大波澜。

第六章　网络舆情形成与演变机制

在本书第一章网络舆情监测的基本概念中，我们曾指出，网络舆情信息是一个涵盖信息产生、发展、演变甚至终结的动态全程性概念。这就要求网络舆情工作者不应仅关注静态的信息，更要从信息传播、演化的规律出发把握其未来走势及方向。

一、舆情演变进程

如前文所述，网络舆情若产生集聚化、显性化等演变，则会转化成网络舆论，后者是前者最集中、最强烈、最显性的体现。因此，了解和掌握网络舆情向网络舆论的演变进程及规律，是深入认识网络舆情的重要途径。一般认为，网络舆情的演变遵循“事件发生→网络爆料→网络媒体跟进→网络热炒→形成舆论压力→相关客体处置应对（或政府部门介入）→事态平息”的路径，对应至演变进程则为“形成期→爆发期→高峰期（→反复期）→消退期”的过程，从而导致两种网络舆情演变形态：一种称之为消解型网络舆情演变形态，另一种称之为螺旋型网络舆情演变形态（见图6—1所示）。而从事件演变的时量特征来看，网络舆情的演变可以分为两种模式：一种是渐进模式，即指向某种矛盾的舆情在暗暗地滋生和积累，经历了从无到有、从弱到强、从隐匿到公开的过程，最终可能会以某一公共事务或现象为导火索而爆发出来；另一种是突发模式，即集聚已久的深层次矛盾在偶然因素的刺激下迅速爆发，事先并未有明显征兆，有时甚至参与者都未预想到。无论是渐进模式还是突发模式，对于舆情工作者来说，掌握社会矛盾构成及其内在的“暗流涌动”是关键，而提升对各种危险的偶然信息的及时发现和准确预判，则是预防和处置突发性舆情事件的又一重要条件。

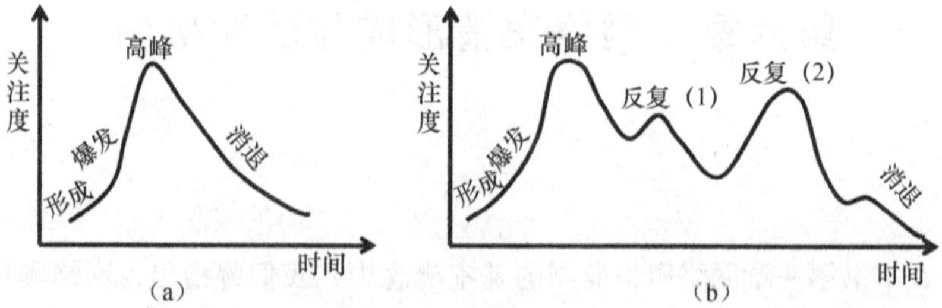

图6—1 消解型网络舆情演变形态（a）和螺旋形网络舆情演变形态（b）

图片来源：作者自制。

（一）网络舆情的形成期

网络舆情的形成往往源于某些事件或问题的发生，也就是以某些具体的对象为依托。中国人民大学舆论研究所所长喻国明认为，一个事件能引起网民的高度关注，聚集网络舆情焦点，主要是该事件刺激了网民乃至社会公众“最紧绷的那根神经”。这些刺激的来源主要包括：

一是涉及国家和民族利益的问题，如钓鱼岛争端、南海争端等主权利益问题；

二是涉及国家管理实施、政府职能行使的问题，包括大项政策、方针的出台和政府官员以及政法系统、城管队伍、央企等的违法乱纪行为等；

三是各种安全事件，包括自然灾害事件、医疗卫生事件、食品安全事件等危害到公众人身和财产安全的事件；

四是涉及社会道德困惑或道德失范的事件，如虐童问题、扶与不扶的问题、教师职业道德问题、大学生思想教育问题等；

五是涉及困难群体的事件，如农民工问题、留守儿童问题、困难户问题等。①

---

① 姜胜洪：“网络舆情形成与发展规律研究”，《兰州学刊》2010年第5期，第78页。

上述问题或涉及到民族的存亡，或涉及到个体或群体的切身利益，这些恰好就是上文所述的所谓“最紧绷的那根神经”，而另外一些则可能激起了民众好奇探究的高度兴趣，或迎合了民众业已成型的认识或偏见。于是，一些事件通过网络新闻曝光后立即引发了新闻跟帖热，有些话题在网络论坛掀起了一股浪潮，有些情绪则通过微博、微信瞬间辐射开来，进而可能从网络中的多个结点、多个终端同时引发舆情高潮并迅速辐射到整个网络，甚至延伸至线下的社会空间。

对于从事网络舆情工作的人员来说，需要对容易成为网民关注点的导火索事件具有高度的敏感性，及时地发现苗头，对一些可能产生重大负面影响的事件及反应情况更应该多加关注，若能在网络舆情的形成期即把握住核心，则后续的处置应对便会更加自如、有效。

（二）网络舆情的爆发期

热点问题总是能引起网民的广泛关注和热烈讨论，这种关注以各种方式传播开来，并形成更强大的爆发力量。在这一爆发过程中，广大网民作为网络舆情的主体力量，对事件的进程和发展发挥着主要的推动作用：网络搬运工对于一些原初的、零散的信息进行转移式放大，在信息的流动过程中不断加入具有冲击性的因素，使事件本身放大而吸引更多的围观；占据绝大部分的草根阶层在初步接收到一些信息时，会由于偶然的事实、创造性的想象、情不自禁的信以为真这三种因素而形成一种虚假现实认定，之后随着参与式讨论的进行，在各种指向明显的网络言论的刺激和煽动下，这些原本作为旁观者的草根阶层的情绪开始向无理性甚至偏激的方向发展；网络意见领袖由于在社会阅历、社会地位、信息来源、知识面、人际关系等方面处于优势地位，在网络舆情的爆发过程中担当着掌控者的角色，他们的言论通常能对他人施加影响，甚至受到网民的盲目跟从或推崇，从而在一定程度上起到意见整合、情绪激发的作用，使网民的态度、意见和观点出现分化，陷入激烈的讨论和争辩之中；网络推手则主要通过在事件高速扩散的过程中加入商业化元素，从而为实现其政治或经济利益创造便利。上述四种具有代表性的网民群体力量出于不同的参与目的，对网络舆情的爆发共同作用，在推动整个网民群体形成情绪喷涌效应的同时，也在控制着网络舆情情绪喷涌的方向。

（三）网络舆情的高峰期

网络舆情的爆发使得传统媒体、网络媒体、各种社会力量结合互动，网络世界与现实世界交融，导致对整个事件的关注达到一个空前的高度。这种空前的高度一方面体现在迅速升高的热度指数上，相关话题在各大门户网站构成的新闻跟帖成千上万，各大论坛有关该事件的帖文“高热不退”，博客、微博、微信疯狂转发与扩散；另一方面，这种数量上的骤然上升带来的是网民态度、意见及情绪的激烈碰撞与迅速集聚。与网络世界火热情势相对应的是，传统媒体也通过电视访谈、专题节目、纸质媒体头版头条等持续报道形式加剧了事件的轰动效应。网民的持续关注促使了媒体对事件的再度深入报道，而媒体的报道又给网民提供了新的信息和评论依据，如此一来，网民和媒体的互动形成了一种螺旋式上升的网络舆情。各种渠道获得的信息在现实社会空间和网络空间中迅速聚合，网民对事件的关注达到一个顶点。

（四）网络舆情的反复期

在这一阶段，网络舆情开始呈现出循环反复的变化，新的刺激变量加入，使得原本从巅峰逐步转向减弱状态的网络舆情出现波动，呈现出波峰与波谷交替的摆动特征。尤其是当新加入的信息或事件与前述事实产生较大出入甚至完全不同时，将会带来更为轰动的效应，甚至可能推翻之前业已形成的观点和态度，进而在短时间内按照新接收的刺激性变量形成新的态度和意见，造成一种网络舆情大反转。随着快餐式信息发布与信息消费模式的流行，类似这种“反转剧”时有发生，诸如 2015 年 2 月河南大学生救人溺亡事件、2015 年 5 月成都男司机暴打女司机事件等。通常，导致网络舆情的演变发生反复或反转的因素主要包括：（1）随着事件的调查，权威部门发布新的有关该事件的事实性信息，而公布的事实与网民群体事先的预想存在较大偏差；（2）某些意见领袖、网络水军或网络推手出于某种目的（如自我炒作）或受商业利益驱使等，发布一些“吸人眼球”的新信息；（3）相关部门不恰当的响应和处置表现，增加了可供网民群体探讨的新话题，使得网民群体的关注点发生暂时性的偏移；（4）发生与事件当事人相关的其他新事件，此因素主要取决于当事人本身的“高热度”，因而涉及该高热点的任何信息（尤其是负面信息）将成为引发又一个波峰的导火索。

（五）网络舆情的消散期

任何事件的发展终归是一个由盛到衰的过程，网络舆情的演变亦如此。在经历了一段时间的发酵、集聚、反复之后，其也会逐渐淡出公众的视线，进入消退阶段。这种淡出一方面可能得益于相关部门在处置和应对上的积极作为，使得网民探寻事实真相、追求公正公平的诉求意愿得到了一定的满足；另一方面也可能是由于新的更具刺激性和吸引力的舆情热点事件发生，舆论关注点发生了转移。然而，无论是否有新的热点替代当前的事件，对于网络舆情工作而言，面对网络舆情事件发生和演变的形势，通过监测和导控实现矛盾的切实有效解决才是“王道”，否则一旦有新的刺激因素出现，又会引发网络舆情新一次的聚集和消散。

二、网络传播效应

每一个网民都是整个社会群体的一员，网络舆情亦不可能脱离社会而存在。当每个个体的心理及行为被放置到群体环境中时，他们就会相互影响和交叉，从而形成各种网络舆情的群体性效应，这些效应包括：小世界效应、沉默螺旋效应、羊群效应、破窗原理、二八定律与长尾理论等。

（一）小世界效应

小世界现象最早由美国社会心理学家斯坦利·米尔格兰姆（Stanley Milgram）提出。他通过一次著名的连锁信件实验提出了著名的“六度分隔假说”，即任意两个陌生人最多通过 6 个人便能实现他们之间的联络。这一现象被称为“小世界效应”。在此之后，美国哥伦比亚大学社会系学者华兹（Watts）与其导师史楚孟兹（Strogatz）又对该理论进一步发扬光大。他们基于规则网络和随机网络理论，结合“六度分隔假说”提出了著名的

“小世界网络模型”（见图 6—2）。图中的规则网络指遵循一定规则建立起来的网络，多是在地域上具有相邻关系的个体之间发生的联系。该网络表现为本地化的互动十分活跃，即网络的空间聚合程度较高，每个成员都只与地理相邻的个体互动，这就类似于传统口耳相传的舆情传播网络。而随机网络则遵循节点间的连接完全随机的模式，即成员间的交往打破了地理等任何限制，亦毫无固定规则可言，每个个体都可以与全球范围内的任一成员建立联系。

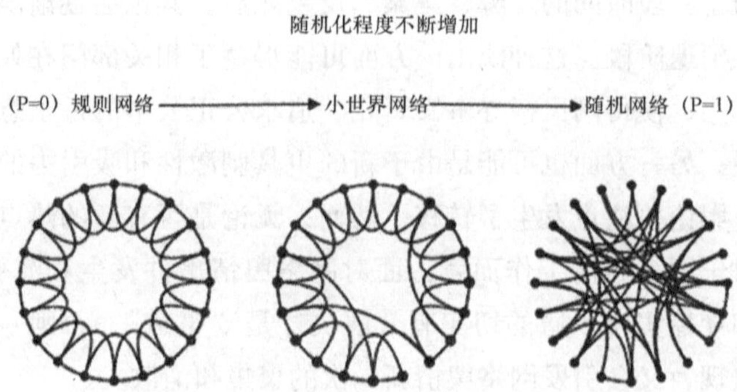

图 6—2　“小世界网络模型”

图片来源：百度。

显然，上述两种传播模式与现实的网络舆情传播情况并不相符：一方面，若完全是规则网络，则一条从云南腾冲产生的热点舆情信息传递到黑龙江漠河将是一场“漫长的马拉松”；另一方面，若完全遵循随机网络，就意味着一条从云南腾冲产生的热点舆情信息蔓延至世界任何一个地方的概率和速度均是等同的。事实上，一条热点舆情信息在特定地域产生时，该流言在该地域的蔓延趋势总是最显著的，但同时它也会在短时间内迅速穿越省界蔓延到全国其他地区，甚至世界各地，这就是小世界效应的网络。这一网络，一方面保持着规则网络本地互动较强、网络聚合性较高的特性，另一方面也兼具随机网络交往范围较广的特点。因此，它加快了信息传播的速度，尤其是使得谣言、热敏点信息等的传播、蔓延变得更加容易发生。在加速流言传播的过程中，活跃个体造成的远距离联系是流言迅速蔓延的关键所在。而网络中那些相对孤立的节点则大体延续规则网络的传播模式。这些孤立节点主要是以下两类社会个体：一类是信息极端闭塞的个体（如山区或极度落后地区的民众），一类是受教育程度高、判断力强的个体。这两类社会个体虽都在小世界网络中相对孤立，但由于他们的社会地位不同，在流言的控制和预测中不能被同等对待。尤其是对于后者而言，不传则以，一传惊人。

显然，小世界网络对舆情传播模式的刻画比规则网络和随机网络模型都要深刻和符合实际，为我们研究网络舆情的传播、思考网络舆情事件的应对均提供了有益的参考借鉴和思路启迪。有学者就 2009 年我国发生的 H1N1 甲型流感病毒流言事件进行了实证分析，得出的结论是：在流言传播的整个过程中，每个人与外界平均联系为 6.33，也就是平均每人传递流言 6 次左右，流言就会迅速传遍社会的各个角落。① 人们一旦接受流言并对其信以为真，就会做出错误的判断，并且通过自身的人际关系圈将流言传播给亲人、朋友、同事等，使流言传播不断地扩散并发生质变。因此，依旧固守“流言止于智者”的舆情应对模式是不可取的，只有利用流言传播的规律，适时地控制流言传播，才是明智的选择。

（二）沉默螺旋效应

“沉默螺旋”理论最先由德国学者伊丽莎白·诺依曼提出。她认为，个人意见的表达会受群体的压力的影响，当个人意见与群体意见相符时，通常会大胆地表达出来，而若与群体意见相悖，则会因害怕被孤立而保持沉默或选择附和群体意见。换言之，人们往往倾向于加入到强势的观点之中，使得强势的观点越来越壮大，从而形成更大的网络舆论；而弱势的观点则会被淹没，持有劣势观点的人们要么选择加入强势观点流，要么选择沉默不言，以防止被观点强大的网民所“声讨”。这样一来，就造成更多的盲流加入到强势声浪中，而非主流的观点则淹没在信息堆积的网络海洋中，没有机会掌握发言权。这些主流的观点进而会影响更多“无知”的网

---

① 贾国飚：“一种流言传播的小世界网络模型及控制策略”，《新闻爱好者》2010 年第 6 期，第 23 页。

民，鼓励、怂恿他们加入自己的行列，最终导致强势观点的螺旋不断放大，而弱势观点的螺旋则不断缩小直至彻底消失。

显然，这种沉默螺旋式的舆情生态并不是一种健康的生态。以2011年发生在深圳的“八毛门”事件为例。事件发生后，网民和多数媒体基本上一边倒地指责医院。随后事件影响进一步扩大，引发医患信任危机，深圳市儿童医院多名患儿因“八毛门”事件影响，患儿家属拒绝做手术，导致病情恶化。在当下医患关系紧张、医患矛盾较为突出的情况下，医院作为医疗资源的占有者，在医患争端中往往处于主导地位，而患者作为单个个体更易被社会视为弱势一方而受到舆论的广泛同情。在“八毛门”事件中，陈先生一定程度夸大的言行经过网民和媒体的传播，引发了医患之间巨大的信任危机，而作为当事方之一的深圳市儿童医院却没有在第一时间对陈先生和公众媒体做出合理的解释，选择了沉默，最终导致舆论的深度偏向，并引发其他患者拒绝治疗的严重后果。这一真实的“沉默螺旋”事例无不警示我们：

1. 舆论的多数并非总是正确的，这就要求舆情工作者要及时发现一些不正确言论的舆论化趋势。

2. 有时大众传播有失公正的报道会对舆论造成错误的导向，权威媒体在舆情事件中的影响力不容忽视，因而也就成为网络舆情监测与应用的重要对象。

3. 舆论产生与发展容易受到社会背景中潜在矛盾的影响而失去公正性，这也再次说明，网络舆情是第二性的，现实存在才是第一性的。仅就“八毛门”这一事件来说，这种现实存在一方面指医患关系本身突出的矛盾，另一方面指大家对弱势群体的习惯性同情与支持，这些都是不容忽视的。

4. 有时沉默螺旋效应的产生并非源于对“社会孤立的恐惧”，也有可能是因信息的缺乏和科学知识的浅薄而跟随潜意识的价值判断，这就带来了网络舆情监测与应用的另一个重要任务，即及时发现民众存在的认识误区，解释、沟通，从而帮助他们理性、正确地看待各种问题。

（三）羊群效应

“羊群效应”也称为“从众效应”，它起源于一次心理学实验：把一块木板挡在羊群的面前，第一只羊会以跳跃的方式越过它，其后的羊群也会按照此羊的做法依次跳跃通过，而不管这块木板是否依然存在。羊群效应映射到网络舆情领域是指，在信息不充分的情况下，人们由于受到周围人群潜移默化的影响，在思想和行为上表现出的一种缺乏自身理性和深入思考的盲目跟从现象，并最终形成稳定的思维定式和行为模式。网络信息的来源具有多元性和复杂性，信息传播具有开放性、互动性、快捷性和发散性，传播的环境则具有隐蔽性和虚拟性，这不仅给公众带来了更多更快捷的信息来源，同时也增大了公众的信息跟从概率，当所有信息知情者力图说服那些不知情的人，而后者选择相信时，羊群效应即出现。

例如，2011 年发生在浙江乐清的“钱云会事件”就是羊群效应的典型案例。2010 年 12 月 25 日上午 9 点多，浙江乐清某村原村主任钱云会被一辆工程车碾压身亡，交警勘察判断为一起普通的交通肇事案件。然而，事故发生后 4 个小时不到，就有网民在天涯论坛发帖，以有图有真相的方式声称这是一起由土地纠纷引发的故意杀人案。26 日，有网友又将“村长为民请愿遭碾压”的消息发布到新浪微博。随后音乐人“左小祖咒”、社科院于建嵘均转发了这一消息。于建嵘还在此消息后附加评论：“如果这样的惨案真如网上所说，我们的确需要好好想想，这个国家的某些地方的某些人还有什么事情不能做出来。如果这个事情不能获得真正独立而公平的调查，我们的确需要好好想想，这个国家还有什么事情需要真相。”于是，如此触目惊心的报道，如此严厉的言辞再次扩散到于建嵘的 46 万粉丝中。到 27 日，钱云会遇害的照片布满了整个微博。而随着钱云会事件信息的不断披露，本该越来越清晰的真相却因意见领袖的言论和情绪，以及各种政治诉求或经济诉求的推动而变得越来越扑朔迷离。

人们已经被一种固有的思维和认识所左右，而不再去过多地关注事实的真相，这就好比羊群效应实验中的羊群，现实中是否存在挡板已不再是其行为的主要依据。从钱云会事件可以看出，意见领袖对事件的演变起到了很大的推动作用。首先，他们的转发行为实际上就是让羊群中的更多羊看到了他们起跳的动作，而这些意见领袖本身对公众的影响力更是让这些看到他们起跳的网民更加坚定了对这一判断的认定。因此，羊群效应启示我们：在网络舆情引导过程中，要求具有权威性和影响力的网络信息平台须始终发出正义、真实的声音；对于网络舆情的处置和应对而言，则应有效掌控网络舆情动态，关注意见领袖的声音，及时破除谣言，给出事实真相，从而实现对网络舆论的有效引导。

（四）破窗原理

破窗原理由美国斯坦福大学心理学家 Philip Zimbardo 提出。他曾经做过一个“偷车实验”，将两辆一模一样的轿车分别放在一个环境很好的中产阶级社区和环境比较脏乱的贫民区，结果发现停放在贫民区的车很快被偷走了，而停放在中产阶级社区的车则完好无损。于是，他将停放在中产阶级社区的车玻璃打破，几个小时后，那辆车也被偷了。有学者就在这一实验的基础上提出了著名的破窗理论：如果有人打坏了一栋建筑上的一块玻璃，又没有及时修好，别人就可能受到某些暗示性的纵容，去打碎更多的玻璃。在网络舆情演变过程中，破窗原理体现得淋漓尽致：在完全开放的网络环境下，随着纵容的持续，非正常舆论会给网民造成强烈的无序感，而在这种具有强烈暗示性的网络情境下，最终会造成灾难性的后果。

例如，2010 年发生的山西“等地震”事件就是一个很好的例证。2010 年 2 月 20 日至 21 日，山西发生百万人离家躲避地震的事件。该事件就起因于“百度贴吧”的一个普通网民发布的谣言帖，称山西将爆发大地震，此后地震谣言及传播者编造的新版本不断增加和传播，在短短几个小时内，地震谣言即传播到太原、晋中等多个地方，各地民众集体上演“等地震”行为。此次地震谣言事发时，山西地震局网站久久未能打开，而恐慌持续的几个小时中，某些县市的政府工作人员选择了沉默。这就好比第一扇打破的窗户，让人觉得这是在一定程度上认可了地震信息的真实性，从而加剧了谣言在更短时间内、在更大范围内的扩散和传播。

从破窗现象中，我们可以得到这样一个道理：任何一种不良现象的存在，都在传递着一种信息，这种信息会导致不良现象的无限扩展。对于那些看起来是偶然的、个别的、轻微的“过错”，若相关部门不闻不问、熟视无睹、反应迟钝或纠正不力，就会纵容更多的人“去打烂更多的窗户玻璃”，就极有可能演变成“千里之堤，溃于蚁穴”的恶果。在当前的社会矛盾凸显期，网民群体原本就对“官”“富”“警”等议题高度敏感，对政府部门则持有“习惯性质疑”，此时若相关职能部门在应对各种事件时仍信息发布不实、措辞不当，就会使得网民对其产生质疑，而这一扇窗户一旦被破坏，就会给“网络激进思想者”“网络推手”“网络水军”等乘虚而入的时机，从而使公权力面临巨大的外部压力。因此，及时修好第一扇被打破的玻璃是网络舆情应对、处置的有效策略。

作为有责任、有担当的新一代，在网络信息传播过程中，要坚守道德底线，禁踏法律红线，对网络信息要提高警惕，明辨是非，不仅不能做破窗之事，反而要善做修复破窗之人。

（五）二八定律与长尾理论

二八定律是意大利经济学者帕累托（Pareto）提出的。他基于众多事实发现，社会上20%的人拥有80%的社会财富。而长尾理论是由美国某杂志主编安德森提出的。他通过调查研究发现谷歌等企业80%的利润并非来自于20%的热门产品，而是来源于后面那条巨大的长尾。这两大理论虽均来源于经济学领域，但对于我们所关注的网络舆情问题同样适应。从表面看，二八定律与长尾理论似乎是矛盾的，一个强调要抓住20%的精英，另一个则强调要重视80%的冷门。实际上，对于网络舆情的处置应对而言，这两种规律都是存在且有效的，它们适用于网络舆情形成演变过程中的不同问题，带给我们的是不一样的启示。

将二八定律应用到网络舆情的传播进程中，我们发现：（1）不足20%的意见领袖在网络舆论形成及演化过程中起到了非常关键的助推作用，有时甚至左右着网络舆论的走势；（2）在网络舆情演化的整个周期中，前期不到两天的时间是最关键的，72%的敏感事件会在前两天通过网络披露；（3）少数的人气媒体决定了网络舆情的传播范围。上述三点启示我们：首先，监测网络舆情要着眼于观测那些时常在网络中提供信息、发表意见、评论时政，从而对受众产生潜移默化影响的意见领袖，如已经在论坛、微博上形成了具有恒定活跃度、有着极强影响力和号召力的活跃分子，他们对于聚合网络民意、影响网络舆情演化趋势有着重大的作用；其次，着眼于挖掘事情发布后前两天的舆情变化规律；最后，重点研判人气媒体上的舆情变化，如腾讯微博、新浪论坛、天涯社区这些具有超强人气和众多粉丝听众的媒体，需要进行重点监测与引导。也就是说，在研判权威性、影响力，以及处置和应对网络舆情事件时，我们都应遵循二八定律，借助最有影响力、最权威的平台、渠道来引导舆论。

将长尾理论应用到网络舆情领域，我们发现：在网络信息的传播中，基于媒体的信息传播与基于普通网民个体的网络信息传播并存，且后者的传播地位日益上升，甚至有时可与前者相抗衡并超过大众传播。这就启示我们，不要忽略那些我们认为不起眼的“冷门”舆情，尤其是在网络舆情的形成阶段，它们的总和往往能带来惊人的效应。这一效应在奥巴马竞选中得到了很好的应用，在两次竞选中，奥巴马都尽最大可能去利用社交网站建造以个人品牌为核心的“长尾”，争取“长尾”的力量，而其 Twitter 支持者在他竞选过程中更是发挥了“长长尾巴”的作用，通过各种可接触信道对其政治主张进行全方位的传播。同时，在总统竞选募款过程中，奥巴马再次运用长尾理论创造了一个庞大的草根性筹款网络，通过互联网小额支付形式大量吸收公众小额捐款。正是互联网中那些“长长的尾巴”汇聚起来的巨大力量，帮助奥巴马两次打败竞争对手。因此，在网络舆情的演变过程尤其是产生初期，一些看似微小的舆情力量同样不容忽视。

从小世界中我们看到了网络时代人与人之间关联的进一步加强，从沉默的螺旋中我们感受到强势舆情给弱势舆情带来的群体压力，而从羊群效应中我们更是看到了“始作俑者”的破坏性，从破窗原理中我们则清醒地认识到一窗不补必引来更多破坏，于是我们应该遵循二八定律，利用好长尾理论，重视意见领袖、主流媒体的权威性、影响力，更不要忽略那些看似冷门但很有可能汇聚成巨大力量的“80%”。

三、案例：招远恶意杀人案

2014 年 5 月 28 日 21 时许，山东招远某邪教宣传人员张某故意殴打无辜人员吴某致其死亡。对于这一邪教徒犯罪案例，犯罪分子和邪教的猖狂被网络舆情弃之不理，而所谓体制导致人情淡漠、政府包庇嫌犯却成为网络津津乐道的主要话题。这一反常的演变趋势值得我们分析。

（一）舆情潜伏期

此次舆情事件存在明显的潜伏期，在案发当晚及次日（即5月28日至29日）并未引起较多网民的围观。

事发当天，“@赖桅”发布最早一则配有现场图片的微博称“山东招远市麦当劳发生打架事件，也许是信仰问题也许是宗教问题，人性的丑陋”。然而，由于发布者的影响力不大，且所发布信息的内容并未有较大的吸引力，关注者很少。

次日，“@招远市公安局”主动通报称“5月28日21时许，张某等6人在招远市‘麦当劳’快餐店内与同在该店就餐的吴某发生口角，张某等6人对吴某进行殴打，致吴某受伤，后经抢救无效死亡。案发后，招远市公安局出警民警快速反应，将他们抓捕到案，经初步审查，张某等6人对殴打吴某的犯罪行为供认不讳。目前，该案正在进一步侦查当中”。这一案情通报显示出招远市警方在信息公开方面的及时性，但由于通报中并未提及更多的敏感点，普通网友仅将之视为一则普通的案情通报，并不会对案情表现出过多的关注。

随后，“@给我便宜一些”发布长微博描述案发过程细节，指出“行凶者挨桌要电话号码”“警察到达现场用时超过三分钟以上”等，并称“还原事实真相！请扩散!!! @新浪新闻 @招远市公安局”。尽管有案情细节的长篇描述，但由于发布者本身的影响力和权威性所限，加之前期网民已经形成一种普通打架斗殴事件的固定思维，该信息并未引起公众的高度关注。

而在媒体报道方面，事发后两天内，仅有大众网刊发一篇报道《招远六人殴打一人致死　警方当晚抓获打人者》，内容也主要引自招远公安局的通报微博。

（二）舆情爆发期

舆情的集中爆发始于5月30日，一段手机拍摄的现场视频突然在微博上疯传。视频显示，打人者用椅子和钢制拖把猛击受害者头部，手段残忍。随后，新华社、中新网等多家中央媒体开始介入报道；新浪、网易等门户网站大规模转载；新浪微博“@头条新闻”予以关注，该案舆情热度急剧上升。视频信息在真相权威性、情感刺激性等方面的优势，使得其舆情影响力要远远超出文字形态的网络信息。而诸如新华社、新浪等主流媒体的介入，更是给信息的快速、广泛传播扩散注入了强大的推动力量。上述因素共同构成了舆情爆发的前提条件。

5 月 31 日，招远公安局发布第二次通报《招远警方破获“5·28”故意杀人案　公安机关将依法严厉打击邪教犯罪》，并召开发布会公布现场监控视频，媒体关注度和网络关注度均达到第一个波峰值。“邪教”这一新敏点的出现，结合官方信息、视频公布等情况，使得案件的热度迅猛直上。

随着真相的逐步揭露，网络舆情也从最初对真相的诉求转向对围观者冷漠的思考问题上。一些网民乃至名人、大 V 们则借此纵深，将这种冷漠上升到指责现有体制使得国人“道德低下”等深层问题，从而导致一方面主流媒体高度关注案情进展，在案件侦破后掀起了揭露、批判邪教组织，严惩暴徒的舆论高潮，另一方面在自媒体舆论场上一度出现一边倒地指责公安、攻击政府、谩骂体制的非正常局面。

自 5 月 31 日起，各相关单位密集发声，官方舆论场齐声谴责邪教组织，要求严惩罪犯、严打邪教，自媒体上众多网民也纷纷表示支持。当晚的央视《新闻联播》《焦点访谈》等节目连续出击，对案件进行深度报道，给予了各种质疑以有力的回应，才使得此案的舆情走势开始发生逆转，重回正常轨道。

在上述舆情发酵过程中，公知大 V、营销账号的重要推动作用不容忽视。首先，他们通过散布所谓“打死少女”“出警延迟”“路人冷漠”“包庇犯罪”等谣言吸引眼球，使得本案从网络信息海洋中“脱颖而出”，激发网民的愤怒和围观。进而，微博疯传的记录案情现场的视频一箭双雕。一方面，残忍的视频有助于刺激情绪，让“教育和体制导致国人冷漠”的观点更有市场；另一方面，残忍的视频会引发普遍的恐慌，从某种意义上讲，此案的细节传播越广、公众情绪越强烈，越能达到邪教组织实施案件的目的。

如果案情发生后，没有人为的刻意引导，舆情的矛头必然是对准罪犯和邪教。然而，本案的舆情矛头却指向公安、政府、体制。也正是从这一事件开始，网络舆情与政治阴谋之间的关联关系开始不断地显现。在招远血案发生后，一些背景复杂的大V避开凶徒，谴责周围人的冷血和餐厅的无情，攻击所谓体制让国人道德低下，指责公安出警不力，捏造案件存有隐情、邪教徒将被轻判等谣言，并将这一切归罪于体制和政府，企图引导舆论认为这类凶案的发生是现行制度的必然。从昆明恐暴案到招远凶杀案，暴力袭击背后的目的昭然若揭，而一些负能量大V制造策划的舆情炮火也越加势猛，这一现象值得警惕。

（三）舆情震荡期

招远血案的舆情震荡期为6月2日至9日。在此阶段，舆情关注度以整体下降为主调，但同时又有小范围的舆情波动。媒体评论文章增多，且成为论坛和博客转载对象，而此前担当舆情主场的微博很快被其他社会热点事件转移。在此期间，党媒官媒的评论文章在一定程度上左右了舆论导向，对引导理性思考起到了积极的作用。

6月2日下午，招远警方通报，5名嫌疑人因涉嫌故意杀人罪被依法逮捕，舆情压力由重减轻。次日，中新社等媒体报道《山东招远“5·28”血案遇难者亲属事发地祭亲人》，死者亲属到麦当劳门前做“头七”祭奠，疑似邪教人员冲击现场，加上媒体跟踪报道全国其他邪教组织犯罪，网络舆情出现较大幅度反弹。4日，招远官方回应称冲击现场者并非“全能神”邪教教徒，舆情才逐渐回落。在此阶段，“@辣椒二舅”有关“键盘侠”（keyboard man）的漫画引起热议，该漫画以招远案为由，描述了部分网民在现实生活中胆小怕事、自私自利，却习惯在网络上大放厥词的现象。《人民日报》发表评论文章《激励见义勇为不能靠“键盘侠”》称，一个社会最大的忌讳，就是有人设置出两套道德标准，遇事置身事外，网上义愤填膺，这种“分裂”无助于健康社会风气的养成，也无助于走出“见义不为”的困局。

（四）舆情平稳期

此案舆情自6月10日起步入平稳期，媒体报道数量明显减少，网络舆论场也没有新的爆料，全国上下一致打击邪教成为主流声音。

从5月28至6月10日，招远一案经历了潜伏、爆发、震荡等阶段，最终再步入到平稳期。尽管持续的时间并不太长，但其间同样掺杂了各种复杂的因素，显现了一些影响网络舆情发生、发酵的新因素。围绕该案件的舆情演变启示我们，网络舆情可以是自发的，更可以是诱发的甚至是受他人操控的。招远一案中曾一度出现的舆论跑偏就是这种“舆论操控”的典型表现。在网络舆情的监测与应用过程中，如何有效团结正能量网民群体力量，如何回击恶意扰乱分子的“别有用心”，既是招远一案的经验教训，也是其对后续网络舆情事件的重要启示。

第二部分——

实践模块

模块一 网络舆情监测选题

在本书第三章我们曾介绍网络舆情工作流程，其中第一个环节即对整个网络舆情监测任务进行规划设计，而规划设计的核心就是用户决策的需求。网络舆情监测与导控是为用户服务的，它具有显著的面向用户性，也就是说，不同的用户通常有不同的需求，这就需要舆情工作者能对用户的需求有准确而深入的解读。如何来评估你的解读是否到位呢？一个最重要的方面就在于选题。所谓选题，就是对准备实施监测的舆情主题或题目的一种设想和构思。它是舆情监测与分析的基础，也从根本上体现了舆情工作者的业务水平、政治觉悟和舆情研判应对理论水平。因而，作为舆情监测工作的起点，舆情选题的确定在舆情工作流程中具有重要的价值和意义。本章主要解决三个问题：选什么类型的题、抓什么样的矛盾、辅助什么样的决策。

一、选什么类型的题

我们通常认为，网络舆情监测工作与新闻之间有很大的关联性，我们能从新闻中找到很多选题的思路和启发。然而，仅仅是单纯的新闻吗？那为什么有些新闻是很好的选题，而有些又不是呢？下文将从新闻学角度来探讨哪些类型的消息和问题适合作为网络舆情选题。

（一）新闻事件

网络舆情监测中的事件对象一般具有严格意义上的新闻价值。在本体论角度上，新闻可称为人们在社会历史和实践中经历、体验或关注的新鲜事实。新闻事件则是新近发生的或正在发生的、新近发现的、具有一定社会意义的，且能引起公众兴趣的事实。在网络舆情监测中，新闻事件又可以进一步细分为七大类：[①] 食品安全类、突发事件类、民生权益类、吏治反腐类、社会治安类、法制法治类、意识形态类。从我国发生的重大网络舆情事件来看，人们通常对重要的、接近的、新鲜的信息更为关注，因而与民众利益直接相关的食品安全类事件、民生权益类事件和社会治安类事件占比最高。而不同的事件类型，通常因其不同的利益归属等因素而呈现出不同的发展规律。一般而言：

1. 食品安全类事件的网络传播面广，舆情关注度高，更易滋生谣言。食品安全类事件关乎民众最基本的生存权益，一直以来都是舆论场的爆点话题，因而一旦出现，网民情绪随即迅速被点燃，转瞬便可成为社会热点，如2015年发生的僵尸肉事件、2016年的山东疫苗事件等。

2. 突发类事件的过程感强，冲击力大，易被借题发挥而引发大面积恐慌。突发类事件是客观事物急剧质变的结果，通常伴随有人员的伤亡或重大经济损失等，公众会在第一时间关注政府对此类事件的应对举措及问责情况，稍有不妥即可能成为公信力垮塌的导火索，因而是网络舆情监测的重要选题之一。

3. 民生权益类事件易导致对立情绪集结，引发线上线下串联。网络这一社情民意渠道的畅通带来的是民众权利意识的强化。在此过程中，若相关机构或部门出现忽视民意而主观制定政策的情况，则极易引发民众的对立情绪，而当民众的诉求无法合理上传时，则容易形成线上线下的联动。此类事件在现实生活中并不少见，如PX项目、“高考减招”事件等。

4. 社会治安类事件对立强烈，族群矛盾难以调和。近些年，涉警、涉城管类暴力执法、暴力抗法等事件的频发，使得网络“黑五类”（即城管、警察、医生、公务员、教师）与“弱五类”（即小摊贩、农民工、被拆迁户、访民、下岗工人）之间的对立进一步强化，矛盾难以弥合。

5. 吏治反腐类事件对政府公信力伤害大。近年来，网络反腐成效显

---

① 《法制日报》：“舆情研究：七类舆情事件的网络舆情规律”，(2016－08－05)［2016－08－11］. http：//www. legaldaily. com. cn。

著，一系列高官、高管等的落马，引起了公众的极大震惊，民众无不拍手称快，但同时也带来了民众在批腐、反腐过程中不断固化的“无官不贪”“官民对立”的认识，加之境内外反动势力的恶意造谣和煽风点火，公众极易被蛊惑，从而对政府的公信力造成极大的影响。

6. 法制法治类事件受关注度高，民众的监督意识强。法制法治涉及普通民众切身利益，涉及整个社会治理的公平、公正、公开，因而无论是对雷洋死亡事件还是兰州警方暴打大学生事件，网民都表现出极大的参与热情。

7. 意识形态类事件事关核心，却极易分化，难以统合。此类事件往往涉及言论自由、人权等问题，也会触及政治体制等敏感话题，既是一国内部思想动态的反映，也是抵制敌对势力思想渗透、文化颠覆运动的关键堡垒。意识形态问题是网络舆情监测与应对始终不能轻视的关键性问题。

新闻事件通常由时间、地点、人物、原因、经过、结果等要素构成，其中新闻事件中人的作用与状态是舆情监测分析中的最主要对象，人们在事件中的态度与言行直接或间接地影响了事件的发生、发展，或积极、或中立、或消极的影响，都有可能使事件本身的结果和波及的时空范围发生改变。因此，我们的选题虽然是以事件为中心，但我们的监测实务却始终是围绕着人展开的，是对这一事件中人的行为、表现的监测，这是核心之核心。

从舆情监测可行性的角度出发，所监测的事件必须是经过媒体传播报道，可以寻找到舆情监测分析样本的新闻，也就是说，它应具有事件传播的形式载体和内容载体，即网络舆情信息构成要素中的网络载体与信息内容。正是由于具备了这两大要素，我们才能更好地去监测、转换、抽样、提取以及进行文本的分析与研判等工作。

事件作为舆情监测选题对象，占据网络舆情选题总量的绝大部分比重。这就是我们在网络舆情监测中尤其重视新闻事件的重要原因。例如，从大量网络舆情监测实例中我们发现，网友习惯性地将新近发生的具有重大影响力或超强娱乐性的新闻事件取名为“××门”或“××事件”，如“艳照门”“日记门”等。每当社会发生任何新的重大变动，网络舆情监测工作者就要敏锐地发现、探究和研判，为受众还原事实真相，勾画舆情走势脉络，提供资政与危机应对的参考。这是网络舆情监测在新闻事件舆情监测方面的重要使命。

（二）公众话题

所谓“话题”，是指网络上流行的为网友所关注的谈话关键词或议论主题。公众话题则是指在一定时间、一定范围内为人们所广泛知晓、关注和热议，并与社会公众利益密切相关的话题。

一般情况下，公众话题的形成往往建立在大量相似或相关的新闻事件基础上，比新闻事件的范围更宽、波及面更广，社会影响也更深远。例如，由周久耕事件引发的公众对官员腐败话题的热议，由70码事件引发的公众对“二代”话题的关注，由孙志刚事件引发的公众对收容遣送制度的批判，由魏则西事件引发的公众对莆田系的盘点，由崔永元一则“一个真敢发、一个真敢领”的微博引发的广大民众对“中国精神”的热烈讨论等。

既然是供公众探讨的话题，自然应包含多种不同的意见。尤其是在当前社会转型和经济高速发展的时期，发展的不平衡、各种社会矛盾的凸显、不同背景的社会阶层持有的不同利益诉求和价值取向，使得不同的网络舆情主体对同一个社会问题会有很多不同的看法。从网络舆情监测与应用角度而言，一个完整的选题并不应仅限于主流的观点，而应涵盖各种不同的意见看法以及这个问题本身。

对于公众话题，社会知名度和社会公共利益相关性是两个重要构成要素，二者彼此关联，缺一不可。由于与社会公共利益相关，因此公众话题所引发关注的群体范围也会呈放大趋势，而随着关注群体的不断扩展，其知名度也会提升。例如，从2016年两会来看，当前社会的热门话题主要集中于人民群众最关心、最直接、最现实的社会保障、收入分配、反腐倡廉、食品药品安全、环境治理、住房医疗、教育改革等问题，归纳而言即身体健康问题、经济收入问题和下一代成长的问题，无一不是民众最切身的利益问题。

因此，对于网络舆情监测而言，选题应紧贴社会热点，关注公共性话题。监测的目标在于全面把握公众话题的社会矛盾结构构成，既要突出重点舆论，又要公正全面，不遗漏任何重要的公众话题和个别样本。从一般性公众话题中，要善于发现有代表性的网络言论或社会现象作为分析样本，敏锐地发现具有舆情价值的新话题，及时监测、分析和研判，并提出应对建议。

（三）热点现象

与话题不同，现象是行为或行为倾向的集合，是事物在发展、变化中所表现出来的，能被人所看到、听到、闻到、触摸到的外部形式。而热点现象则是一定范围或一定数量的公众所具有的趋同性的、一致性的行为特征。如强制拆迁现象、暴力执法或抗法现象、不文明旅游行为、公款吃喝行为、人肉搜索行为等，以及一些具有一定普遍性的社会思潮，如极端行为主义、炫富拜金主义、享乐主义、道德失范等，都属于热点现象范畴。这些现象都隐藏着一些深刻的社会现实，例如由微信“对骂群”一夜爆红暴露出的网络公共意识的缺失，由网络“洗稿”乱象的愈演愈烈暴露出的我国在网络著作权保护方面的漏洞。

网络舆情监测与应用实践表明，一些社会关系和社会意识发展中的问题和矛盾经公众关注、讨论之后，往往容易上升为种种社会热点现象。和一般社会现象相比，热点现象具有深入观察、研究的巨大现实意义和历史价值，因此成为舆情监测的重要对象。

（四）三者的关系

我们将舆情选题的类型分为新闻事件、公众话题与热点现象三大类，而这三者之间并不是彼此孤立的，它们之间的关系如图 7—1 所示。通常，公众话题、热点现象在某种程度上都是由某些特定的新闻事件引发和导致的，由某一个个案引发人们对社会问题的关注和热议并非个例。因此，同单个的新闻事件相比，公众话题和热点现象在时间性和影响力上更具有持续性和深远性的特点。而就热点现象和公众话题两类而言，后者强调舆论传播研究，前者则更强调舆情监测与分析人员在发现社会问题、分析社会问题、研判舆情走势和研究应对方案方面的主动性和科学性，它要求我们从一些纷繁复杂的现象中发现它、提炼它。总体而言，对于网络舆情监测来说，我们不仅要重视单个新闻事件的监测，同时也要发挥分析人员的研判和分析优势，重视对一系列相同、相似、相关的新闻事件的专题性分析和延伸性研究预判，从中发现其衍生公众话题、热点现象的可能性，并提前做好预警。

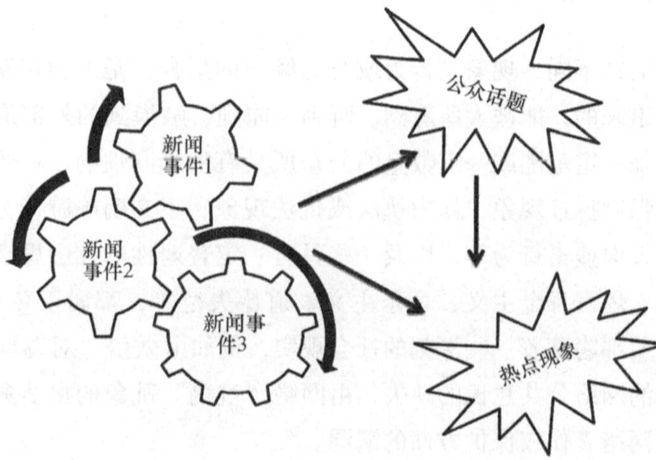

图 7—1　新闻事件、公众话题、热点现象的转换关系

图片来源：作者自制。

二、抓什么样的矛盾

网络舆情监测与导控可以说是一种社会学的研究与应用，因为它重视对各种社会矛盾、社会关系的挖掘与分析。那么从网络舆情的选题角度而言，我们到底应该聚焦于哪些社会矛盾和社会关系呢？有学者结合长期的网络舆情监测实践，将网络舆情选题分为四大突发公共事件、六大典型关系。①

① 人民网舆情监测室：《如何应对网络舆情？——网络舆情分析师手册》，新华出版社 2011 年版。

（一）四大突发公共事件

四大突发公共事件即自然灾害、事故灾难、公共卫生事件、社会安全事件。

自然灾害主要是指自然原因造成的各种水旱灾害、气象灾害、地震灾害、地质灾害、海洋灾害、生物灾害、森林草原火灾等，如汶川地震、2008 年冰灾等。将这类自然性灾害事件作为舆情监控的重点的原因在于，在这类突发性事件发生发展的过程中，公众对事件的高度关注与事件相关信息表达传递的畅通性之间存在较大落差，使得各种舆情危机潜藏其中，包括不满舆情的激发、网络谣言的滋生和蔓延等，这些均是网络舆情危机应对的重点。因此，对这类选题的有效监测，能更好地服务于灾区信息的时间性要求、救援行动的解释性要求、对网络谣言的澄清性要求，从而化解不满情绪、消除谣言。

事故灾难是指具有灾难性后果的事故，它是在人们生产、生活过程中发生的，直接由人的生产、生活活动引发的，违反人们意志的、迫使活动暂时或永久停止，并且造成大量人员伤亡、经济损失或环境污染的意外事件，例如各类矿井安全事故、交通运输事故、公共设施和设备事故、环境污染、生态破坏事件等。“7·23”动车追尾事故、一次接一次的矿难事故、MH370 马航事件、长江客轮翻沉事件、天津港大爆炸事件等均是此类事件的典型案例。对于这类选题，伤亡和损失必然引起事故引发方与受害方之间的矛盾和冲突，因而网络舆情处置应对不仅在于第一时间查清事故原因、了解事故真相，还在于及时发现事故可能引发的各种社会矛盾或冲突。

公共卫生事件主要包括传染病疫情、群体性不明原因疾病、食品安全事件、环境污染，以及其他严重影响公众健康和生命安全的事件，例如 H7N9 流感病毒事件、恒天然肉毒杆菌事件、PX 项目事件、兰州水污染事件、僵尸肉事件、山东问题疫苗事件等。互联网作为互动性强、受众范围广、传播速度快的新兴媒体，使突发公共卫生事件相关信息在不同地区、不同群体的公众之间迅速传播，形成网络舆情。在此期间，若缺乏及时监测和正确引导，极易引起人们的过度反应，使公众陷于恐慌之中，甚至激发衍生事件，从而影响社会安全与稳定。例如，2013 年的恒天然肉毒杆菌事件，衍生出广大民众对所有进口奶粉的一片质疑；2016 年山东疫苗事件，不仅激发了广大网民“问题疫苗就是杀人”等愤怒情绪，更是使得一些家长因恐慌而拒绝注射任何疫苗。因此，对于这类选题的监测，重在监测民众对公共卫生问题存在的理解和认识误区，从而填补科普空缺，避免各种不必要的恐慌。

最后一类是社会安全事件，这也是各国网络舆情监测导控工作的重中之重，因此必然成为网络舆情监测的重要选题。社会安全事件一般包括恐怖袭击事件、重大刑事案件、重特大火灾事件、金融安全事件、规模较大的群体性事件、民族宗教突发群体事件、学校安全事件，以及其他社会影响严重的突发性社会安全事件。我们说，互联网上的信息是海量的、鱼龙混杂的，真假难辨，好坏难分，正因如此，在突发性社会安全事件发生后，网络舆情中失真、造谣、偏激、煽动等言论极易误导民众，激化矛盾，引发社会群体性事件。2008 年 11 月，重庆市主城区出租汽车司机因加气难、黑车多、罚款多等原因罢工，此事随即在网络传播，十多天内，湖北荆州、海南三亚、甘肃永登、云南大理、广东汕头等地相继发生出租车司机罢工事件，其波及范围之广、传播速度之快，主要就在于依靠了网络舆情的推动。2011 年 9 月，广东陆丰“乌坎事件”就是因西方媒体的介入而迅速升级为“敏感事件”，随后产生了打砸警员、警车事件。当前，“疆独”“台独”“蒙独”“藏独”“民运”“法轮功”等多股反动势力把网络作为反政府的渠道，进行恶毒炒作、煽风点火，挑起社会事端。我们若不能及时侦获这些情况并科学应对，后果将不堪设想。因此，这类选题的监测导控对维护社会安全与稳定十分必要。

（二）六大典型关系

第一大关系为官民关系。由官民关系引发的网络舆论事件数不胜数。从郑州市副局长雷语事件到马鞍山旅游局长打人事件，从“我爸是李刚”到“罗彩霞被顶替事件”，一些官员为官不仁的行为引发了一起又一起一度引起舆论哗然的热点事件。这也使得广大网民对于官民关系形成了一种官民即对立、是官即欺民的刻板印象，导致凡涉及官民关系的社会问题、社会现象极易扩散和传播，从而衍生出影响恶劣的事件。

第二大关系为贫富关系。从 2003 年的富太太宝马撞人案到杭州、南京、深圳等相继上演的豪车飙车撞人事件，从郭美美炫富到陈光标高调做慈善，人们对于富人及富二代的关注和调侃始终不息。而这种关注和调侃中更多的是一种较为强烈和一致的仇富恨富的心理。因而，只要某舆情信息中出现了“豪”或“富”，则极有可能在网民的围观和八卦下冲上头条。因而，贫富关系对于网络舆情而言是一种十分敏感的关系，是我们的主要选题之一。

第三大关系为医患关系。从南京徐宝宝事件到魏则西事件、陈仲伟事件，从多名护士集体辞职到网络调侃医生持盾牌上班，足见医患关系是社会矛盾与冲突的多发地。监测医患关系的发展趋势，了解引发医患冲突的关键所在，才能更好地帮助政府制定和出台有效的消除矛盾的制度和措施。

第四大关系即警民关系。近年来，涉警舆情几度反转，既有曝光警察暴力执法的，也有为警察鸣不平、反映部分不法分子暴力抗法等恶劣行径的。无论是负面的爆料还是正面的申诉，无不反映出警民之间业已存在的尖锐矛盾或对彼此的理解误区。2008 年上海市发生的暴力袭警事件，造成 6 名民警死亡。该事件造成的重大伤亡引起全国一片哗然，然而网络舆情监测的结果更令人震惊，袭击者的行为竟在网上得到不少网民的支持乃至赞扬，一些网民对涉警新闻不分青红皂白一边倒地喝倒彩。这种反常的现象不得不引起公安部门的深思，同时也应引起网络舆情监测工作的高度重视。抓住主要矛盾，弘扬正能量，是我们对这类关系监测导控的主导思想。

第五大关系是城乡关系。城乡关系主要涉及农民工就业问题、城乡收入差距问题、农村土地管理问题、农村教育问题等。核心就在于如何协调城乡均衡发展的问题，我们的选题就应定位在城镇化进程中矛盾之所在、冲突之所在、政策漏洞之所在。

第六大关系是劳资关系。劳资矛盾是市场经济最本质的矛盾，我国作为走市场经济道路的国家，自然无法避免，其更是我国经济社会转型的必经之痛。近年来，由此引发的群体性事件高发，对社会稳定造成了严重影响。从富士康员工连环跳事件到广东南海本田大罢工事件，再到充斥网络或新闻媒体的各类为讨薪而跳楼、挟持人质等极端偏激行为，这些都表明劳资矛盾与冲突是影响我国社会经济发展的一个重要因素。

因此，无论是官民关系、贫富关系，还是医患关系、警民关系、城乡关系、劳资关系，它们反映的都是现实社会中的深层矛盾，这种矛盾又经网络的放大、扩散、激化而变得越来越敏感，不可触碰，一碰即发。抓住这些矛盾来规划网络舆情监测的选题，才能更好地发挥网络舆情监测对舆论导控的作用。

三、辅助什么样的决策

对于网络舆情监测与导控工作而言，其服务的宗旨即为用户了解情况、科学决策、指导工作提供依据。而从民族发展与国家建设的大局来看，决策的目标核心即维护对内的长治久安、对外的独立自主。而这一核心定位也是我们进行网络舆情监测与导控的一根主线，我们的选题就是紧紧围绕这一主线展开的。

（一）国内网络舆情

由于对内网络舆情监测与导控的目标是要维护国家的长治久安，因此凡可能破坏社会安定团结、造成社会恐慌、引发社会危机的事件均是我们应当关注的重要选题，包括经济安全问题（如金融、粮食、资源、通货膨胀等）、公共安全问题（包括前面所讲的恐怖袭击事件问题、食品安全与卫生问题等）、民生及社会问题（社会保障问题、房价问题、贪污腐败问题等）、国内网民反应（也就是民众所普遍关心的问题）。具体而言分为：

1. 网民对党和国家重大决策部署、重大事件的思想反应。重大决策部署指党和国家在经济建设、政治建设、文化建设和社会建设等方面做出的决策。在这些重大决策部署出台前后，民众都会产生各种想法、看法或提出一些建议意见。重大事件包括国际国内发生的重要事件、突发性事件、敏感性事件等，它们对社会影响力较大，对公众心理产生重要影响。每次重大事件的发生都是网上舆情的集中爆发期，特别是一些具有负面效应的重大事件一旦发生，会立即成为网上舆论关注的焦点，影响网民的判断和情绪，造成很大社会影响。搜集这方面舆情，要准确把握网民对事件性质和根源的认识、态度，注意舆情中把自然灾害与“人为”因素联系起来的倾向；要准确把握网民的思想动态，关注事件给网民情绪、心理、观念、行为方式等造成的影响和变化，关注网民的愿望、诉求。通过搜集网民对这些重大事件的不同态度、各种观点，客观把握整个舆情的发展变化，为党和政府正确应对和处理事件提供决策参考。

2. 网民对经济发展相关问题的意见和建议。当前，国际经济环境更趋复杂严峻，国际金融危机的影响仍在蔓延，世界经济增长的放缓以及全球通胀压力的加大均对我国出口、就业和经济增长造成很大程度的影响。此外，国内经济运行中矛盾的逐步凸显、物价上涨的压力、农业发展和农民增收的制约、能源资源矛盾的凸显、部分行业和企业生产经营的困境等不确定因素、突发性困难和热点难点问题，均与民众的切身利益相关，极易成为网络舆情关注点，也容易被一些人炒作和利用，引发社会舆情和社会舆论的波动。汇集网民对这些问题的意见建议，对政府有关部门制定决策、解决问题、化解矛盾、维护稳定具有重要作用。

3. 网上反映出的各个领域的新情况、新动向（主要指互联网上所表现出来的一些新思想、新思潮、新现象），特别是涉及全局、涉及导向、涉及政治原则的新情况、新动向，是网络舆情关注的重要内容。需要指出的是，意识形态领域的各种观点和思潮，对人们的思想观念和行为方式有重要影响，对青少年世界观、人生观、价值观的形成影响更大。因此，意识形态领域的新情况、新动向是网络舆情关注的重点，也是当前舆情信息搜集报送的重点。

（二）境外网络舆情

凡外媒（此处主要指境外的主流新闻媒体）涉我国关键问题的舆情均是我国重点关注的对象。随着综合国力的不断增强，我国在世界上的地位和影响力不断提高，境外一些网站和媒体竞相报道我国的发展，这也为我国对外形象构建、对外交往等提供了分析资源。从这一角度出发，网络舆情监测与导控关注的境外网络舆情主要包括：

1. 境外各主流媒体和网站对我国重大决策、重大事件、重大会议以及我国领导人重要活动、重要讲话的报道和评论；

2. 境外主流媒体和网站对我国经济、政治、文化、社会、宗教、人事、人权、国防、环境保护等领域的发展成就、存在的问题等的报道和评论；

3. 境外主流媒体和网站对我国宣传思想工作的评价和看法；

4. 境外主流媒体和网站涉及我西藏、新疆、台湾地区等问题的报道和评论；

5. 境外主流媒体和网站对我国重大突发事件、重大敏感案件的处置，重大经济决策、重要理论的出台以及社会热点问题的评论和报道等。

尤其是针对上述问题中涉及到的负面舆情，一些境外敌对势力和别有用心的人不断地在网上进行攻击，极力传播西方资产阶级的意识形态、政治制度、文化价值观念，给我国的社会发展带来危害。据统计，目前有2000多个境外反动网站，它们利用网络开展各种颠覆渗透活动。此此同时，西方强国也利用其网络霸权地位，通过互联网搜集我国重要信息，加大对我国的渗透与监控，使我国面临着极大的挑战。因此，境外涉华舆论动态一直是我们重点关注的问题。我们的网络舆情工作，要注意搜集反映境内外敌对势力对我国国体政体及司法、新闻、教育制度进行攻击的舆情动态，特别密切关注境内敌对势力利用我国重大政策和法律制度出台之机，针对敏感时期、敏感事件、敏感人物进行攻击和捣乱，散布反动言论的舆情信息。因此，外媒涉华舆情始终是我们的一个核心关注点。

四、总体机制与原则

综上所述，网络舆情监测选题的总体机制与原则可归纳为“六点规律”和“四字准则”。

所谓“六点规律”，即：（1）重点工作是中心点，这里的重点工作主要是指各级党委政府的重点工作，也包括宣传部门的重点工作；（2）重大事件是集中点，任何重大事件的发生都会吸引人们的注意力，产生各种舆情；（3）突发事件是社会舆情的兴奋点；（4）重要改革措施出台与群众改革预期的落差往往是社会舆情的波动点；（5）重大政策调整容易产生社会热点难点；（6）媒体炒作容易成为新社会舆情的诱发点。

“四字准则”为：（1）“贴”，贴近用户的需求，贴近用户的职能范围；（2）“全”，有全局意识，立足全局工作，从整体发展和全面建设角度来看问题和定选题；（3）“前”，有前瞻意识，将可能引发突发性、群体性事件，以及可能造成重大伤亡、严重影响的苗头性、趋势性情况作为重点选题；（4）“值”，有重大参考借鉴意义。

把握上述规律与准则，才能更好地指导网络舆情监测与导控的实践。

模块二　网络舆情信息搜集

确定网络舆情监测的选题之后，即进入网络舆情监测与导控实务的第一环节——网络舆情信息的搜集。所谓网络舆情信息搜集，即以舆情监测选题为牵引，通过各种渠道广泛查找、获取、存储舆情信息的过程。作为网络舆情监测的基础性环节，它主要涉及从哪里搜集、搜集什么、怎么搜集等问题，上述问题的解决在很大程度上决定着后续网络舆情分析研判的效果。

一、舆情信息搜集原则

茫茫的网络信息海洋中充斥着各式各样的舆情言论，真假混杂、新旧交替，那么在开展网络舆情信息搜集的过程中，到底应遵循什么样的原则，才能更好地满足后续网络舆情分析研判乃至处置应对的需求呢？

（一）快速反应原则

网络舆情信息是以网络为载体的网民心理意识，其产生、传播、消退的周期显著缩短，造成的影响却更加快速和具有时效性。若未及时获取、掌握有关事态进展的最新舆情状况，则无疑会使后续的处置应对陷入被动当中。因此，同一般意义上的信息工作相比，网络舆情信息的搜集更追求时效性，要求搜集启动的速度要快、效率要高，能在较短时间内实施搜集和采集任务。一般而言，舆情信息发表和公开传播之间的时间差越短，舆情信息的价值就越大；内容越新鲜，舆情价值亦越大。在影响舆情事态发展的各种复杂因素尚处于量变而非质变阶段的情况下，应以搜集反映最新事态发展的舆情信息为主；而当社会环境、政策、资源、人物、地域等因素出现变化之后，则应根据需要分阶段搜集，以获取有关舆情事态发展的最全面、完整的信息。因此，在舆情信息搜集的时间范围确定后，所有媒体和网络言论的采集均都要注意其发表时间。快速反应原则对于舆情的处置应对至关重要。

（二）准确获取原则

准确获取指采集到的信息是与选题高度相关的，是任务所需的，而不是不反映任何舆情或不具备任何参考价值的信息，更不是垃圾信息、广告信息。就网络舆情监测与导控而言，其目的主要服务于用户的需求，最终落脚点是能为用户的决策提供参考。这种决策既包括对事态的准确判断，也包括对事态应对策略、举措的制定。因此，在开展网络舆情信息搜集的过程中，我们必须重视所采集信息的准确性。这种准确性一方面体现在与用户关注点（利益、业务、所在地域等）的相关性上，不相关的信息即使再具时效性和丰富性，也是无价值的；另一方面，这种准确性也体现在舆情信息的内容性上，要想针对问题进行深入、透彻的分析和研判，仅仅搜集一些简短的类似于“顶”“赞”等“快捷舆情”是无法完成的，还需要尽可能搜集一些文字型的，能更准确、更具体反映参与主体情绪或态度的舆情信息。

（三）广泛覆盖原则

在论述网络舆情的主要特点时，我们曾提及网络舆情具有参与广泛性的特点，任何人只要使用网络，都可以参与到网络舆情的生产中来。网络舆情的这一特性同样要求网络舆情信息的搜集应注重样本的丰富性、信息来源的广泛性，也就是说，不仅要在数量上达到一定的要求，更要在观点的多样化上达到最大化。一方面，不应仅局限于某一个网络平台，而应尽可能采集新闻跟帖、论坛、微博等多个渠道的舆情信息。因为不同的信息源往往拥有不同的固定用户群，不同的用户群的言论诉求又各有不同，因此注重网络舆情信息搜集来源的广泛性有助于提高舆情对策建议的全局性和可行性。另一方面，对于同一个舆情问题，不仅要采集点击率、支持率高的舆情信息，一些少数派的网友观点也不应遗漏，更不能依照搜集者的个人喜好来开展筛选。广泛的覆盖度既有助于还原舆情态势的整体面貌，也有助于减少统计抽样与实际意见构成间的误差，从而提高舆情工作的现实参考价值。因此，广泛覆盖性原则对于网络舆情的分析研判至关重要，以少充多必然会影响到分析结果的准确性和客观性。

二、舆情信息搜集渠道

我们如何才能尽快搜集到尽可能多、尽可能全的与选题相关的信息呢？这就需要使用到各种搜索引擎工具。根据搜集范围的不同，在人工网络舆情信息采集中常用到的搜索工具主要包括综合搜索、站内搜索与元搜索。

（一）综合搜索

综合搜索所搜集的信息来自于各种渠道，包含各种类别。这类搜索引擎通过网络爬虫等程序对一定 IP 地址范围内的互联网网站进行信息爬抓（主要是文字信息），并通过建立索引的方式将这些信息存入数据库中。一旦发现新的网站，这类搜索引擎将会自动提取新网站的信息和网址加入链接库中，以保障信息的不断更新和拓展。当用户输入查询条件时，系统会通过一定的算法找出与之相关的信息，并以一定的排序返回结果。这种广泛、全文式的搜索，能在更大程度上保障舆情信息汇集的全面性，因此也受到舆情工作者们的青睐。

1. 百度搜索

百度搜索是当前使用频率最高的中文搜索引擎，也是中文网络舆情信息搜集运用最多的大众搜索工具。百度搜索引擎使用了将超链接分析与内容相关度评价相结合的技术，即通过分析链接网站的多少来评价被链接网站的质量，这保证了用户在百度搜索时，越受用户欢迎的内容排名越靠前，因此其在检索效果和效率方面具有自己独到的优势。

图 8—1　百度搜索首页

图片来源：百度。

百度搜索提供多类产品，如新闻、网页、贴吧、知道、音乐、图片、视频等（见图 8—1），其中新闻、视频是网络舆情搜集中使用较多的产品类别。以百度新闻搜索为例（见图 8—2）：A 为新闻导航栏，分为国内、国际、个性推荐、互联网、军事等多个栏目；B 为近期热搜新闻词；C 为近期焦点新闻；D 为近期热点图片新闻；E 其他快捷操作。

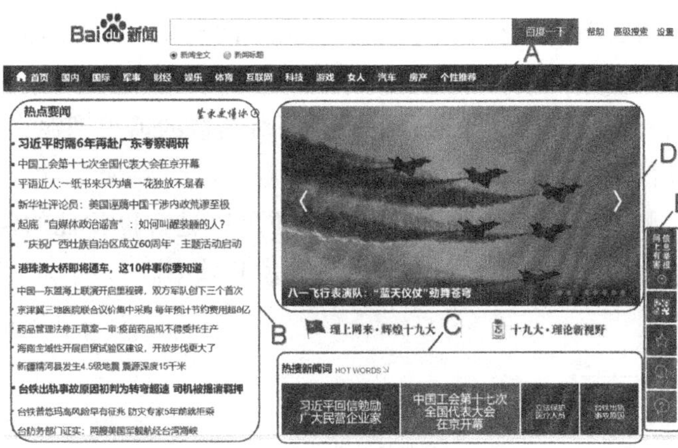

图 8—2　百度新闻搜索首页

图片来源：百度。

图 8—3　百度搜索个性化设置

图片来源：百度。

搜索新闻时，用户可根据个人喜好进行搜索设置（见图 8—3），包括关键词的设定、信息发布时间设定、① 结果显示设定②等，此外还支持特定信息源（如新华社、人民网等）的定向新闻搜索。输入查询关键词之后，百度新闻搜索将返回与此查询需求相关的新闻信息（见图 8—4），A 表示搜索结果数量；B 为搜索方式和结构显示方式；C 为新闻标题；D 为新闻的原始发布网站和发布时间；E 为新闻摘要；F 为新闻的转载情况及快照留存。其中，新闻的摘要便于信息浏览者快速掌握文章主要内容；而新闻源头及转载情况则有助于开展对舆情的追根溯源；对匹配的关键词亦进行了高亮显示；由于百度搜索还具有“快照”功能，对于被网络公关“删帖”的关键性言论样本，还可以进行抢救性的定向抓取。这些功能均有助于提高舆情样本搜索的速度和效率。

---

① 分为“全部时间”“最近一小时”“最近一天”“最近一周”“最近一月”“最近一年”和精确起止日期等选框，基本上满足了突发舆情时报、舆情日报、舆情周报、舆情年报和特定时间舆情监测的需求。

② 支持按焦点排序（即综合考虑相关性和时效性，与搜索主题最相关且最近的新闻排在最前）和按新闻发布时间排序（即所有包含关键词的新闻，严格按照新闻的发布时间排列，最新的新闻排在最前，有助于全面掌握最新动态）。

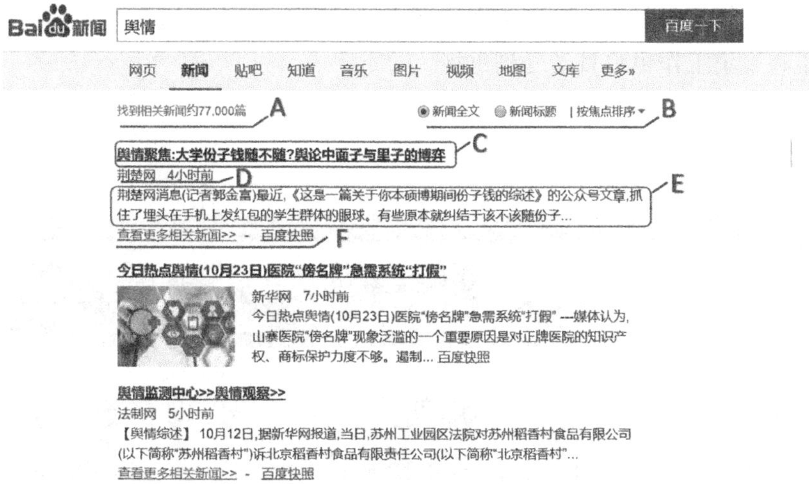

图 8—4　百度新闻搜索结果页面

图片来源：百度新闻。

图 8—5　百度新闻热搜词

图片来源：百度新闻。

百度新闻还提供近期的“热搜词”，并对热搜词进行分类（见图 8—5），这十分有助于舆情工作者对近期舆情热点有一个全面、初步的把握。点击相应“热搜词”，用户还可以获得与该搜索词相关的所有新闻。

除提供文字信息搜索外，百度还提供视频和图片信息搜索。图 8—6 即为百度视频搜索页面。随着可视化网络舆情信息的不断增多，这类信息的搜集和采集工作也将日益受到重视。

图 8—6 百度视频搜索页面

图片来源：百度视频。

熟练掌握了百度新闻高级搜索就能驾轻就熟地运用其他大众搜索工具。而且，相比舆情监测软件公司或团队所开发的专业搜索技术平台而言，以百度为代表的大众搜索工具由于使用频率较高、使用面较广，更容易为舆情工作人员所接触和灵活运用，如此不仅有助于他们及时监测有关舆情，同时也是培养舆情工作人员舆情敏锐度的重要工具之一。

2. 谷歌搜索

谷歌的优势在于其掌握的信息量以及检索模型和检索速度。它可为世界各地的用户提供适需的搜索结果，而且搜索时间通常不到半秒。谷歌采用全文标引方式，提供每日更新。现在谷歌可以查询的网页达 40 多亿个，搜索速度快、结果命中率高，搜索结果摘录查询网页的部分具体内容，而不仅仅是网站简介。同时，它还提供多国语言搜索，从而满足了对外文信息的搜索需求，是境外网络舆情信息搜集的重要渠道。谷歌搜索提供的产品种类多样（见图 8—7），包括新闻、视频、图片、论坛、博客等。图

8—8 是谷歌的论坛搜索页面，对于用户输入的关键词“秦火火”，既支持在任意论坛中搜索，也支持搜索任意名为“秦火火”的论坛。以从任意论坛中搜索关键词“秦火火”为例，其输出结果不仅包含相关信息来源于哪个论坛，还可以看到该帖文的发布、回帖等情况。此外，对于微博的兴起，谷歌推出了实时搜索，这为微博言论样本的抽取提供了便捷的“关键词”搜索工具。

图 8—7　谷歌搜索提供的产品类型

图片来源：谷歌。

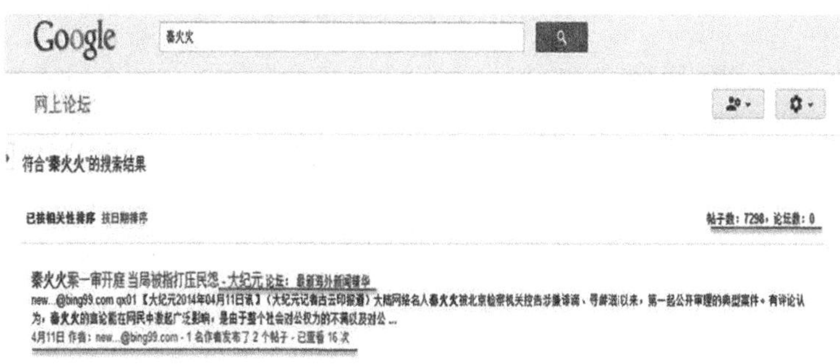

图 8—8　谷歌论坛搜索页面

图片来源：谷歌。

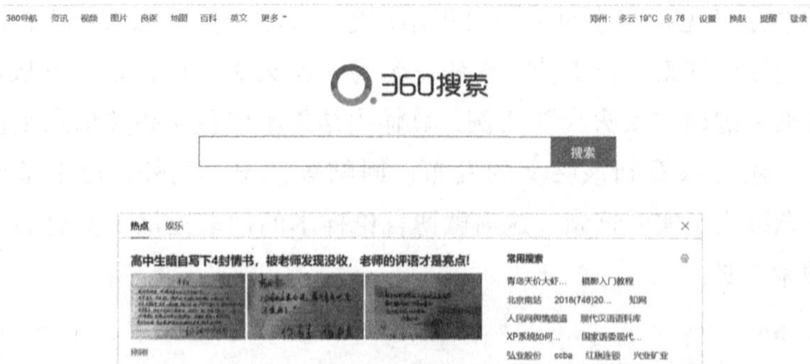

图 8—9 奇虎搜索界面

图片来源：奇虎搜索。

图 8—10 奇虎热点排行榜

图片来源：奇虎搜索。

3. 其他综合搜索

除百度和谷歌外，360 搜索、中国搜索、搜狗也是独具特色的搜索工具。奇虎搜索是国内较强的论坛和博客的大众搜索工具，其界面见图 8—9、图 8—10，在舆情监测中使用较多。奇虎高级搜索具有时间选择灵活、定点搜索方便、论坛博客搜索功能可靠等优点。其中，关键词设置包括“任何位置”“只在标题中”和“在文章内容中”等文字选项框；在数据搜索的时间范围上，又分为“全部”“一天内”“一周内”“一月内”“半年内”“最近一年”等搜索选框，基本满足舆情日报、舆情周报、舆情年报等要求。即刻搜索（也叫中国搜索）是由人民搜索网络股份公司于 2011 年 6 月 20 日推出的通用搜索引擎平台，界面如图 8—11、图 8—12 所示。其最大的特点即页面简洁，无广告和垃圾信息插入，检索结果也较少受到商业利益的左右，遵循自然排序的模式，因而是一个比较客观公正的搜索平台，也是一个比较综合、全面的信息搜索平台。搜狗搜索的一个突出特点在于它提供微信搜索，例如输入搜索条件“福建 PX 项目”，则可获得如图 8—13 所示的微信公众平台的信息反馈结果。

图 8—11　即刻搜索（中国搜索）首页

图片来源：即刻搜索。

图8—12 即刻搜索（中国搜索）国情首页

图片来源：即刻搜索。

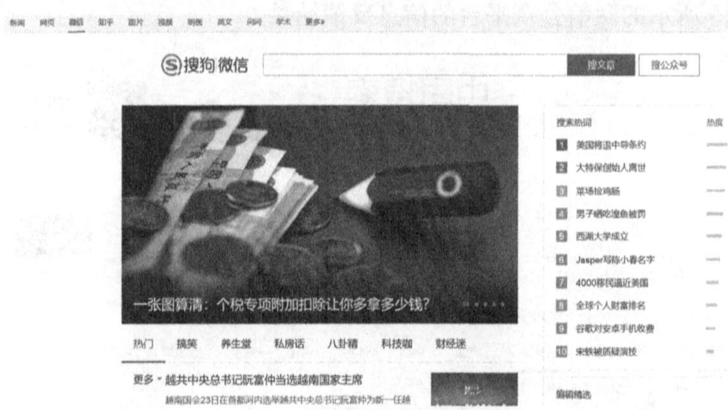

图8—13 搜狗微信搜索

图片来源：搜狗搜索。

（二）站内搜索

所谓站内搜索，顾名思义，指的是仅对本站信息进行检索。我国现有的各大门户网站、论坛、视频网站等均提供站内搜索，通过这些站内搜索，我们可以迅速在一些重要网站和论坛锁定急需的舆情信息和言论样本。如新浪搜索（见图 8—14），它提供新浪网全站的新闻、博客、微博、图片、视频、专题、专栏等搜索服务，同时也支持类似于百度搜索的个性化设置。以新浪专题搜索为例，可获得如图 8—15 所示的结果。

图 8—14　新浪搜索页面

图片来源：新浪搜索。

图 8—15　新浪专题搜索结果

图片来源：新浪搜索。

对于这种搜索方式，除掌握一定的搜索技巧外，更重要的工作是挖掘一些有价值的网站或论坛平台。这既需要舆情工作者本身对各大网络媒体平台的特点、特色有较全面的了解，更需要他们在舆情监测实践中不断积累经验。对于境外网络媒体舆情信息的监测，则需要舆情工作者对对象国互联网状况、重点网站、重要信息源有较好的了解，挖掘一些可供长期跟踪的有价值的网站等。以新闻网站为例，国外主流网络媒体分布情况如表8—1 所示。

表 8—1 国外主流网络媒体列表

国家	信息源（名称 + 网址）
美国	《星条旗报》网（www. stripes. osd. mil/）、《华盛顿邮报》网（www. washingtonpost. com）、《华尔街日报》网（www. wsj. com、http：//cninese. wsj. com/gb/index. asp［中文］）、《防务新闻》周刊网（www. defensenews. com）、《纽约时报》网（www. nytimes. com）、《洛杉矶时报》网（www. latimes. com）、《芝加哥论坛报》网（www. chicagotribune. com/）、美国战略之页网（www. strategypage. com）、《外交政策》双月刊网（www. foreignaffairs. com）、《国家利益》双月刊网（www. nationalinterest. org）、CNN 网（www. cnn. com）、VOA 网（www. voa. com、www. voanews. com/chinese/［中文］）、商业内幕网（www. businessinsider. com）等
日本	《朝日新闻》网（www. asahi. com、www. asahichinese. com［中文］）、《读卖新闻》网（www. yomiuri. co. jp）、《每日新闻》网（www. mainchi. co. jp）、《东京新闻》网（www. tokyo – np. co. jp）、《日本经济新闻》网（www. nikkei. com）、外交学者网（http：//thediplomat. com/）、共同社网（http：//china. kyodo. co. jp/）等
俄罗斯	卫星网（www. sputniknews. cn）、新闻网（www. rusnews. cn/［中文］）、《莫斯科时报》网（www. moscowtimes. ru）、《独立报》网（www. ng. ru/）、《生意人报》网（www. kommersant. ru/）、塔斯社网（www. itar – tass. com）等
英国	《金融时报》网（http：//www. ftchinese. com/index. php［中文］）、《卫报》网（www. theguardian. com）、《简氏防务周刊》网（www. janes. com）、《每日邮报》网（www. dailymail. co. uk）、《每日电讯报》网（www. telegraph. co. uk）、BBC 网（http：//news. bbc. co. uk/chinese/［中文］）等

续表

国家	信息源（名称+网址）
印度	《德干先驱报》网（www. deccanherald. com/）、《政治家报》网（www. thestatesman. net）、《印度快报》网（www. indianexpress. com）、《论坛报》网（www. tribuneindia. com）、《OUTLOOK》杂志网（www. outlookindia. com）等
新加坡	《联合早报》网（http：//www. zaobao. com/）等
越南	越南快讯网（www. vnexpress. vn）、越南网（www. vietnamnet. vn）、《人民报》网（www. nhandan. org）等
菲律宾	问讯网（www. inquirer. net）、菲律宾中文网（www. chn. ph）等
马来西亚	当今大马网（www. malaysiakini. com）、"Mylaunchpad"网（www. myhlaunchpad. com. my）等
韩国	《中央日报》网（http：//chinese. joins. com. gb/）等

资料来源：作者自制。

（三）元搜索

元搜索引擎又称多搜索引擎，通过一个统一的用户界面帮助用户在多个搜索引擎中选择和利用合适的（甚至是同时利用若干个）搜索引擎来实现检索操作，是对分布于网络的多种检索工具的全局控制机制。著名的国外元搜索引擎有 InfoSpace、Dogpile、Vivisimo 等，中文元搜索引擎中具代表性的有 Jopee 搜索。

如 Dogpile 搜索（见图 8—16、图 8—17），它首先并行地调用 Google、Yahoo、MSN 等主要源搜索引擎，如果没有得到 10 个以上结果，再调用另外的搜索引擎。但 Dogpile 不提供可调用的源搜索引擎列表，不支持对各个源搜索引擎的自行指定和选择。

又如 Jopee 搜索（见图 8—18），它综合了百度、谷歌、雅虎、必应、有道、搜搜、Ask 等多家搜索引擎的结果，提供网页、图片、音乐、影视、游戏、知识等各种信息查询。最重要的是，它允许用户自行确定信息来源，也就是通过该元搜索可对特定信息源实施信息搜索。这是目前唯一一个以 . cn 为域名结尾的尚在运行的元搜索引擎。

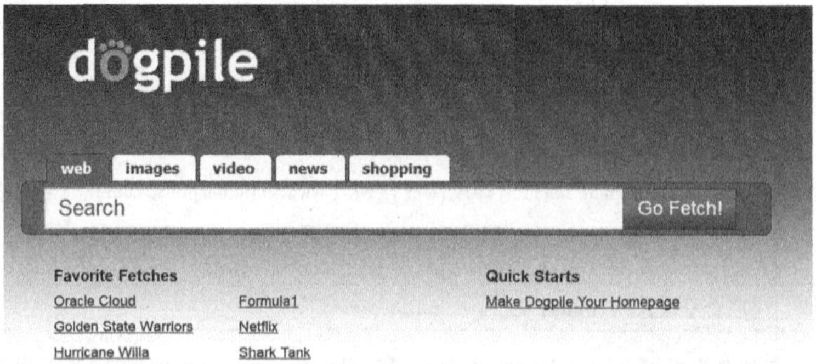

图 8—16　Dogpile 搜索界面

图片来源：Dogpile 搜索。

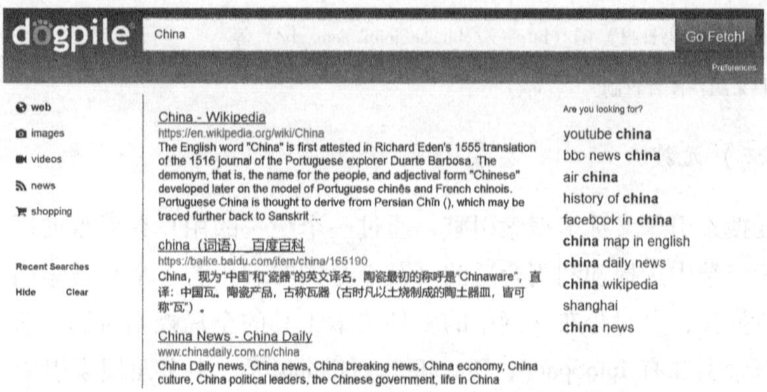

图 8—17　Dogpile 有关“China”的新闻搜索结果

图片来源：Dogpile 搜索。

三、舆情信息抽样方法

上文介绍了各种搜集舆情信息的工具，然而无论是综合性搜索、站内搜索还是元搜索，其返回的结果数量都是巨大的。对于人工处理手段而言，其显然不可能将网络上所有相关信息均采集下来进行统计和分析，这将是一个巨大的工程，因而就需要进行科学合理的筛选、抽样。对于人工手段的网络舆情信息采集而言，抽样是一种较为科学、合理的采集模式。

所谓抽样，就是通过研究总体有代表性的部分（即样本）来获取该总体的某些特性信息。对媒体评论和网络言论的抽样质量和准确度，直接关系到舆情分析结论的可靠性。本部分将重点介绍网络舆情信息采集过程中可能用到的一些统计抽样方法。

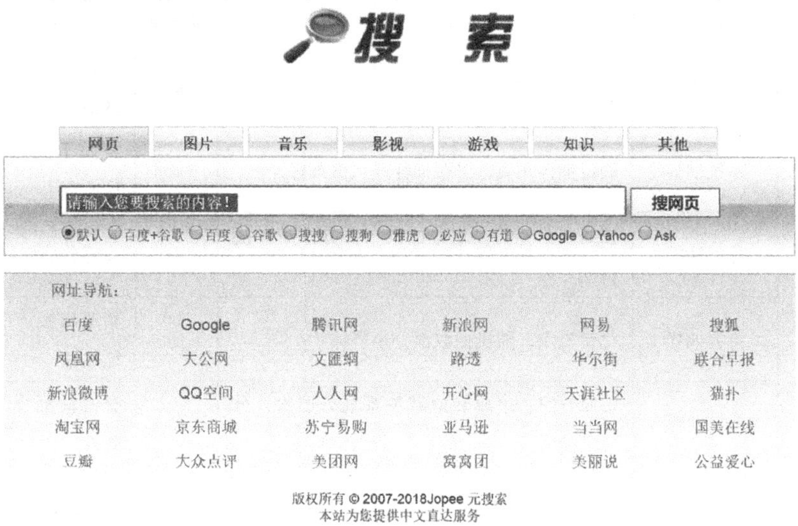

图 8—18 Jopee 搜索界面

图片来源：Jopee 搜索。

统计学中的抽样方法种类很多，概率抽样类别中包括简单随机抽样、系统抽样、分层抽样、整群抽样、多阶抽样；非概率抽样中包括偶遇抽样、判断抽样、配额抽样、滚雪球抽样（见表 8—2[①]）。而由于网络舆情研究本身不同于一般的基础性自然科学和社会科学研究，因此作为一项带有复杂条件的社会实用性信息观察和网络传播的研究课题，网络舆情监测对统计学中相关抽样方法的借鉴带有很强的选择性。一般情况下，网络舆情抽样中使用率最高的统计抽样方法包括概率抽样中的整群抽样和多阶抽样，还包括非概率抽样中的偶遇抽样和配额抽样，而其他抽样方式或由于

① 人民网舆情监测室：《如何应对网络舆情？——网络舆情分析师手册》，新华出版社 2011 年版，第 83 页。

实施条件无法保障，或由于使用范围窄，因而较少在网络舆情监测中使用。

表8—2　网络舆情工作对统计抽样方法的使用情况

类型	抽样方法	网络抽样特点	使用率	备注
概率抽样	简单随机抽样	等概率原则	低	常用于机构、地区监测
	系统抽样	确定抽样距离，等距抽样或机械抽样	低	常用于机构、地区监测
	分层抽样	按照职业年龄等划分层次，再分别简单随机抽样	中	注意分层标准
	整群抽样	化整为零，随机抽取部分小群体	高	精选权威人气论坛热帖
	多阶抽样	按照时间、隶属和地域关系划分层次，分阶段抽样	高	分时段抽样，时效性
非概率抽样	偶遇抽样	设有条件，概率不等，简单抽样	高	有条件抽样
	判断抽样	调查者主观选择	中	立意抽样，客观立场
	配额抽样	根据影响研究变量的各种因素来对总体分层后抽样	高	身份抽样，如意见领袖
	滚雪球抽样	言论样本少，全部抽样	中	言论少，全部收录

资料来源：人民网舆情监测室：《如何应对网络舆情？——网络舆情分析师手册》，新华出版社2011年版，第83页。

（一）整群抽样

整群抽样又称聚类抽样、整体抽样、集团抽样，就是将总体按照某种标准划分为一些子群体，每个子群体作为一个抽样单位，用随机的方法从中抽取若干子群，再将抽出的子群中的所有个体合在一起作为总体的样本。网络舆情的抽样统计中所使用的整群抽样方法是我们通常意义上的整群抽样方法的改良，因为子群的选取并不是完全随机的，通常会选取有一定代表性和影响力的子群作为研究对象。例如，若我们希望了解网友有关秦火火一案的舆情，可能会选择新闻跟帖、论坛等媒体类型作为子群。我们显然无法对所有新闻跟帖、论坛进行样本统计，因而又会从这两个子群中选取具有代表性的新闻和论坛热门帖进行样本统计。而此处强调的代表性主要考虑可供观察的数据是否丰富和充足，具体就是指回帖量、点击量是否达到一定的规模。

（二）n 阶抽样

当 n = 1 时为单阶抽样，方法为：从总体中通过一次抽样就能够产生一个完整的样本。它适合用于总体单元数相对较少的抽样过程。显然，对于网络舆情监测来说，工作目的是了解广大民众对于某一选题的观点及评价情况，样本的总体是一个超大规模的集合，因而也就不适合采用单阶抽样的方法。所谓多阶抽样（n > 1），则是根据实际情况将整个抽样程序分成若干个阶段，子阶段又分为若干次子阶段，以此类推进行抽样，以完成整个抽样过程。其中，从总体中随机抽取一部分一阶单元，然后再从被抽中的一阶单元内随机抽取部分二阶单元并对它们进行全面调查的方法，为二阶抽样。若在被抽中的二阶单元中，再抽取部分三阶单元组成样本，并对抽中的三阶单元进行全面的调查，这就是三阶抽样。依此类推就是四阶、五阶抽样，或者更多阶抽样。显然，当我们面对的总体单元数很庞大，且分布范围很广时，采用多阶抽样方法能较好地缓解工作量大的问题，但同时我们也不难发现，抽样的阶数越多，抽样的误差也会越大。如何平衡精确度和工作量大小问题，是我们在实际操作过程中应该注重把握的。

（三）偶遇抽样

偶遇抽样又称作方便抽样或自然抽样，是研究者根据现实情况，以一定时间内、一定环境里所能遇到的或接触到的样本作为调查对象。简单而言，就是碰到什么就抽取什么。偶遇抽样的基本理论依据是，认为被调查总体的每个单位都是相同的，因此把哪些选为样本调查，其调查结果都是一样的。在网络舆情抽样中，这种偶遇抽样方法被附加了一些条件，因此实际上是一种有条件的抽样方法。而这种条件依然有影响力和代表性，也就是偶遇到的样本是否是意见领袖的、是否是有一定量点赞或转载或评论的。因而，在网络舆情信息的抽样采集中，偶遇抽样方法实际上是建立在整群抽样或 n 阶抽样基础之上的一种次抽样方法。

（四）配额抽样

配额抽样又称作定额抽样，是指研究者尽可能依据那些有可能影响研究变量的各种因素来对总体分层，并找出具有各种不同特征的成员在总体中所占的比例，然后依据这种划分以及各类成员的比例选择调查对象。配额抽样的操作步骤为：

1. 选择“控制特征”作为细分群体的标准，例如只选取点击量在 10000 以上的新闻信息，或回帖量在 2000 以上的论坛热帖，或粉丝数超过 10 万的意见领袖等；

2. 将总体按“控制特征”细分，使其分成若干个子总体；

3. 确定各子总体样本的大小，通常是将总样本数按各子总体在总体中所占的比例分配。例如，经过控制特征筛选后，我们获得了 100 条新闻信息、500 个论坛热帖、300 个意见领袖，我们可能不需要对所有这些进行全部的统计，而只需 10 条新闻信息、50 个论坛热帖、30 个意见领袖；

4. 各子总体样本量确定后，就只需按照这一数额抽取样本进行统计了。

配额抽样适用于调查者对总体的有关特征有一定了解且样本数较多的情况，易于实施，且能满足总体比例的要求，但缺点在于容易掩盖不可忽略的偏差。

四、舆情信息的自动采集

虽然上文介绍的这些搜索引擎能够帮助舆情工作者查找到相关的舆情信息，但每一次查询都需要重复“输入—点击—浏览—选择—存储”这一过程，且对于查询结果的反馈还要受到搜索引擎本身的影响，例如各种广告信息、搜索引擎所有者因商业化利益需求而进行的结果排序等。显然，由于时间和精力有限，这样的人工模式既费时费力，又难免会有所遗漏。尤其是随着大数据时代的到来，数据量的指数级增长和海量信息的存储对信息处理工作提出了更新更高的要求。一方面，它极大地丰富了舆情工作可利用的信息资源；另一方面，空前的计算机存储能力、空前的传播信息速度和计算机自动化处理信息的能力，使得利用更加自动化、智能化的信息技术手段成为一种必然，也更是一种必需。就网络舆情监测工作而言，纯人工的模式已逐渐被摒弃，“人工+机器”的方式已占据主流，且随着技术研究与开发的不断进步，机器占据的比重将逐步提高，从而可以不必将大量人力投入到深度的舆情分析当中。因此，本部分将集中介绍网络舆情信息自动采集的关键技术及现有的各类工具、平台。

（一）舆情信息自动采集关键技术

网络舆情信息自动采集的核心技术主要包括三方面：网络信息抓取、网络信息去噪和网络信息更新检测。抓取就是如何全面、准确地采集舆情信息；去噪就是如何去除一些无关的干扰信息；而更新检测则是对更新的内容及时获取，对相同的内容避免重复采集。

1. 网络信息抓取

目前，对于网络信息的抓取主要通过各种网络爬虫软件。网络爬虫（又称为网络蜘蛛、网络机器人、网页追逐者等）主要指通过 Web 页面之间的链接关系，从 Web 上自动获取页面信息，并且随着链接不断向更多 Web 页面扩展的过程。如图 8—19 所示，网络爬虫的工作过程大致可以描述为：从一个初始的 URL 集出发，将这些 URL 全部放入到一个有序的待采集队列里，然后依次从该队列中取出 URL 地址并通过 HTTP 等 Web 协议获取该 URL 所指向的页面，再将页面上的信息抓取下来以特定的格式储存。与此同时，从这些已获取的页面提取出新的 URL，将它们充实到待采集队列中。不断重复上面的过程，直到 Web 信息采集器根据自己的策略停止采集。最终，这些被抓取到的信息内容将被存储到关系数据库中，或以平面文件形式存储起来，以备分析、过滤、查询、检索等。一般而言，网络爬虫软件可抓取的网页包括各种格式，如 Html、图片、Doc、Pdf、多媒体、动态网页等。

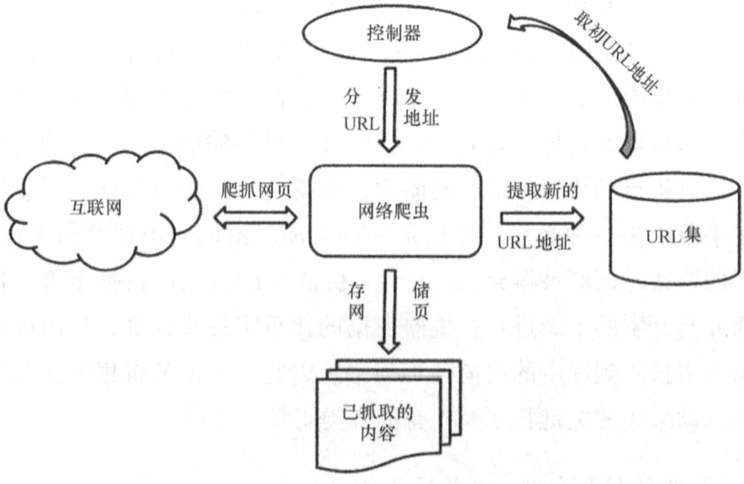

图 8—19 网络爬虫工作流程图

图片来源：作者自制。

网络爬虫通常是按照一定的抓取策略对网页进行信息抓取的，这些策略可分为深度优先策略、广度优先策略和最佳优先策略三种。

（1）深度优先策略（见图 8—20）的目的是要达到被搜索结构的叶结点（即那些不包含任何超链接的 HTML 文件）。在深度优先策略中，当某 HTML 文件的一个超链接被选择后，被链接的 HTML 文件将执行深度优先采集，而在采集其余的超链接结果之前必须先完整地搜索单独的一条链，也就是沿着一个超链接方向爬行直到不能再深入为止，然后返回到另一个 HTML 文件，再继续选择其他超链接。当不再有其他超链接可选择时，就说明爬行结束。但显然，深度优先策略在很多情况下会导致网络爬虫的陷入问题，即机械地全深度遍历的盲目搜索。

（2）广度优先采集策略（如图 8—20），是指在抓取过程中，在完成当前层次的爬行后，才进行下一层次的抓取。该算法的设计和实现相对简单。就目前的应用情况来看，一般使用广度优先方法以覆盖尽可能多的网页。也有很多研究将广度优先搜索策略应用于聚焦爬虫中，其基本思想是认为与初始 URL 在一定链接距离内的网页具有主题相关性的概率很大。另外一种方法是将广度优先搜索与网页过滤技术结合使用，先用广度优先策略抓取网页，再将其中无关的网页过滤掉。这些方法的缺点在于，随着抓取网页的增多，大量的无关网页将被下载并过滤，算法的效率将变低。

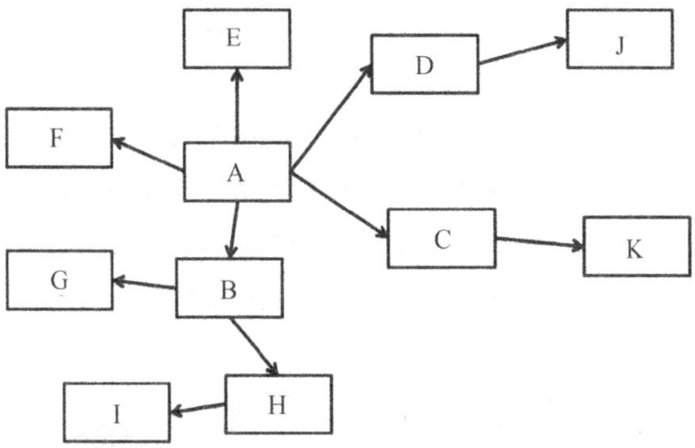

深度优先的抓取顺序为：A→D→J;......;B→H→I
广度优先的抓取顺序为：A→B.C.D.E.F→G.H.J.K→I

图 8—20　深度优先策略与广度优先策略

图片来源：作者自制。

（3）最佳优先采集策略，指按照一定的网页分析算法，预测候选 URL 与目标网页的相似度，或与主题的相关性，并选取评价最好的一个或几个 URL 进行抓取。它只访问经过网页分析算法预测为“有用”的网页。显然，它一个很大的缺点就是，在爬虫抓取路径上的很多相关网页可能被忽略掉。

由上可知，无论是深度优先、广度优先还是最佳优先，都难以应对大规模的网页信息采集，既不能保证采集到的网页质量，采集的效率也有待改良，因而在满足自动化网络舆情监测的需求上还有很大的改进空间。目前的一些自动化网络舆情信息采集系统多专注于通过对这些已有策略方法的改进，来自主研发网络信息采集系统。

2. 网络信息去噪

网络信息去噪主要指对采集到的 HTML 格式网页进行一系列无关内容剔除、编码转换等操作处理，并转换成文本文档格式以备后续的舆情分析所用。由于网页通常包含广告、版权信息和页面导航等大量噪声，我们首先要对下载到的网页进行噪声清除。就网络舆情信息而言，它们通常采自于新闻网站、博客、论坛和社交网站平台。从这些渠道采集到的 HTML 网页的结构不同，相应的预处理方法也有所不同。下面将分别以新闻网站、博客网页、论坛网页为例，介绍一些网页去噪应用实例。

1. 新闻和博客网页去噪

如图 8—21 所示，网页中红框框出的部分均为噪声信息。对于网络舆情信息采集来说，我们需要提取的内容主要涵盖：文本信息，主要是指一些文字类的正文信息等；链接提取，用于自动给页面的链接文本加上链接的标签；资源提取，主要是指一些图片、声音等资源。

图 8—21　新浪新闻包含的噪声

图片来源：新浪新闻。

一般而言，在该网页页面上点击右键可查看该网页的源文件或源代码。在源文件中，我们能看到大量标签、注释等，在这些标签中穿插着我们所需要的信息。对于这种网页中有效信息的提取，大致可以分为三步：

（1）对正文进行初步定位，以 div、span 等标签为基本单位对网页内容进行划分，一般“/”表示该节点内容的终止，我们利用 h 等或 title 和 data（content）为标记对正文内容进行大体定位。

（2）对网页正文内容进行定位后，内容块中仍存在噪声信息，通过 div 和 span 中的标签信息对噪声信息进行进一步过滤，将 align = center 的部分进行保留，其余的内容全部删除。通过这一方法可实现对边缘信息的去除。

（3）经过步骤 b 处理后的内容块仅含有少量的噪声信息，此时我们再根据内容块各部分之间的字符匹配来识别并去除含有的噪声信息，最后根据 <p> </p>（段落划分）和
 </br>（不创建新段落的情况下换行）标记对内容块进行段落划分，从而实现匹配提取。经过上述三个步骤之后，我们就能得到比较完整且结构清晰的网页正文信息。

对于新闻或博客网页来说，其正文通常都是成段的文字描述，中间通常不会加入大量的超链接。因而，通过对抓取到的网页 HTML 文件进行简单分析，就可以获取网页正文信息。舆情工作者需要做的，一方面是熟悉 HTML 各种代码的所指，另一方面就是要善于总结各种网站的代码语言特点。一般来说，同一个门户网站下的各个子链接页面的布局结构特点是一致的，而且多数网络媒体都遵循一种模式化的信息发布方式，这也为自动化网络舆情信息的采集创造了一些便利。

2. 论坛网页去噪

与新闻和博客网页不同，论坛网页通常由信息块组成，具有高度结构化的特征。基于这一特点，可以利用创建各种模板来进行结构化信息的提取。由于不同的论坛站点在结构上有较大的不同，所以对不同的论坛类别需设定不同的配置来满足通用性需求。首先，我们需要获取论坛主题页的结构。一般来说，不同的论坛列表页信息分布的位置、顺序不同。以天涯论坛为例，其论坛首页如图 8—22 所示。红框内的部分是舆情监测所需，其内容按照标题（即谈论的主题）、作者、点击量（即传播扩散程度）、回复量（即反馈影响情况）、回复时间（即更新情况）分栏显示。这种结构布局方便了我们根据不同的需求（主题监测、热敏点探知、特定人物追踪等）进行有针对性的舆情信息采集。

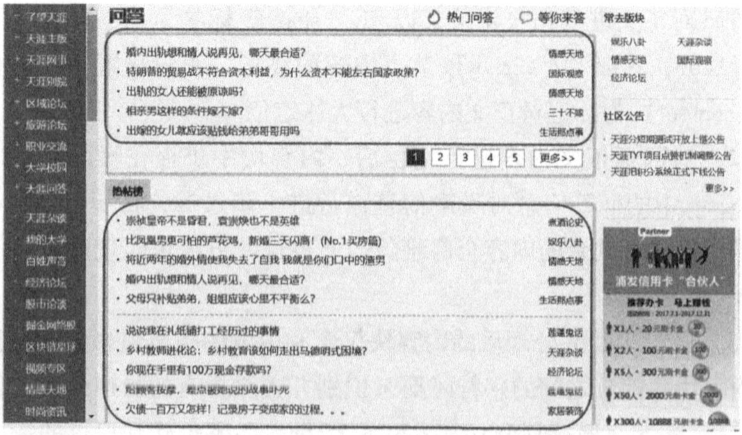

图 8—22 天涯论坛首页

图片来源：天涯论坛。

通过查看其源代码文件（如图 8—23），我们不难发现其代码使用规律（见图 8—23 中圈出的标记），依此便能提取所需要的信息，并对应进行存储。

图 8—23 天涯论坛首页的源代码

图片来源：天涯论坛。

3. 网络信息更新检测

网络信息内容更新频繁，为了保证网络舆情监测的实时性，使舆情用户能及时、准确地获得最新的舆情信息，采集系统应具备更快的更新速度。对于网络舆情信息的采集而言，更新检测即排重。采集系统若不具备排重功能，则会导致对已采集且未有任何更新的信息进行重复采集，从而降低系统的运行效率，更新检测正是为了避免这一反复操作的发生。以论坛为例，一个论坛的总体布局情况如图 8—24 所示。

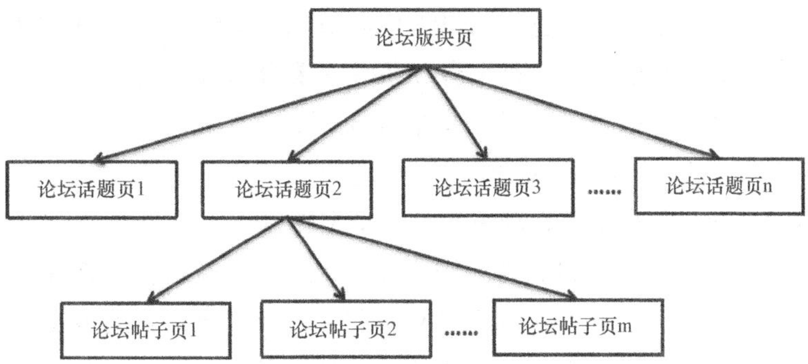

图 8—24　论坛的总体布局图

图片来源：作者自制。

其中，版块页面处于树结构的顶部，其数量最少，因此这类网页的更新不是很显著。话题页面处于树结构的中间层，数量不太少也不太多，但这类网页中的信息更新是论坛中最快的，往往新增一个话题或某一个话题新增一个回帖，就会导致整个页面信息的变化，这无疑给网络舆情信息的采集制造了难题。然而通过进一步观察各类论坛在内容布局上的设计，我们发现，为了方便用户浏览信息，论坛网站一般会在话题页面给出每个话题的最后回复时间、回复量等信息。这为帖子页面的更新检测提供了很好的指导信息，每次更新完话题页面后，我们可以通过提取到的话题信息中“回复”“更新时间”等属性是否发生变化，来判断是否需要对对应的帖子页面进行更新。在获知论坛中的一个话题有了更新后，爬虫程序可以提取到该话题对应帖子页面的链接，为了获取新发的帖子，通常需要从第一页开始深度遍历直到最后一页。然而，很多话题其帖子页面是非常多的，有的甚至达到好几千页。如果下载这几千个网页仅仅是为了取得最后一页的更新信息，对爬虫来说是非常低效的。针对这一问题，研究人员提出了多种解决方案，具体可参见杨鹏等的研究。①

（二）舆情信息自动采集平台与系统

由于网络舆情的需求不断提升，无论是舆情工作者还是普通网民，均希望能更高效地获取感兴趣的信息。这种需求也催生了各种网络信息自动采集平台和系统的开发，它们均以如何高效地、个性化地向用户提供网络信息为宗旨和推广热点。这类平台和系统主要分为两大类：一类是网络舆情信息采集系统；一类是 RSS 信息聚合推送平台。

1. 舆情信息自动采集类型

通常，网络舆情信息自动采集的类型主要包括：

（1）定题采集。就是指按照用户输入的信息主题内容，通过对应算法处理，在网络上搜索与主题相关的 Web 信息。此处所提到的主题，并不局限于用户所指定的关键词，也可能是与该主题密切相关的其他代表性文本。不同的网络舆情信息采集系统会采用不同的策略来解决主题相关性、同义词等问题。例如，对于主题“两会热点”，其对应的关键词列表可能包括“全国人民代表大会、中国人民政治协商会议、人大、政协会议、社会保障、环境保护、贪污腐败”等。可以说，定题采集提高了资源的利用率，节约了采集费用，有利于为用户提供内容更具有针对性的个性化服务，因而也更能够准确地满足用户需求。

（2）定向采集。就是可以针对用户指定的站点来源进行信息采集。它强调的是来源划分，甚至包括地理区间划分，因而它实现了将采集范围进一步缩小的功能，适合于针对特定信息源的网络舆情监测工作。

（3）境外采集。由于部分站点我们通过正常的方式无法访问和获取信息，一些网络信息采集系统就内嵌了网络隧道等技术插件，以实现对这些屏蔽站点的实时访问。这就进一步满足了网络舆情监测对信息的全面采集需求，尤其是对境外舆情工作而言，这一点十分重要。当然，在这一过程中，安全问题是应该始终注重的。目前，各自动化网络舆情信息采集系统

① 杨鹏：《网络论坛信息采集技术的研究及应用》，昆明理工大学出版社 2014 年版。蔡欣宝、郭若飞、赵朋朋、崔志明：“Web 论坛数据源增量爬虫的研究”，《计算机工程》2010 年第 9 期，第 285—287 页。

在设计时也意识到这一点，不仅是访问敏感站点可能受阻，在采集过程中频繁地对某一站点进行信息采集也会遭到对方的屏蔽，因而需要考虑采用各种反屏蔽技术（包括降低频率、使用代理 IP 等），以保障实时信息采集的顺利进行。

2. RSS 信息自动推送平台

RSS 是英文 Rich Site Summary（丰富站点摘要）、Really Simple Syndication（真正简单的整合）或是 RDF Site Summary（RDF 站点摘要，RDF 是一种语义网技术）的首字母缩写。之所以会出现多个缩写源头版本，是因为其在技术上有多个不同的源头，因而不同的技术团体对其做出了不同的解释。无论 RSS 如何定义，其内涵基本是一致的，也就是一种用于共享新闻标题和其他 Web 内容的简单 XML 格式，是一种能按照使用者的要求将其预定的信息摘要推送到使用者桌面的信息推送技术。更准确地说，RSS 是一种“轻量级、多用途、可扩展的元数据描述及联合推广格式”，它为信息迅速、选择性的自动式获取搭建了一个平台，能够用于共享各种各样的信息，包括新闻、博客、Wiki、Web 站点更新、特色内容集合、电子商务等。RSS 技术诞生于 1999 年的网景公司（Netscape），并随着 XML 技术的发展和博客群体的快速增长，逐渐被人们广泛接受，现在已经成为新闻传媒、电子商务、企业知识管理等众多领域不可缺少的新技术，同时也可以为网络舆情监测提供很好的服务。与传统的信息获取方式相比，RSS 在技术方面具有几个突出的特点：

（1）来源多样的个性化“聚合”特性。RSS 是一种被广泛采用的内容包装定义格式，适用于各种信息源。例如，几乎所有的博客网站都支持 RSS，绝大多数新闻和门户网站也都提供 RSS 频道定制，此外其还广泛应用于政府、企业电子商务网站以及各类电子书刊等。在 RSS 模式下，作为信息接受者的用户，只需依据自己的爱好，将自己感兴趣的信息内容的 RSS Feed 添加到 RSS 阅读器中，就可以将各种不同的信息源聚合到 RSS 阅读器中。用户只需访问本人定制的聚合站点或者打开 RSS 阅读器，而无需逐个搜索，便可即时读取到自己订制的信息。尤其是对于信息来源广、内容多元的舆情信息采集来说，RSS 技术为我们提供了多来源信息的“一站式”个性化信息服务。

（2）主动及时的信息推送特性。与搜索引擎工具不同，RSS 阅读器可以根据用户的设置，定时完成与信息源站点的同步。例如，若设定为 10 分钟更新一次，则阅读器在上次更新后的第 10 分钟将自动进行更新检测，一旦发现站点有更新，即把更新后的摘要信息下载到客户端，并提示用户，而无需用户自行点击。也就是说，RSS 技术的本质是“推送”信息，能直接将更新的信息即时主动地推送给用户，使用户不必直接访问网站就能得到更新的内容，极大地提高了信息的时效性和价值。同时，用户通过 RSS 阅读器与信息源同步的只是元数据，数据量比较小，不像搜索引擎一样每点击查询一次就需从头重新计算一次，因而 RSS 的同步效率较高。RSS 所提供的内容一般也仅是题目和摘要，用户通过阅读摘要，再确定是否阅读详细信息。这种方式比传统的网页下载速度更快，信息获取的效率也得到大大提高。

（3）无“垃圾”模式的信息获取。RSS 用户端阅读器软件的特点是完全由用户根据自身喜好以“频道”的形式订阅值得信任的内容来源，如“凤凰论坛的锵锵杂谈”“红网百姓呼声”“人民网舆情频道”等。RSS 阅读器软件完全屏蔽掉其他所有用户没有订阅的内容以及弹出的广告、垃圾邮件等令人困扰的内容，从而有效减少了无关信息以及大众搜索引擎受商业利益左右的排序干扰。

（4）便利的本地内容管理特性。RSS 阅读器不仅提供在线阅读，同时对于已下载到阅读器软件本地的订阅内容，用户可进行离线阅读、存档保留、分组归类、添加标签、搜索排序、分享等多种管理操作。这使得阅读器软件不仅是一个阅读器，更是一个强大的信息管理库，这就为网络舆情信息的处理与分析创造了很大的便利。

目前网络上有三种常用免费的 RSS 阅读器，用户可以依据每种阅读器的特点、自己的使用环境和使用偏好进行选择，它们是：

（1）在线阅读器。对于这类 RSS 阅读器，用户不需要另外安装软件，在线直接申请注册账号就可以登录和阅读，因而它不需要消耗客户端的资源，运行的速度较快，且满足了用户在任何地方都可以通过登录账号阅读信息的需求。

（2）桌面阅读器。国外的桌面阅读器主要有 FeedDemon、SharpReader

和 RSSReader，国内主要有看天下、新浪点点通、周博通等。用户将这类软件下载并安装在指定的计算机上使用，订制的信息也只能在本机上阅读，可以离线阅读最近一次更新的信息。用户可利用对这类阅读器拥有较高的控制权管理所订制的信息。

（3）插件式阅读器。Opera Web Browser、Firefox、Internet Explorer 等浏览器安装插件后支持 RSS 阅读管理功能。这种 RSS 阅读管理功能比较简单，节省系统资源，在浏览网页的同时可收集 RSSFeed，但不能对 RSS 订制的信息进行复杂的管理。

尽管原有红极一时的 Google Reader、抓虾、鲜果等均先后关闭了 RSS 功能，但这并不是因为 RSS 无法满足网络信息聚合的需求，而仅是出于商业利益的考虑，是运营公司成本利益衡量的结果。因此，RSS 技术及平台依旧可应用到网络舆情信息的采集中来。

3. 舆情信息采集系统

网络信息呈急速膨胀态势，对其的充分、有效利用面临挑战。一方面，信息数量巨大；另一方面，信息的动态性、多构性、广域性也严重阻碍了人们对信息的管理和使用。传统的搜索引擎等方法所返回的信息命中率不高，而且数据太多，难于维护，故而难以满足用户的信息需求。RSS 阅读器也在自主性和个性化上还有很大局限性。因此，为了迎接海量网络信息给人们提出的巨大挑战，优化网络信息服务，提高信息利用率，国内外学者开始通过研发一项新的技术——Web 信息抓取技术来开发各种自动化的网络舆情信息采集系统。这些系统通常可以对互联网上某些或某类站点进行内容分析和分类整理，从网页中提取有效数据加工，得到所需要的该领域绝大部分的数据。因为这种信息抓取技术往往针对某一具体的主题抓取信息，从而能达到缩小信息采集范围、降低信息容量、减少系统开销和提高数据更新率的目的。这种信息抓取系统，可以为用户提供一步到位的信息再整理过程，实现海量信息从无序化到有序化的转变，因而可广泛用于情报搜集、信息监测、行情跟踪、动态信息实时抓取更新等。因此，该技术是当前各种网络舆情监测软件或平台开发团队重点攻破的课题，也是它们的一个主打宣传点。因为 Web 信息抓取的效率如何，将直接影响到自动化舆情监测、分析的效果。

目前，我国国内典型的网络舆情信息自动采集系统包括：谷尼国际互联网舆情监控系统、中科军犬网络舆情监测系统、中科天玑网络舆情监测系统、北京红麦聚信红麦网络舆情监测系统、北京西盈网络舆情监测分析系统、北大方正智思网络舆情监控系统、北京拓尔思网络舆情监控系统等。对于这些系统来说，网络舆情信息采集系统是其不可缺少的一个子部分。

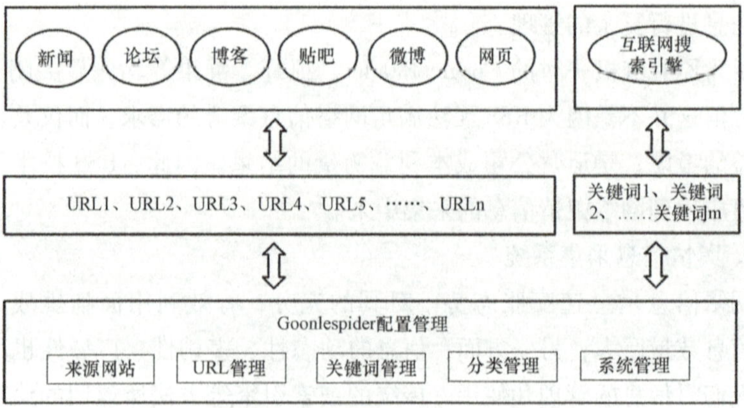

图 8—25 谷尼网络舆情信息采集系统结构图

图片来源：谷尼国际互联网舆情监控系统。

(1) 谷尼网络舆情信息采集系统。谷尼网络舆情监控系统（www. goonie. cn）以信息采集技术为核心，可实现互联网信息实时监测、采集、内容提取及排重。其采集系统结构如图 8—25 所示，一方面它支持通过主题、关键词设定等的定题采集，另一方面也支持通过特定站点进行 URL 爬行和信息抓取的定点采集。谷尼信息采集系统的操作界面如图 8—26 所示，其中任务名称也就是监控主题名称，最终也将作为生成的舆情报告的名称，如钓鱼岛事件、北京敏感舆情等。在信息来源一栏，用户可根据需要勾选新闻、论坛、博客、贴吧、网页、微博等。搜索条件则类似于使用百度搜索时输入的搜索条件，该软件可设置同时搜索多个搜索条件，多个条件使用“#”隔开，如对于主题“北京敏感舆情”可搜索“北京拆迁#北京警察#北京事件”等多个相关关键词。正文匹配词用于匹配搜索结果，通常选取一个最具代表性的词填入，如搜索“北京拆迁#北京警察#北京事件”，正文匹配词应为“北京”，以保证更高的准确性。对于指定站点采集，用户可通过点击网址库进行修改，可增加也可删减指定的多个站点。默认情况下是中央媒体、重点商业网站、主流社区、主流视频网站等。设置完成后，用户点击“启动”便可开始采集，通常一次采集任务在几分钟内即可完成。

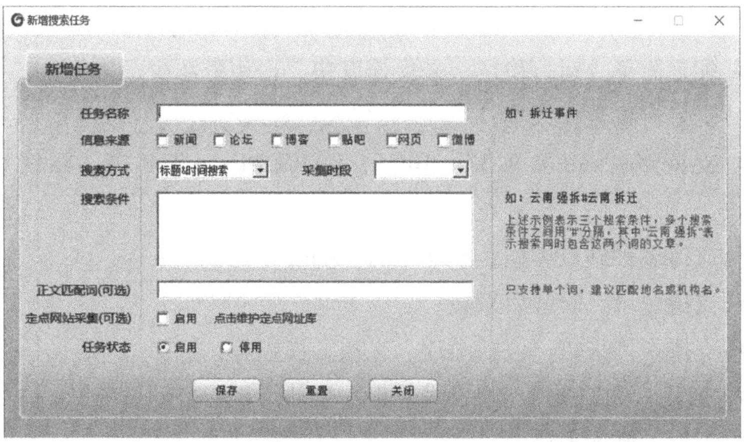

图8—26　谷尼网络舆情信息采集系统操作界面

图片来源：谷尼国际互联网舆情监控系统。

（2）天玑网络舆情信息采集系统。天玑网络舆情监控系统（www.golaxy.cn）的网络舆情信息采集子系统也可实现实时、定向采集互联网新闻、论坛、博客、微博等通道的信息。同谷尼系统一样，任务名称一栏即监控主题，对于该主题还可以通过主题规则窗口进行进一步的设置，包括采集源范围的设定。对于采集源，系统提供媒体分类、舆情分类、通道分类等分类方式，用户也可以自行设定，或选默认值（即全部采集源）进行全网全源采集。而对于主题对应的关键词，该系统支持多重设定，并通过逻辑语法实现组间关系。另外，因为是自动化采集系统，因而用户可以通过监控周期来限定自动采集的时间，在监控周期内系统将不间断自动采集相关信息，一旦超过监控周期的截止时间则会停止自动采集工作。另外，天玑系统还支持共享，因而也为联合舆情工作提供了一定支持。

(3) 军犬网络舆情信息采集系统。军犬网络舆情监控系统（www.junquan.com.cn）与天玑系统都是中科院旗下公司开发的产品。军犬网络舆情信息采集系统采用的是内置站点 + 元搜索的采集方式，该系统内部置有1.8万个站点，另外包括10多个主流搜索引擎，这其中就包括一部分境外涉敏网站和境外搜索引擎。军犬网络舆情采集系统的功能特点主要包括：

- 配置简单、运行稳定、采集速度快、占用资源少；
- 支持海量数据采集；
- 支持多种编码：GBK、BIG5、UNICODE、UTF8 等，系统可自动转换；
- 支持多种站点类型：html、rss、ajax；
- 支持登录、验证后采集；
- 支持附件采集，包括图片、文档、视频等；
- 支持并发式采集、增量式采集，自动排重与自动更新；
- 支持关键词采集；
- 完全结构化抽取、数据保存到本地。

与此配套的是系统对多语种舆情信息的监测功能，所监测的语种包括中、英、法、西、俄、朝、日和各种少数民族语言（包括藏文、维文、蒙文、彝文、朝鲜文等）。因此，军犬系统在有效监测境外网络舆情信息上具有一定的优势。

(4) 拓尔思（TRS）网络信息雷达系统。TRS 网络信息雷达系统（www.trs.com.cn）的主要功能是实时采集目标网站的内容，对采集到的信息进行过滤和自动分类处理，最终将最新内容及时发布出来，实现统一的信息导航功能，同时提供包括全文检索、日期（范围）检索、标题检索、URL 检索等在内的全方位信息查询手段。其采集结果显示，功能特点主要包括：

- 支持自定义线程数量、采集时间间隔；
- 支持自动分类、自动排重、自动摘要、网页快照等；

- 支持多种格式的信息采集，包括：HTML、JS、XML、CSS、IMAGE、WORD、PDF、EXCEL、PPT、DAT、EXE、ISO、ZIP 等；
- 支持自定义存储，且可按用户需求存储为 TRS 格式文件或 ZIP 包。

（5）红麦网络舆情信息采集系统。除军犬舆情信息采集系统外，另一个具有多语种舆情信息采集功能的系统是红麦网络舆情监控系统（www. soften. cn），该系统的一个突出优势是网络舆情信息采集子系统采用自主研发的网络爬虫系统与内置站点、元搜索引擎相结合的方式，内置站点和搜索引擎数量多，且可实现网站（包括外媒网站）改版的自动更新，但它所支持的语种数量较军犬要少。

（6）西盈网络舆情信息采集系统。西盈网络舆情监测系统（www. softxy. com）的网络信息雷达系统通过定向采集与全网搜索相结合的方式，从互联网采集新闻、论坛、博客、评论等舆情信息，并将这些信息存储至数据库中。该系统采用爬抓和抽取入库异步运行的模式，因而比较合理地利用了系统资源，可实现分布式平行扩展。同时，其由于内嵌了国内各大搜索引擎，不仅能实现简单的新闻、网页的采集，还包括论坛、贴吧、社区、微博等个性化采集，具备采集论坛跟帖、翻页采集和实时更新的功能。

五、舆情信息的预处理

无论是人工的网络舆情信息搜集还是自动化的网络舆情信息采集，所搜集到的信息最终均应经过一定的预处理才能应用于后续的分析和研判。这些预处理工作主要包括：筛选、分类、汇总。

（一）网络舆情信息筛选

舆情信息筛选工作一方面包括遵循舆情信息搜集原则进行再度筛查，看是否有过时、不相关的情况；另一方面，采集过程中关键词的设定以及搜索范围的设定，可能导致文不对题、重复采集、歧义采集等情况，这些内容均应进行删除处理。

（二）网络舆情信息分类

通常，若是同时针对多个舆情选题开展信息搜集，则需在预处理阶段对所采集到的舆情信息按照主题（选题）进行分类存储，以便开展专题分析。此外，若是针对单个选题开展信息搜集，则根据分析需求可进行各种次分类整理，如按照信息源分类、时间段分类、地域分类等，以便进行分类统计与分析。

（三）网络舆情信息汇总

网络舆情信息汇总即把经过初步筛选和分类的信息进行存储和归档。根据后续舆情分析的需求，这些舆情信息通常以 txt 的格式储存，此外还包括对所存储的信息进行适当的标签设置，所设置的标签越细致具体，越方便检索和归档管理。

模块三　网络舆情分析研判

在信息化高度发达的今天，日益丰富的网络文化生活使舆情多元、多变的特征日益凸显，在热点事件发生后，群众越来越喜欢通过网络途径去了解事件、探知真相。同时，网络的隐匿性和开放性也促使媒体及民众针对关注的事件进行融入个人观点的支持或反对、理性或感性的评论。而当一种评论得到大部分认同后，这种评论趋势甚至可以对事件的发展产生重大的影响。因而，党政机构的决策、社会安全稳定的维护、企业经营模式的调整等，均对网络舆情监测与导控提出了迫切的需求。对于舆情用户而言，正面的舆情有助于引导方向，负面的舆情则有助于修正方向，归根结底都能为科学决策提供可靠的依据。

需求牵引发展，于是一种新兴职业——网络舆情分析师于 2013 年开始走进公众视野，成为一门朝阳职业。这一新兴职业群体就是专门为政府、企业或个人提供专业的网络舆情分析、预测舆情走势、提供网络舆情处理意见的专业网络舆情管理人员。其所承担的工作任务就是利用科学的方法、数据化工具与技术对被采集到的舆情信息进行抽样、分类、分析，并做出一个全面、综合的评价，最后在准确把握真实情况的基础上进行趋势预测，形成舆情分析报告，提出合理化建议。这种新的工作任务对舆情分析人员提出了新的能力素质要求（参见本书第三章），它要求舆情分析人员要有全面的、联系的、发展的、辩证的眼光，能对庞大、散乱无序的网络信息数据进行聚集，探索舆情未来发展趋势，并能针对某一时段的特定网络舆情进行科学、综合的分析，进而提供合理的依据和建议。因此，相对于一般的网络报道、网民评论来说，舆情工作者的责任意识要更强，服务的针对性要更强，实用性也要更强，不仅能够真实反映客观事物的真实面目，为决策者提供更为客观、准确的舆情信息，还要能帮用户提供导控的策略建议。所以，网络舆情分析并不是一个很简单的工作，也不是一个完全界限分明、孤立的模块，在网络舆情信息的搜集、整理、筛选、归类、分析、编报、预警等诸多环节，都有网络舆情分析的因素存在。因此，应强化网络舆情分析意识，提高网络舆情分析能力，注重提高网络舆情信息工作的整体水平。

一堆杂乱无章的信息是不可能主动产生情报价值的，这就需要我们对这些信息进行进一步科学、合理的分析与研判，它是整个网络舆情工作的重要环节之一，网络舆情分析的好与坏将直接关系到网络舆情工作的好与坏。

一、网络舆情的初步判别

初步判别是网络舆情分析研判工作的第一环节，主要是由网络舆情分析人员对刚刚接触到的网络舆情信息进行最初的鉴别、判断和选择，并决定下一步该如何处置。对于网络舆情工作而言，一个完整而灵敏的舆情监控工作体系不仅是网络舆情采集的生命线，也是舆情分析的重要依托。这个体系就像一棵大树，我们从每一片叶子处汇集到各种舆情信息，经过深入的分析研判后再作为营养素输送给用户决策。在这棵大树上，每一个枝桠甚至是每一片叶子都承担着最初鉴别舆情信息的职责。处在最前端的舆情工作者，每天都面对大量纷繁复杂的网络信息，到底哪条信息是舆情、舆情信息是否真实、舆情信息的价值如何、时效性如何、该归入哪一类别等问题都要进行初步的分析和选择。网络舆情信息的初步判别看似简单，实则涉及的问题较多，它是网络舆情分析的第一道关卡，是网络舆情工作的基础，若网络舆情初步判别出现错误，将直接影响网络舆情的整体工作。

网络舆情初步判别的主要任务包括相关性判别、真伪判别、分类判别，经过初步判别后所获得的网络舆情信息我们称之为有用、可靠、有序的信息。

（一）相关性判别

相关性判别是指分析接触到的信息是否属于舆情信息、是否具有决策参考价值。在本书第一章的网络舆情基本概念中，我们曾对网络舆情的定义进行了论述，指出网络舆情信息不仅包括传统意义上的直接表达某种情感、态度的信息，也包括一些间接折射、体现潜在态度、情感，甚至是某些意见建议性的信息。就这一点而言，网络舆情分析中的相关性判别需要分两种情况来看：

（1）判别所接触到的信息是否是舆情信息。所谓判别其是否是舆情信息，主要是考察其是否蕴含着某种看法、意见或动向。例如，对于外媒涉我国总理出访拉美的舆情分析任务，诸如介绍巴西政治体制、拉美风土人情等的网络信息，由于只是对客观事物或环境的描述或介绍，而并未有过多的主观评价或情感因素，因此不纳入此次舆情任务的分析范畴。同样，若舆情用户想了解网民对人大硕士雷洋一案的态度，则诸如人民大学硕士生招收计划等客观数据类信息便不包含与本案相关的主观情感或态度，同样不纳入分析范畴。若用户想了解和掌握民众对某一项新的法律法规的看法，则诸如对该法律的解读、评价等反映民众主观认知的信息显然应纳入到分析范畴中。

（2）判别所接触到的信息是否是所需的舆情信息。所谓所需，即与特定舆情监测分析任务直接相关，对用户解决特定问题提供一定的参考借鉴依据。例如，对于外媒涉解放军参加红场阅兵的舆情任务，诸如由中国驻俄大使发表的《中国参加红场阅兵意义重大》的信息，尽管该信息反映出明显的情感倾向和评价意见，但由于其舆情参与主体（即态度的持有者）是中国驻俄大使，而并非此处所关注的外媒，因而并不需要纳入到本次监测分析任务中来。而诸如由美国媒体发布的《中国参加红场阅兵：不仅仅是阅兵》的文章，既反映主观情感态度，又属于外国媒体范畴，因而应该将其保留作为后续分析的样本。同样，对于魏则西事件中“莆田系”问题的网络舆情分析任务，诸如由新华社《瞭望东方周刊》于2006年11月16日发表的文章《福建莆田游医黑幕：掌控80%中国民营医院》的文章，由于其发表时间早于事件发生时间（魏则西事件发生于 2016 年 4 月），因而该信息并不是魏则西事件对“莆田系”的舆情，因而并不应纳入到本次舆情分析任务中。

（二）真伪判别

由于互联网的开放性和匿名性，论坛、博客、新闻跟帖等网络媒体平台中的信息，有时并不代表网民的普遍意见。例如，某些民间组织出于盈利目的而推出所谓“某某排行榜”“重大发现”等；某些网民通过频繁更换 ID 来炒作、推销自我的观点；一些网站为了吸引眼球，刻意突出反常事件，人为制造热点；另外，还有一些别有用心的人利用网络散布虚假信息，企图左右舆论等。对于这类信息，如果一概收纳、不加判别随意处理，极可能会误导有关部门，产生不良影响。因此在初步判别阶段，舆情工作者就要把好关，对信息的真假进行有效的甄别。

所谓真伪判别，即分析信息本身的真与假。这一原则在舆情工作中具有一定的灵活性。对于一般情况而言，信息的真实与否能产生不一样的价值，对侧重获得参考借鉴的舆情监测工作而言，信息的真实性很重要，虚假的信息不仅不利于用户掌握真实的情况和为决策提供有效启示，甚至有时会造成误导和歪曲，从而带来不利的影响。然而，从舆论引导和危机应对的角度来看，非真实的舆情信息往往更具有敏感性、突发性，诸如抢盐事件、地震事件等，都是由网络谣言等非真实舆情信息引爆的。因此，从这一角度出发，信息的真实性越低，其敏感度越高。

对于信息真假的研判主要包括两方面：一是判断舆情本身的真实性，包括信息中所涉及的事物是否是客观存在的，信息中各要素间的关联是否是真实的；二是判断其典型性和代表性。对信息真假的研判，是初步分析中难度最大的一项，要求舆情工作者要不断提高政治鉴别能力和对社会情况的深入了解，还要掌握一些专门的知识和技巧。具体的分析方法主要有四种：来源检验法、背景检验法、查重检验法、专业检验法。

1. 来源检验法

来源检验法即从舆情信息的来源是否科学可靠来判断信息的真实性，包括对信息载体、信息作者等的权威性、可靠性的鉴别。例如，舆情信息是否是境外反动网站或经常性发布虚假信息的媒体发布的；舆情信息是道听途说还是经过认真调查得来的；若是经过调查的结果，则调查方法是否科学合理、调查者是否是带有某种目的性或倾向性，被调查者的选取是否具有代表性和普遍性等。这些都影响着网络舆情的真实性。搜视（Storyful）的创始人利特尔在论及信息的真伪判别时曾指出，我们应当问问消息来源以下几个问题：你能否接触到消息的最初来源？你能否确认可视化信息（照片或视频拍摄）的地点？能否将其对应到谷歌地图上的地标？街道是否与谷歌街景地图上的照片相似？信息中的天气是否与天气预报中当天的天气类似？信息首次出现在什么网站上？上述问题对于舆情信息的真实性判别同样是有效的。

以2014年发生的向南夫案件为例。境外网站"爆料人"向南夫先后捏造了"人权日大量访民聚集联合国驻华机构门前""上海访民状告卫生局""武汉访民被关黑监狱一百天""武警进青海藏区武力维稳"等大量谣言、不实文章和图片，并借此疯狂敛财骗色。在这里，我们暂且不论所发布信息本身如何辨别真伪的问题，仅从信息的来源入手即可发现在真伪性上的漏洞。一方面，"爆料"信息发布的网络载体博讯网是一家长期编造虚假信息、谣言信息的反动网站，我们通过浏览其历史信息、了解其信息发布风格即可把握这一点；另一方面，信息的发布人向南夫是一名初中文化水平的无业游民，而并非专业的记者或新闻工作者，且有多次犯罪记录并曾因盗窃判刑九年。因而，从信息的来源来看，上述信息的真实性就得不到有效的保障。

2. 背景检验法

背景检验法是指用舆情信息相关的已知正确背景知识来验证舆情信息的真假。这些背景知识包括：

（1）语言特点。例如，在一些所谓"爆料"视频信息中，自称是遭到政府部门欺压的某内地农民工却操着浓浓的港台腔调，自称是CNN驻华记者却连英文都说不通顺等，这些无疑都暴露出虚假伪装的痕迹。

（2）着装特点。例如，反动势力将其他国家警察镇压示威民众的图片栽赃给我国警察部门时，便可通过图中人物的着装识别出此信息为张冠李戴。

（3）人物关系。例如，在2012年中石化"天价秘书"一案中，被公布的两位秘书实则并无此人。

（4）其他背景环境。例如天气因素、地理环境等。

例如，2015年6月20日（当日恰好为端午节），有人在网络上发布视频称，长沙某化工厂发生爆炸，导致数人死亡。对于此视频，我们可以从以上背景知识进行真伪的检验。首先，我们通过百度查询到长沙的天气情况，发现端午期间长沙为强降雨并伴有雷电的天气，这与视频中干燥的天气并不相符。其次，我们观察到视频中现场所停车辆车牌号均为“苏A”。此外，通过辨别视频中说话者的口音发现并非为长沙本地口音。结合上述因素，我们初步判断视频所反映事故的事发地可能并非长沙而是南京。通过百度搜索“南京化工厂爆炸”相关信息，在众多报道中果然查找到完全一样的视频信息。由此判断，此内容系2010年南京化工厂大爆炸的“旧事重发”“张冠李戴”。

因此，背景检验法就是将信息发布者所要表达的意图同一些客观现实的因素进行比对，从中发现一些冲突、不相符的情况，以此来判断信息的真实程度。

3. 查重检验法

网络世界的虚假信息层出不穷，造谣者利用网民群体的“热心肠”、跟风等心理，或单纯地为了取乐，或为了增加自身的关注度，或为了企业营销，或为了非法牟利、造谣诈骗故意捏造各种信息。对于这类信息，大部分网友因对其恶性后果认识不到位而通常不加思辨即转发，从而成为他人牟利的免费劳动力。实际上，网络世界既给谣言的滋生提供了温床，同样给谣言的破解提供了秘方，可利用网络世界无所不包的特征通过查重来实现真伪的判别。

例如，曾经在微信朋友圈广泛传播的“郑春蓉找孩子”信息。信息称，“今天上午一个三岁多的小女孩在四惠怡馨家园小区附近被人拐走了，小女孩能准确说出她爸爸的手机号码，从监控上看是被一个四十多岁的男人抱走了，现大人都急疯了，有知情者请告知，万分感谢！联系人郑春蓉13919597919”。为了检验该信息的真伪性，我们在百度搜索中输入“郑春蓉13919597919”，结果发现多条与此高度类同的信息，分别于不同年份出现在哈尔滨、无锡、旅顺、滨州等不同省份、城市，除此之外，其他细节均完全一致。同一个孩子分别在某一个不确定的“今天上午”在不同的城市走失，这显然是不合逻辑的。同样，对于诸如抢孩子、禽流感等容易引发恐慌的谣言信息，也可以通过网络查重的方法来辨别真伪。

4. 专业检验法

专业检验法指在无法通过一些常识或背景信息对信息的真实性做出判断的情况下，借助一些更专业的知识或技术来证实舆情信息的合理性。例如，抢盐事件中有关碘盐可以防辐射的流言、禽流感事件中有关人人传染导致疫情爆发的恐慌、PX 事件中有关 PX 剧毒致癌的高危性信息等，这些信息因直接关系到老百姓的生命安全而格外受到关注，也极易引起恐慌。而对于这些信息的验证，只有专业的人员才能给出合理的解释。

首先，在判别一些舆情所指问题的科学性时，我们需要借助领域专家的科学实验和论证来进行判别，尤其是在食品安全、医疗卫生、环境污染等方面。

其次，在判别一些图片、视频的真实性时，我们需要专业的图像分析工具，对图像信息是否是原始图片、是否经过了软件处理和篡改等做出专业的判断。常用的手段包括：（1）直觉判断，即查看图片布局等是否协调、是否符合逻辑、是否在色调上有突变等；（2）查看源代码，即以记事本的方式查看图片的源代码信息，看代码中是否包含“Photoshop”等信息；（3）查看属性，即直接点击右键查看图片的高级属性，用相机拍摄的原始照片，其属性中通常会包含相机的品牌、型号以及拍摄日期等信息。

在图片真伪判别上，我们通常会使用到以下工具：

（1）FotoForensics，这是一款通过查看照片压缩级别来判断是否被修改过的免费工具，通过该软件提供的 Error Level Analysis，可将图像被编辑过的部分显示出来。此外，通过该软件的“Find similar pictures using public image search engines”，还可以帮助用户追踪到该图片及相似图片的使用历史，而这些使用历史之间能实现相互的印证以最终帮助用户明辨真伪。

（2）JPEGsnoop，是一款用来分析 JPEG 文件结构和照片原始性的免费工具，它对照片的分析结果主要分为四个等级，其中第一级为确定非原图，第二级为可能为非原图，第三级为确定原图，第四级为无法判断。

（3）Magicexif，是一款检测照片是否为数码相机原图的免费工具，通过该软件可查看图片的原始信息。

（4）Wolfram Alpha，该工具实际上是一个智能问答平台，在图片真伪判别中，主要通过对比影像中天气状况与历史上的气象记录来检测照片的真伪。

（三）分类判别

所谓分类判别，就是要分析舆情信息应归入哪一个类别。首先，在长期的网络舆情工作中，我们需要对不同的舆情主题进行分类划分，以明确该类舆情是面向哪类工作、哪类部门的，从而有助于提升舆情服务的针对性，实现舆情的“分类保障”。根据分类依据的不同，主要分为按内容分类、按产生过程分类、按表露方式分类、按地域分类和按层次分类五种。

1. 按内容分类

按内容分类，指从网络舆情所涉及和影响的领域来看，将网络舆情信息分为：（1）政治类舆情，这类舆情主要表达主体的政治态度，特别是对重大政治性事件或问题的情感、态度和行为倾向；（2）经济类舆情，这类舆情主要反映主体对于经济领域问题，特别是重大经济政策、经济现象和经济事件的情感、态度和行为倾向；（3）文化类舆情，这类舆情主要反映主体对于文化领域，特别是某些文化活动或现象的情感、态度和行为倾向；（4）社会类舆情，这类舆情主要反映主体对于社会生活，特别是一些重要的社会现象与问题的情感、态度和行为倾向；（5）综合类舆情，某些舆情是对经济、政治、文化和社会等问题的一种综合反映。

2. 按产生过程分类

按产生过程分类，主要是区分该舆情的形成是主体的一种自觉、主动的表达，还是受到他人的诱导所形成的，因而可以分为自发性舆情和引发式舆情。自发性舆情就是舆情主体没有受到任何组织、机构、团体刻意引导的舆情。而引发式舆情，主要是指通过某些组织、机构或团体的组织策划而引导舆情主体形成并表露的舆情。根据引发方目的的不同，后者又可分为积极的引发式舆情（即相关部门或机构因工作而需要通过合理、科学的调查、访问引发的舆情，即我们通常意义上的民意调查）和消极的诱导式舆情（即出于某种政治图谋或商业利益，通过一些恶意歪曲、渗透等手段诱发网民产生的一些极端的、不良的、歪曲的认识、看法或情绪）。从当前我国网络舆情发展的情况来看，大部分网络舆情都属于自发性舆情，但值得警醒的是，后者（尤其是消极的诱导式舆情）也正在呈不断上升的趋势，而其所具有的危害性是不难预见的。

3. 按表露方式分类

按表露的方式可将网络舆情区分为显性舆情和隐性舆情。显性舆情主要通过一些意见性的信息传递，这些意见性信息的最大特点是包含明显的情感词或评价性词语，如“喜大普奔”“顶”“赞同”“谴责”“深恶痛绝”等，当然也包括对页面上“点赞”“顶”等操作符的点击。而隐性舆情通常隐含在一些事实性的描述信息中。这些信息虽然没有直接呈现出某种主观意见，但实际上，对一个事件报道与不报道都隐藏着信息发布主体的一种舆情。例如，在“3・01”昆明暴恐事件发生之后，某些国家的媒体开始铺天盖地地报道这一事件，这就表明这些国家对此事件是高度关注的；而另外一些国家可能无任何相关报道或者报道很少，则表明这些国家对这一事件关注度很低，这就是一种舆情。这是对一个现象、一个问题有没有相关信息、相关信息多还是不多，以及相关信息集中在哪些时间段发布等所体现出来的舆情。与此同时，在同样对昆明暴恐事件给予高度关注的境外媒体中，有些媒体可能将关注点集中在恐怖分子如何凶残上，而有些媒体则可能在报道上玩一些文字游戏企图混淆视听，这些均是舆情，也是舆情主体主观态度、意见及行为倾向的充分体现。也就是说，即使这些信息中不包含任何情感词和评价词的使用，甚至于根本没有任何相关信息，这些都是舆情的一种间接体现，属于隐性舆情，而这一部分也是在实际的舆情监测中最难把握的部分，需要业务人员有较强的感知和分析能力。

4. 按地域分类

根据关涉地域的不同，我们可以将网络舆情分为境内舆情和境外舆情。所谓境内舆情，就是在境内的网络上发布、传播的舆情。境内网络舆情的监测主要服务于民意调查、安全维稳工作。其中，对于一些地方政府部门来说，它们所关注的网络舆情可能地域更狭窄，或仅限于本省、本县等。因此，在境内网络舆情中又可以细分为地方舆情，如北京市网络舆情、河南省网络舆情等。所谓境外网络舆情，一般是指境外网络上反映出来的媒体和网民的情感、态度和行为倾向等。它不仅局限于境外涉华舆情信息，还包括反映我所关注的关键国家动态的各种舆情信息。基于当前互联网的这种跨时空传播形式，舆情的产生和表达不再受到地域的限制，境外网络舆情与境内网络舆情之间原有的较为独立的状态已经被打破，二者相互交织、相互影响。

5. 按层次分类

按不同的层次，我们将网络舆情分为个体舆情和整体舆情。这种划分应从两个角度来理解：第一个是从舆情的参与主体角度而言，每一个独立的行为体可以视为一个个体，例如某一个网民（“爱哭的小猫”）、某一家媒体（《纽约时报》）对某一个问题的情感、态度和行为倾向等。相对而言，整体舆情则是指由这些个体组成的整体对某一个问题的舆情，如美国媒体涉华舆情等。另一个是从舆情主题领域角度而言，将某一个具体问题视为一个个体，如杨达才问题。相对而言，整体舆情则是指在日积月累中体现出来的各种不同方面的舆情，如《近期网民舆情热点分析》等。

二、网络舆情的数据分析

任何事件中都蕴藏着反映事物发展、变化的数量信息，将这些数量综合起来加以分析，就可以从大量偶然的、离散的现象中概括出带有规律性的情况。网络舆情分析的对象具有多元化、多变性的特点，许多问题仅靠经验和观察是无法实现全面、清晰辨识的。尽管初步判别环节已对所采集的网络舆情信息进行了初步的筛选和过滤，但留存下来的仍旧是一些较为零散的原生态信息，其规律性并不十分凸显。因此，网络舆情数据分析阶段就是要通过对主要元素的统计与分析，从中把握舆情形成演变的潜在规律，并以更为简洁、直观的形式将网络舆情的整体态势呈现出来。所谓数据分析，指用适当的统计分析方法对搜集来的大量数据进行分析，将它们加以汇总并理解消化，以求最大化地挖掘数据的价值，发挥数据的作用。通常，在开展数据统计与分析之前，我们需要将所要分析的网络舆情信息按照“属性—值”的模式进行归纳。所谓“属性”，是指描述和表征一条舆情信息的各种特征，如标题、作者、网络载体、舆情倾向、发表时间、点击率、转载率、回复率、信息来源以及其他舆情分析人员希望了解或预计要分析的要素。而所谓“值”，则对应于上述属性的具体情况。通过汇总归纳后，通常可形成如图9—1所示的分析要素库。随后即可针对各要素开展相应的统计分析，具体的工作包括：（1）明确分析对象及分析的目的；（2）实施数量统计并绘制相关图表；（3）对所得的统计分析结果做出合理的解释和分析。

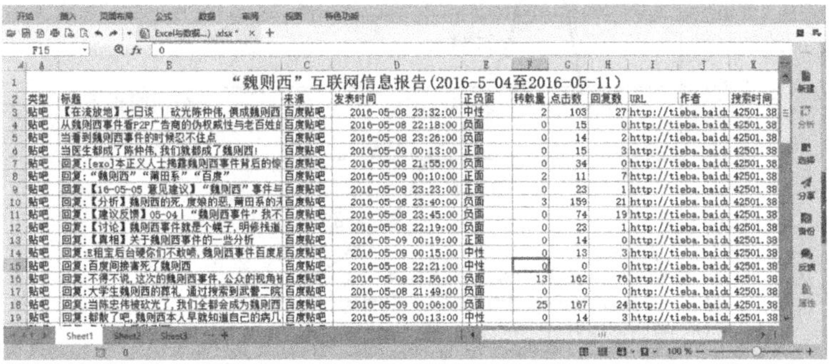

“魏则西”互联网信息报告(2016-5-04至2016-05-11)

类型	标题	来源	发表时间	正负面	转载量	点击数	回复数	URL	作者	搜索时间
贴吧	【在滚放地】七日谈 丨 砍光陈仲伟，偶成魏则西	百度贴吧	2016-05-08 23:32:00	中性	2	103	27	http://tieba.baidu		42501.38
贴吧	从魏则西事件看P2P广告商的伪权威性与老百姓的	百度贴吧	2016-05-08 22:18:00	负面	0	15	0	http://tieba.baidu		42501.38
贴吧	当看到魏则西事件的时候忍不住点	百度贴吧	2016-05-08 23:26:00	负面	0	14	2	http://tieba.baidu		42501.38
贴吧	当医生都成了陈仲伟，我们就都成了魏则西！	百度贴吧	2016-05-09 00:13:00	正面	0	15	3	http://tieba.baidu		42501.38
贴吧	回复：[exo]本正义人士揭露魏则西事件背后的惊	百度贴吧	2016-05-08 21:55:00	负面	0	34	0	http://tieba.baidu		42501.38
贴吧	回复：“魏则西”“莆田系”“百度”	百度贴吧	2016-05-09 00:10:00	正面	2	11	7	http://tieba.baidu		42501.38
贴吧	回复：【16-05-05 意见建议】“魏则西”事件与	百度贴吧	2016-05-08 23:23:00	正面	0	23	1	http://tieba.baidu		42501.38
贴吧	回复：【分析】魏则西的死，度娘的恶，莆田系的无	百度贴吧	2016-05-08 23:40:00	负面	3	159	21	http://tieba.baidu		42501.38
贴吧	回复：【建议反馈】05-04丨“魏则西事件”我不	百度贴吧	2016-05-08 23:45:00	负面	0	74	19	http://tieba.baidu		42501.38
贴吧	回复：【讨论】魏则西事件就是个幌子，明修栈道	百度贴吧	2016-05-08 22:19:00	负面	0	23	1	http://tieba.baidu		42501.38
贴吧	回复：【真相】关于魏则西事件的一些分析	百度贴吧	2016-05-09 00:19:00	正面	0	14	0	http://tieba.baidu		42501.38
贴吧	回复：B祖宝后台硬你们不敢喷，魏则西事件百度	百度贴吧	2016-05-09 00:15:00	中性	0	13	3	http://tieba.baidu		42501.38
贴吧	回复：百度间接害死了魏则西	百度贴吧	2016-05-08 22:21:00	中性	0	0	0	http://tieba.baidu		42501.38
贴吧	回复：不得不说，这次的魏则西事件，公众的视角被	百度贴吧	2016-05-08 23:56:00	负面	13	162	76	http://tieba.baidu		42501.38
贴吧	回复：大学生魏则西的葬礼 通过搜索到武警二院	百度贴吧	2016-05-08 21:49:00	负面	0	0	0	http://tieba.baidu		42501.38
贴吧	回复：当陈忠伟被砍光了，我们全都会成为魏则西	百度贴吧	2016-05-09 00:06:00	负面	25	167	24	http://tieba.baidu		42501.38
贴吧	回复：都散了吧，魏则西本人早就知道自己的病几	百度贴吧	2016-05-09 00:13:00	中性	0	14	3	http://tieba.baidu		42501.38

图9—1　网络舆情信息汇总结果

图片来源：作者自制。

（一）舆情数据分析类型

1. 舆情演变趋势分析

舆情演变趋势图表（见图9—2）通常通过统计相关舆情信息样本数量在时间轴上的变化获得，使用户更加直观、清晰地了解舆情热度的演变轨迹。一方面，演变趋势是时间层面的观察与分析，在开展统计之前应确定好时间单元（时、天、周、月等）；另一方面，在进行图表解读与分析时，应重点关注图中的转折点、峰值点及导致这些演变的深层原因，这些将成为网络舆情监测与应对的重要参考依据。

2. 舆情传播路径分析

在舆情危机处置与应对的过程中，尤其是针对网络负面信息或网络谣言引发的危机，我们通常需要对特定舆情信息的传播路径进行严密的梳理，追根溯源，找到在整个传播过程中起到关键作用的节点及传播的路线。舆情传播路径分析即利用节点和连线等形式对舆情信息的传播过程进行可视化表示。见图9—3，对外扩散的分节点越多，说明该节点在整个传播过程中的关键性越凸显。在整个网络舆情传播态势的研判中，引爆点和关键点均十分重要。

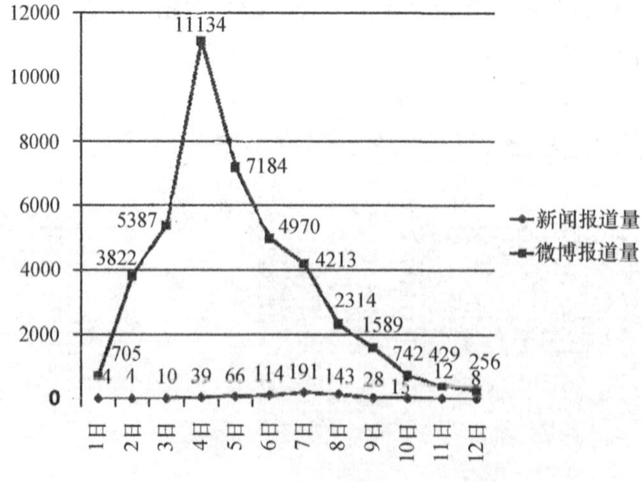

图 9—2 网络舆情演变趋势图表示例

图片来源：作者自制。

3. 舆情对象分类分析

此处的对象包括舆情主体（即发表评论的作者，如个体网民、媒体等）、舆情本体（即评论涉及的主题等）、舆情客体（即舆情所指向的对象，如政府机构、企业单位、公众人物等）、舆情载体（即舆情发布、传播的网络媒体类型等）。通过分平台、分地域、分观点、分主体等的数据统计，我们将获得如图 9—4、图 9—5 所示的各类图表，使得用户能更直观地了解哪些地方舆情热度高、哪些平台在此次舆情传播中影响力大、哪些问题是此次舆情事件中的关注焦点，等等。

4. 舆情关键词分析

舆情关键词分析即对舆情信息样本中词语的词频进行统计与呈现。除传统的“单词 + 词频”的列表模式外，关键词词云技术开始受到网络舆情分析者的青睐。所谓“词云”，是指对舆情信息样本中出现频率较高的关键词予以视觉上的突出，从而过滤掉大量的文本信息，使得网民对相关舆情主体的关注点以更为直观、凸显的方式呈现（见图 9—6）。

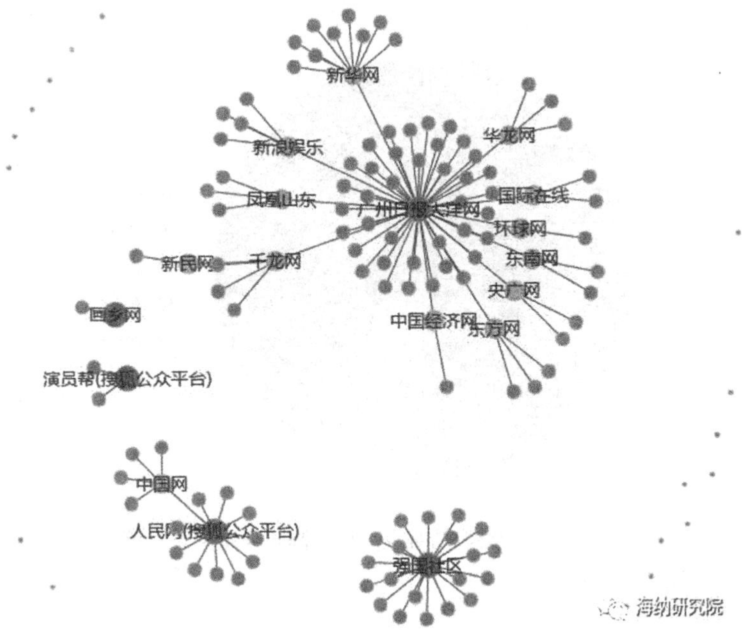

图 9—3　网络舆情传播路径图表示例

图片来源：海纳研究院。

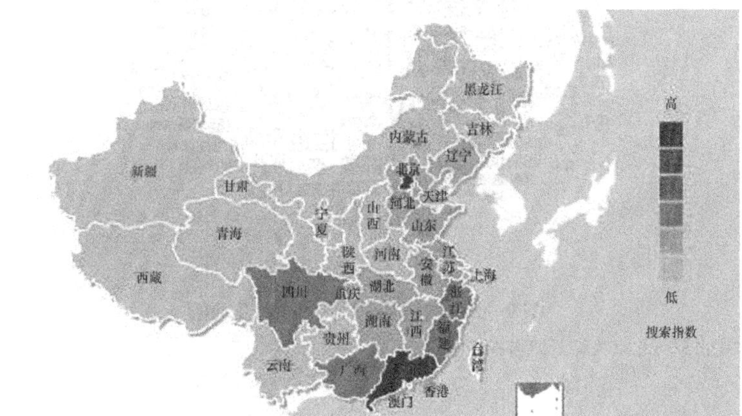

图 9—4　网络舆情地域热议度图表示例

图片来源：百度。

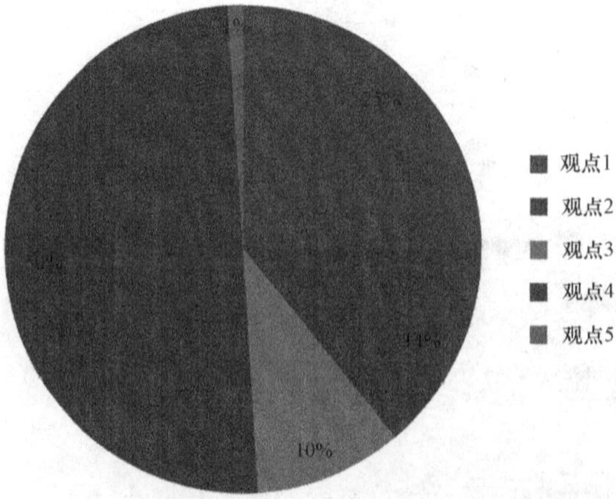

图9—5　网络舆情观点与情感倾向分布图表示例

图片来源：作者自制。

图9—6　网络舆情关键词词云示例

图片来源：北京大地云游科技。

（二）常用数据分析工具

1. Excel数据分析

Excel是人工网络舆情分析中最常用的统计分析工具。熟练掌握Excel

表格与制表功能以及其他 Office 系列软件，是做好舆情分析工作的基础。一般来说，定性分析更多地依赖舆情分析师的主观判断，对样本中的态度、观点进行分离、归纳和提炼；而定量分析则需要设计科学合理的图表统计框架。Excel 的数据分析功能提供 11 类图表分析类型（见图 9—7），其中折线图、饼图、柱形图、条形图、面积图、散点图和雷达图等是舆情分析中经常使用到的基本类型。通过一些基本图表，还可以组合成更加复杂的图表：柱形图可以和折线图合并，表现舆情走势和舆论引导效果的相互关系；面积图则可由柱形图或条形图变换而来。以下将简要介绍 Excel 的几种基本图表类型。

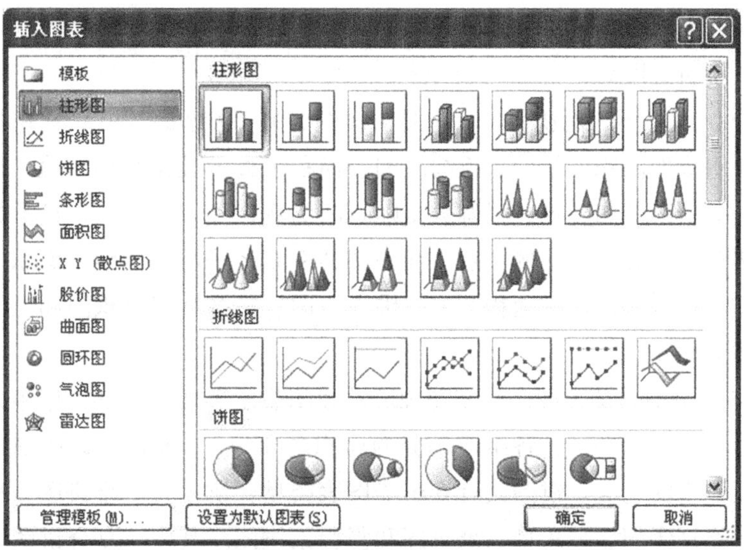

图 9—7　Excel 主要图表分析类型

图片来源：作者自制。

（1）柱形图。柱形图是 Excel 用户经常使用的一种图表类型，通常用柱的长度来描述不同类别之间数据的差异。柱形图共有 7 种子图表类型：簇状柱形图、堆积柱形图、百分比堆积柱形图、三维簇状柱形图、三维堆积柱形图、三维百分比堆积柱形图和三维柱形图。其中，堆积柱形图和百分比堆积柱形图通过将不同类型数据堆积起来，反映相应的数据占总数的大小。三维的簇状柱形图、堆积柱形图和百分比柱形图则使得图形具有立体感，增强了修饰效果。三维柱形图主要用来比较不同类别、不同系列数据的关系。条形图、圆柱图、圆锥图和棱锥图功能与柱形图十分相似。这些图形可用来绘制单式条图、复式条图、分段条图、直方图、百分条图等。

（2）折线图。折线图是用直线段将各数据点连接起来而组成的图形，以折线方式显示数据的变化趋势。折线图常用来分析数据随时间的变化趋势，也可用来分析比较多组数据随时间变化的趋势。在折线图中，一般情况下横轴用来表示时间的推移，并且时间间隔相同；而纵轴代表不同时刻的数值大小。折线图共有 7 个子图表类型：折线图、堆积折线图、百分比堆积折线图、数据点折线图、堆积数据点折线图、百分比堆积数据点折线图和三维折线图。

（3）面积图。面积图实际上是折线图的另一种表现形式，使用折线和分类轴组成的面积以及两条折线之间的面积来显示数据系列的值。面积图除了具备折线图的特点，强调数据随时间的变化外，还可通过显示数据的面积来分析部分与整体的关系。面积图共有 6 个子图表类型：面积图、堆积面积图、百分比堆积面积图、三维面积图、三维堆积面积图和三维百分比堆积面积图。

（4）饼图与圆环图。饼图用圆的总面积表示事物的全部，用各扇形面积表示各个组成部分，各组成部分的面积之和为 1。通常用饼图描述百分比构成比例的情况。饼图共有 6 个子图表类型：饼图、三维饼图、复合饼图、分离型饼图、分离型三维饼图和复合条饼图。其中，复合饼图和复合条饼图是在主饼图的一侧生成一个较小的饼图或堆积条形图，用来进一步反映某一扇形内部各组成部分的构成比。圆环图的用途与饼图相似。

（5）散点图。散点图与折线图类似，但其用途更广。它不仅可以用直线段反映时间的变化趋势，而且可以用光滑曲线或一系列散点来描述数据。散点图除了可以显示数据的变化趋势以外，更多地用来描述数据之间的关系，例如两组数据之间是否相关，是正相关还是负相关，以及数据之间的集中趋势或离散趋势情况等。散点图共有 5 个子图表类型：散点图、平滑线散点图、无数据点平滑散点图、折线散点图和无数据点折线散点图。其与折线图之间最大的不同在于，散点图的横轴为数值轴，可以不等间距；而折线图要求横轴等间距，且数据为分类而不是数值，即使是数值也把它当做文本看待。所以在绘图时，应根据需要选取合适的图表类型。

（6）雷达图。雷达图是由一个中心向四周射出多条数值的坐标轴，每个指标都拥有自己的数值坐标轴，把同一数据序列的值用折线连接起来形成。雷达图用来比较若干个数据序列指标的总体情况。雷达图的 3 个子图表类型分别为雷达图、数据点雷达图和填充雷达图。

（7）气泡图。气泡图是 XY 散点图的扩展，相当于在 XY 散点图的基础上增加了第三个变量，即气泡的大小尺寸。气泡图含有两个子图表类型：气泡图和三维气泡图。当有两列数据时，第一列数据反映 Y 轴的值，第二列反映气泡的大小；当有三列数据时，第一列反映 X 轴的值，第二列反映 Y 轴的值，第三列则反映气泡的大小。

通过这些 Excel 图表所展示的数据关系主要分为四类：比较、分布、构成和关联。在舆情分析中，舆情分析师要首先确定舆情样本数据的关系类型，然后确定选用什么样的图表和舆情分析模型，一般遵循表 9—1[①] 所示模式。其中：

（1）比较关系中基于内容分类的多使用饼状图、柱形图或条形图，若融合时间因素则多选择折线图（当时间周期短时也可选择柱形图），而对于同一问题的多项指标可使用雷达图来进行比较（如舆情处置应对效果评估雷达图等）。

（2）分布关系主要考虑时间维度或空间维度，因而多采用柱形图或折线图，若变量个数为两个则可采用散点图，为三个时则可采用曲面图或气泡图。

（3）构成关系通常用于描述静态条件下部分与总体的比重关系，因而多选用饼状图，对于较为复杂的构成关系也可采用堆积图、面积图等。

（4）关联关系主要指各参数之间的相互影响力，多采用散点图、气泡图等。

---

① 人民网舆情监测室：《如何应对网络舆情？——网络舆情分析师手册》，新华出版社 2011 年版，第 113 页。

表 9—1 Excel 图表与舆情数据关系

数据关系	应用场景举例	适用图表类型
分类比较	不同地区舆情热度比较；热点事件关注度比较	柱状图、条形图、雷达图
时间序列	年度各月份突发舆情事件变化趋势	折线图、堆积面积图、柱状图
频率分布	不同类型突发事件关注度	柱状图、折线图
总体构成	观点倾向性分析；地方舆情热度占总体比重；舆情事件占地区舆情比重	饼图、条形图、柱状图、堆积百分比柱状图、面积图
关联关系	舆情应对特点与效果分析	散点图、正负对比条形图、气泡图

资料来源：人民网舆情监测室：《如何应对网络舆情？——网络舆情分析手册》，新华出版社 2011 年版，第 113 页。

通过依次点击 Excel 菜单栏的“插入”“数据透视图”（见图 9—8，其后各步骤均点击“确定”即可）进入到数据透视分析界面。如图 9—9 所示，使用者可通过最右侧的“字段列表”选择所要统计和分析的字段，从而生成如图 9—9 左侧的数据透视表及图中间的数据透视图。在进行字段选择时，对于特定的字段可通过点击其后面的下拉菜单进行诸如排序、筛选等操作。而在字段拖动区域，使用者可以通过在“报表筛选”“图例字段”“轴字段”“数值”等区域对所选中的字段进行自由拖动，从而生成不同内容的统计图表。对于所生成的数据透视图，使用者还可通过主菜单中“数据透视图工具”对图表进行各种调整，如更改为更合适的图表类型、设置坐标及数据标签等。

2. SPSS 统计软件

SPSS 原为 Statistics Package for Social Sciences（即社会科学统计软件包）的缩写，后随着 SPSS 产品服务领域的扩大和服务深度的推进，SPSS 的全称被更改为 Statistical Product and Service Solutions（即统计产品与服务解决方案）。因此，SPSS 既是社科研究人员首选的统计软件，也是数据分析师们必备的入门级应用软件。SPSS 是世界上最早采用图形菜单驱动界面的统计软件，其突出特点为界面友好、使用简单、输出结果美观。它通过Windows的窗口方式展示各种管理和分析数据的方法及功能，使用者只要掌握一定的Windows操作技能、统计分析原理，就可以使用该软件为特定的数据分析任务服务。目前，SPSS软件已广泛应用于教育、心理、医学、市场、人口、保险等研究领域。SPSS软件采用电子表格的方式输入与管理数据，能方便地从其他数据库中读入数据（如Dbase、Excel、Lotus等）。它的统计过程包括描述性统计、平均值比较、相关分析、回归分析、聚类分析、数据简化、生存分析、多重响应等类别，每个类别下还可进一步细分，如回归分析中又分为线性回归分析、非线性回归分析、曲线估计等，而且在运行过程中允许用户根据需要自行选择。SPSS软件的基本功能如下：

图9—8　Excel数据透视图的进入步骤示图

图片来源：作者自制。

（1）数据编辑功能。在SPSS数据编辑器窗口中，不仅可以对打开的数据文件进行增加、删除、复制、剪切和粘贴等常规操作，还可以对数据文件中的数据进行排序、转置、拆分、聚合、加权等操作，而且对多个数据文件可以根据变量或个案进行合并。可以根据需要把将要分析的变量集中到一个集合中，打开时只要指定打开该集合即可，而不必打开整个数据文件。

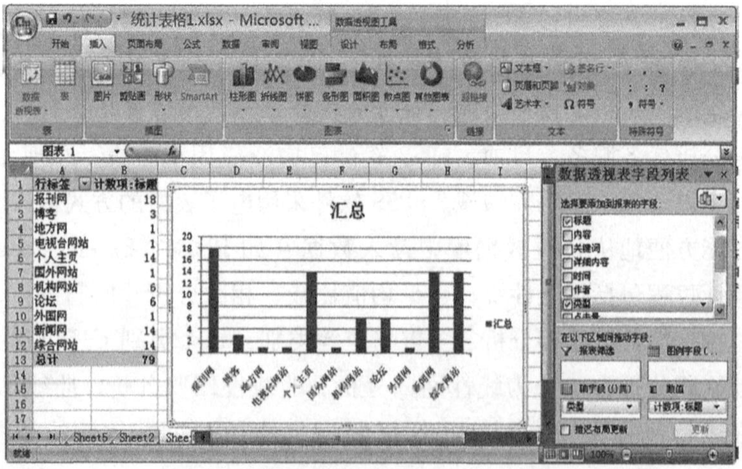

图 9—9　Excel 数据透视图操作示例

图片来源：作者自制。

（2）图表生成与编辑功能。利用 SPSS 可以生成数十种风格的表格，根据功能又可以分为一般表、多响应表和频数表等。利用专门的编辑窗口或直接在查看器中可以编辑所生成的表格。利用 SPSS 还可以生成数十种基本图和交互图。其中基本图包括条形图、线图、面积图、饼图、高低图、帕累托图、控制图、箱图、误差条图、散点图、直方图、P－P 概率图、Q－Q 概率图、序列图和时间序列图等。交互图则可有不同风格的二维、三维图，包括条形交互图、点形交互图、线形交互图、带形交互图、饼形交互图、箱形交互图、误差条形交互图、直方交互图、散点交互图等。图形生成以后，还可以进行编辑。

（3）与其他软件的联接。SPSS 可打开 Excel、Dabase、Foxbase、Access、文本编辑器等生成的数据文件，其生成的图形也可以保存为多种图片格式。

（4）统计功能。统计功能是 SPSS 的核心部分，利用 SPSS 几乎可以完成所有的数理统计任务，包括样本数据的描述和预处理、假设检验（包括参数检验、非参数检验及其他检验）、方差分析（包括一般的方差分析和多元方差分析）、列联表、相关分析、回归分析、对数线性分析、聚类分析、判别分析、因子分析、对应分析、时间序列分析、可靠性分析等。

尽管SPSS的版本不断更新,[①] 功能越发强大，但其基本的使用仍大致遵循图9—10所示的流程，其中：数据录入的工作分为定义变量和录入变量值两个步骤。数据预分析包括数据分组、排序、分布图、平均数、标准差的描述等，以掌握数据的基本特点和基本情况，保证后续工作的有效性，也为确定采用何种统计检验方法提供依据。在统计完成之后，可将结果以SPSS自带的数据格式进行存储，也可以常见的数据格式进行输出，以提供给其他系统使用。

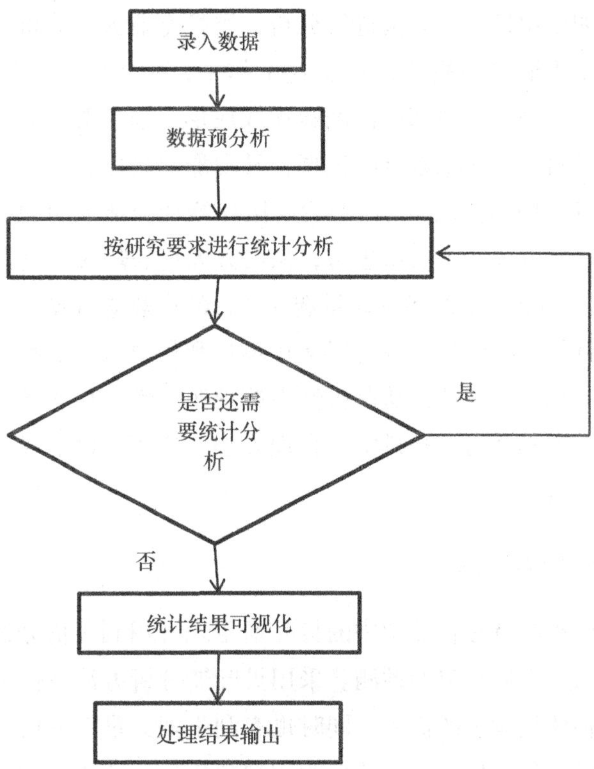

图9—10　SPSS的基本工作流程

图片来源：作者自制。

① 自被IBM收购后，SPSS基本保持一年一次的版本更新频率，通常于每年的8月发布最新版本，至目前已更新至IBM SPSS Statistics 24.0版。

三、网络舆情的深度分析

网络舆情的深入分析指对经过预判、整理后的舆情信息进行更为深入、全面的专业分析与梳理，并最终提出对策建议。通常，深度分析需建立在对当前社会形态、网民心理特征、网络传播机制等多种情况的综合运用之上。与初步鉴别不同，深入分析通常由专业人士来做，包括专业舆情信息工作人员和其他部门的舆情分析专家学者。因此，深入分析可以采取多种形式，如由舆情工作人员进行分析、委托专业人士分析、进行专家会商等。不论是采取何种模式，在实践工作中，一些成绩突出的舆情工作者，不仅能够发现和反映那些已经显现或成形、引人关注的舆情信息，而且还能够通过对大量信息素材的挖掘，发现那些虽已存在但尚未显露其价值的舆情信息。例如，从住房、教育、医疗等社会热点问题中，挖掘出人们对改革思路、方向的深层次思考；从西方大片的热映、“韩流”的兴衰、日本“动漫”的起落以及各种娱乐选秀节目的火热等现象中，分析出市场化、全球化背景下我国社会各阶层文化趣味和价值取向的嬗变。要培养这种从动态性中把握规律性，从苗头性中捕捉倾向性，从偶然性中揭示必然性的能力，就离不开对各种科学、合理方法的应用，以下仅列举两种较为常用的趋势预测方法。

（一）贝叶斯分析法

贝叶斯分析法就是将数学中的贝叶斯定理应用到舆情分析中来，用于对某一事件未来发展趋势的预测。采用贝叶斯分析方法不仅可以较为精确地估算出各种假设发生的概率，同时也有利于把大量零散信息通过概率估算融合成高质量的分析结论，从而为用户提供重要的决策依据。贝叶斯分析的基本操作步骤包括：“建立假设群、估算初始概率 p_0（H）、建立证据列表｛E｝t、估计似然比 PR、计算后验概率 P（H_i | E_i）、持续监控。”①

---

① 靳娟娟：“贝叶斯分析在情报分析中的应用”，《图书情报工作》2012 年第 56 期，第 60—63 页。

1. 建立假设群

根据所分析对象的特点，提出各种可能的假设，形成相互独立的、穷尽各种可能的假设群。例如，对于“人物甲是否会继续从事活动 A”的问题判断分析，可以建立三种假设，即 H_1 会彻底放弃、H_2 会继续实施、H_3 会逐渐放弃等。依此即建立了假设群 {H} = H_1 H_2 H_3... H_k。

2. 估算初始概率 p_0（H）

即分析人员根据贝叶斯分析公式，对所有假设赋予初始概率 p_0（H）。所谓初始概率，是指在不参照任何概率的情况下，各假设发生的概率。通常，在没有任何明确的证据支持或反对某一个假设时，这些假设的发生概率是相等的，而它们之和应等于 1，因此每一个假设的初始概率 p_0（H） = 1/k。若问题较为复杂，无法做出上述简单赋值的话，则需要通过专家法对初始概率进行具体的赋值。

3. 建立证据列表 {E} t

证据列表是关于该事件的相关证据按时间顺序排列的清单，其中 E 代表证据，t 表示该证据项在时间列表中的排序，二者组成如表 9—2 所示的证据列表。

表 9—2 贝叶斯分析中的证据列表

时刻	事件
1	E_1
2	E_2
…	…
T	E_t

4. 估计似然比 PR

似然比用于描述假设群 {H} 与某特定证据 E_t（j = 1，2，… T）之间的关系，用数学语言表述似然比即：$PR_{ti} = P(E_t \mid H_i) / P(E_t \mid H_1)$（其中 i = 1，2，3，… k）。进行似然比估测的目的在于发现所提供的原始情报中是否存在非诊断性证据。所谓非诊断性证据，是指不能直接准确地支持某一类或某一个假设，而是支持所有的假设，此类不负责任的证据应加以排除。估测的顺序为：首先将在假设 H_1 成立的情况下观察到证据 E_1 的概率相对数假定为 $PR_{11}=1$，在此基础上对假设 H_2 成立时观察到证据 E_1 的概率进行估计。以此类推，完成其他似然比的估计。

5. 计算后验概率 $P(H_i \mid E_t)$

后验概率计算即对每种假设发生的概率进行计算，其主要使用的公式为：

$$P(H_i \mid E_t) = P(H_i \mid E_{t-1}) / \Sigma_j [P(H_j \mid E_{t-1}) \cdot PR_{tj}] \quad (1)$$

其中，当 $t=1$ 时，$P(H_i \mid E_{t-1}) = P_0(H_i)$ $(i, j=1, 2, \cdots k)$

具体计算步骤如下：首先，根据每个假设的初始概率 $P_0(H_i)$ 和证据 E_1 的似然比进行公式（1）的运算，得到 $P_1(H_i)$（也就是 $P_1(H_i \mid E_1)$）；采用同样的方法依次得到 $P_2(H_i)$、$P_3(H_i)$、$P_4(H_i)$ 等，直到将所有的证据都计算完毕；当出现新的证据时，再次按照这一计算模式更新最新的 $P_x(H_i)$，将之作为目前阶段的判别结论。

6. 持续监控

由于网络舆情总是处在一个动态变化的过程中，对于网络舆情的分析同样应遵循动态跟踪的原则开展持续监控，一旦有新的证据出现，则进行更新计算获得最新动态。

（二）回归分析法

回归分析是通过研究两个或两个以上变量之间的相关性对未来进行预测的一种统计方法，使不确定的现象通过量的具体描述变得相对明确。从数学角度来看，类似“圆的面积＝半径的平方 * π”描述的是半径和面积这两个变量的一种确定性关系，然而在舆情分析过程中，很多变量之间并不构成这种明确的函数关系，而仅是一种相关关系，这种相关性关系就需要使用回归法进行分析。以一元线性回归法为例，其具体步骤如下：

1. 建立数学模型，这有赖于分析人员对已知变量数据的观察和研究

例如，通过在直角坐标系中描绘所有数据点获得散点图，经过观察判断两个变量之间大致为直线关系，从而将数学模型设置为直线方程，如 $y=ax+b$（其中 x、y 为变量，a、b 为回归系数）。这条直线就被称为 y 对 x 的回归直线，y 的数值会随着 x 的某种变化而变化。

表 9—3　国内主要网络舆情监测系统排名

类别	项目	红麦	RRS	军犬	天玑
公司概况	主要产品、业务与专业程度	成立于 2008 年，专注于舆情监测与数据挖掘企业级应用，是国内较早开始实践舆情管理体系的服务提供商。主要产品包括：舆情监测平台、微博监测系统、微博营销工具系统、境外舆情监测系统、红麦舆情手机客户端。现有员工 100 多人，持续服务于万达、汉能、腾讯、新浪等为代表大型品牌客户和以工信部、国家电网、首都机场、广东省科技厅等为代表的政府和国企客户	是国家规划布局内重点软件企业，公司产品覆盖大数据基础平台、行业应用和数据服务三大价值链，并已为 400 多家高端企业级客户提供持续的技术和数据服务。主要产品包括：海贝大数据管理系统、大数据智能分析平台、大数据舆情分析平台、机器数据挖掘引擎、网络信息雷达系统、网脉等。舆情监测业务于 2010 年开始启动	公司成立于 2007 年，是国内专业从事网络舆情监测的厂商之一，主要面向政府、军队、企业提供舆情监测系统与舆情 SAAS 平台服务，客户集中在省、市、县级政府部门与各大企业，服务对象超过 2000 家，在为政府提供舆情内参方面有着丰富的经验。主要产品包括：军犬舆情系统、军犬舆情管家、军犬网评管家、军犬企业内参、军犬标王、军犬法眼、军犬股掌等互联网大数据平台及军犬大数据机	公司成立于 2010 年，拥有中科院强大技术力量支撑，是中国科学院计算技术研究所领先的科研成果孵化而成的 IT 界高新技术企业。该公司开发的天玑舆情监测系统分为政府版、金融版与境外版三个系列，目前已经应用于中国证监会、中国银监会、工信部、质检总局、中国工商银行、中国移动，以及上海、福建、新疆各省舆情监测部门

续表

类别	项目		红麦	RRS	军犬	天玑
系统功能	数据采集	采集方式	分布式云计算爬虫技术＋内置站点＋元搜索	分布式采集技术＋内置站点＋元搜索	内置站点＋元搜索	
		系统内置网站数量	15 万个内置站点，四大信息源同时监测	内置 10 万余站点	内置国内 1.8 万个站点	论坛超过 10 万个、新闻网站超过 1 万个、博客超过 50 万个
		网站更新扩展	网站改版自动更新、新增站点配置简单	网站改版后需人工重新配置规则	改版可自动更新	可根据用户需求指定视野范围，以组件方式灵活组成
		采集保护	国内代理 IP、IP 轮循、IP 轮循	国内代理 IPIP	国内代理 IP、降低频率 IP、降低频率	具有反“防刷新”的采集机制
		元搜索数	包括主流搜索引擎 28 个	主流搜索引擎 30 余个	主流搜索引擎 10 余个	主流搜索引擎多个
		媒体类型	新闻、论坛、博客、微博、平面媒体、SNS、视频、问签、微信、电视等	新闻、论坛、博客、微博、微信、平面媒体	新闻、论坛、博客、微博、微信、电子报、视频、SNS、QQ 群、文档等	新闻、论坛、博客、微博、电子报、视频、SNS、QQ 群、文档等
		境外媒体监测	外媒网站监测	外媒网站监测，24 小时更新	覆盖 500 多个境外站点，实时更新 500 多个境外站点，实时更新	支持外媒网站监测、实时更新
		监测语言	支持英、俄等 10 余种语言的监测	支持中、英语言的监测	中外文及 53 种民族语言监测	中、英等多种语言

续表

类别	项目		红麦	RRS	军犬	天玑
系统功能	信息分析	文章级别	独有的文章权重算法以判断文章级别	主要按文章转载来判断文章重要程度	无	独有文章相关度评判
		全文检索	支持2千万条	支持3千万条	支持1千万条	支持2亿文档
		热点发现	配置热点定义，自动识别热点	配置热点定义，自动识别热点词	通过定制自动发现舆情热点	配置热点定义，自动识别当日热点词汇和当日头条
		正负研判	通过语义分析自动研判，行业与特殊词、机器学习人工辅助。有独立的情感训练分析系统，可对情感进行多级分类	主要通过词库研判，分正、负、中立三个类别。	自建有舆情词语料、行业词库语料、负面词词库语料、涉敏词库语料等，据此进行正、负、中立三个类别的研判	基于300多万个中文词库和1万多个概念语料库，研判正、负面舆情
		统计报表	配合当前页面，根据条件生成自定义图标	支持80余个维度的图表统计分析	支持图表生成（舆情简报与舆情专报）	支持图表自动生成
	危机处置与资源库	预警	通过文章权重判断重要性，在通过情感训练研判负面信息并预警，可实现三级预警	负面信息预警（无多个级别区分）	负面信息预警（分级别、分类型4种预警方式、短信预警、邮件预警、APP预警、弹窗预警、支持不同的预警规则）4种预警方式，短信预警、邮件预警、APP预警、弹窗预警，支持不同的预警规则	构建舆情指标体系并提供预警
		追踪	追踪并收藏文章被章看记录	探针、追踪链条	探针	话题检测与跟踪技术

续表

类别	项目		红麦	RRS	军犬	天玑
系统功能	危机处置与资源库	专题	通过话题检测、聚合分析自动生成专题	通过关键词匹配，由人工从系统已有数据中选定信息拖人专题资源库生成专题	提供信息列表式的专题分类	可根据用户需求进行主题灵活设置
		报告	自动生成配置好的定制报告、多模板选择、多方式下载	可实现自定义报告，通过一步一步的不同条件操作形成不同的报告	自动生成日报、周报、月报、年报等舆情报告	自动生成配置好的定制报告，支持导出
系统功能	手机客户端		支持 IOS、Android、手机网页	支持 IOS 手机客户端	支持 IOS 手机客户端	未知
	系统运行监控平台		拥有监控平台实时掌握系统运行状况	拥有应急指挥大屏	无	未知
	舆情服务		提供舆情分析报告，并提供意见、建议；提供客户即时提醒服务	提供舆情分析报告	提供舆情分析报告	提供舆情分析报告
	危机公关服务		为客户提供针对性咨询建议以及全面互联网行销解决方案	提供舆情危机应对策略等建议	不提供服务	不提供服务

2. 通过回归方程和已知的变量数值来求解回归系数

回归系数的求解通常采用最小二乘法原理，也就是根据实验观测到的自变量 x 与因变量 y 之间的一一对应关系，找出一个给定类型的函数，使得它在各个观测点处所取得的值与观测值函数在某种尺度上最接近，也就是在各个点处的偏差的平方和要达到最小值。偏差越小，说明预设的函数越接近两个相关变量之间的关系，这样根据这一函数进行的未来趋势预测就越准确。

3. 具体计算

假设已知 n 个点，(x_i, y_i) 表示该坐标系中任意一个已知点，则该点到达这条直线的距离为 $(y_i, -\bar{y})$，这样一来就定量地描述了这些距离随着平面上不同点的变化，即直线跟这 n 个点的远近程度。显然，由于 a、b 的不同，这个远近程度也会不同，因此可以说，这个距离是关于 a 和 b 的二元函数，我们将之记为 Q (a, b)，且 $Q(a, b) = \sum_{i=1}^{n}[y_i - (ax_i + b)]^2$。

根据微积分中的极致原理求 Q (a, b) 的最小值，得到：

$$\bar{a} = \bar{y} - b\bar{x}$$

$$b = [\sum_{i=1}^{n}(x_i - \bar{x})(y_i - \bar{y})] / [\sum_{i=1}^{n}(X_i - \bar{X})^2]$$

$$= [\sum_{i=1}^{n}x_i y_i + n\overline{xy}] / [\sum_{i=1}^{n}x_i{}^2 - \sum_{i=1}^{n}x^2]$$

通过回归分析可获得网络舆情分析中特定要素对之间的相关性程度，以此来预判一个要素的改变可能带来的另一个要素的变化情况。

四、自动网络舆情分析工具

（一）网络舆情监测系统或平台

舆情监测系统指集舆情信息自动采集、舆情自动分析与呈现为一体的软件平台。目前，已进入市场推广的网络舆情监测系统（有的也称为网络舆情监控系统）不下 100 种，以下对部分典型系统的性能等情况进行介绍和对比。

1. 国内网络舆情监测系统综合实力对比

国内主要网络舆情监测系统综合实力排名见表10—3。总体而言，判断一个舆情监测系统是否优质，主要从以下三点出发：一是数据抓取质量是否高，是否能全面地抓取信息，准确地提取分析信息；二是反应速度是否快，处理舆情最重要的就是时间，谁能最先掌握情况，谁就能占据更多主动；三是后续服务是否好，舆情服务也不只是一个系统而已，毕竟使用系统的不是开发系统的人，其不可能完全掌握系统的用法，就需要厂商为用户提供更全面完善的服务体系，舆情监测的衍生服务有很多，很多用户不可能在收到舆情预警后再去找公关公司做危机公关的处理，而此时先机就会流失，如果舆情监测厂商为用户提供危机公关的处理，就能在第一时间了解用户的需求，并满足用户的需求。

（1）红麦网络舆情监控系统

红麦软件依托互联网信息智能抓取技术和搜索引擎相关技术，自主研发拥有独立知识产权的网络舆情信息监测产品，是国内权威的舆论情报信息监控平台。它为传统企业、互联网企业和政府部门提供专业的舆情数据监测、数据分析及咨询服务，协助企业准确掌握产品和市场情况，监控竞争对手和行业动态，了解网民口碑，为企业市场、行销决策提供支持支撑服务，帮助政府部门快速发现突发事件、重大事件，快速应对，提高政府和企业的形象。

其自主研发的搜索引擎技术和文本挖掘技术，可实施网页内容的自动采集处理、敏感词过滤、智能聚类分类、主题检测、专题聚焦、统计分析，最终形成舆情简报、舆情专报、分析报告、移动快报，为决策层全面掌握舆情动态做出正确舆论引导并提供分析依据。它支持多种网页格式、多种字符集编码、整个互联网采集以及内容抽取识别技术，具有热点话题和敏感话题识别、舆情主题跟踪、自动摘要、舆情趋势分析、突发事件分析、舆情报警系统、舆情统计报告等多种功能。同时，用户可以设定采集的栏目、URL、更新时间、扫描间隔等。系统的扫描间隔最小可以设置成1分钟，即每隔1分钟系统将自动扫描目标信息源，以便及时发现目标信息源的最新变化，并以最快的速度采集到本地。

（2）军犬网络舆情监控系统

军犬网络舆情监控系统是中科点击公司开发的一个体系结构先进、功能强大的面向政府、企业提供网络舆情监测和决策参考的应用系统，广泛地用于舆情监控监测、竞争情报以及风险预警等领域。

它是一套综合运用搜索引擎技术、文本处理技术、知识管理方法、自然语言处理、手机短信的平台，通过对互联网海量信息自动获取、提取、分类、聚类、主题监测、专题聚焦，以满足用户对网络舆情监测和热点事件专题追踪等需求的舆情监控平台。它采用 B/S 与 C/S 结构相结合的系统架构，利用先进的系统架构，实现了基于浏览器的廋客户端或者普通客户端、服务器模式。该系统的优势主要还是集中在采集部分，可实现三大采集，即针对指定站点的定向采集、针对特定关键词的非定向采集和针对国内不能访问的境外站点采集。同时据称，该系统支持多国语种（包括中、英、法、西、俄、朝、日等）和各种少数民族语言（包括藏文、维文、蒙文、彝文、朝鲜文等）的网络信息舆情监测。

（3）TRS 互联网舆情管理系统

TRS 互联网舆情系列产品由北京拓尔思信息技术股份有限公司开发。它通过互联网信息采集和文本挖掘技术，帮助用户快速发现和搜集所需的网络舆情信息，通过自动采集、自动分类、智能过滤、自动聚类、主题检测和统计分析，实现热点话题、突发事件、重大案情的快速识别和定向追踪，帮助用户及时掌握舆情动向，快速发现、处理有较大影响的重要事件，从而正面引导舆论和宣传，构建积极向上的主流舆论，并为用户决策提供信息依据。

TRS 互联网舆情管理系统的整体架构由网络舆情采集系统、网络舆情加工系统、网络舆情分析系统、网络舆情检索系统构成，其技术特点主要包括：A. 提供近义词、同音词、文本相似性检索，拼音检索，相关短语检索等多种智能舆情信息检索手段；B. 提供基于学习和基于规则的信息自动分类；C. 提供基于自动聚类技术的热点信息、热点词的自动生成；D. 提供舆情信息的自动摘要；E. 可自动抽取关键信息并完成自动关联。

（4）Golaxy 天玑舆情监测服务平台

该系统由中国科学院计算研究所开发。该平台通过获取多通道发布的舆情信息，面向多通道、大规模网络舆情信息的需求，设计可扩展的系统架构，对特定信息进行实时监测及追踪，并根据设定的关键词及其组合，能够将其转化为各大搜索引擎支持的语法结构；能够自动采集各大搜索引擎的查询结构，并对采集结果进行去噪、去重，提取标题、摘要等元信息；建立多通道统一数据平台，定义通用的数据结构以及开放可扩展的数据存储、管理和交换接口，实现不同舆情信息通道的融合；结合舆情指标体系对网络舆情进行全方位的分析和预警，为用户提供实时、精准的舆情信息服务。

该系统以国内最完善的汉语分词系统 ICTCLAS 作为支撑，构建有自然语言处理所需的多种知识体系，为相似性、观点倾向性等语义分析奠定了坚实的基础。因而，该系统在文本舆情分析能力上具有优势，但在互联网数据获取能力（准确率和召回率）上尚有欠缺。

（5）帕拉斯网络舆情监控系统

中国舆情网的帕拉斯（PALAS）网络舆情监控系统是由上海态格信息技术有限公司联合复旦大学舆情研究实验室共同创办的国内最大的专业化舆情研究与舆情监测数据平台，它涵盖日常舆情监测、舆情专题、地方舆情、舆情研究频道、舆情报告免费下载、舆情搜索等多个栏目。其首推的中国地方舆情排行榜，是国内唯一一个按照地方来进行的专业舆情排行榜，在业内形成了广泛的影响力。

它提供覆盖全网的舆情监测分析服务，包括实时舆情监控系统 PALAS 和舆情分析报告。前者主要面向政府机构和企业，包括政府宣传部门、政府信息中心、网络舆情监督部门、公安机关、网络安全部门及上市公司、集团企业、信息咨询公司等，并为它们提供量身定制的网络舆情监控、重点事件追踪以及舆情数据分析；后者涵盖日报、周报、预警简报、事件专报、专题研究报告五种。中国舆情网运用 PALAS 舆情监控系统对平面媒体、广播电视和网络媒体（包括新闻网站、博客、论坛等）进行全面监测，按照新闻价值高低和政治敏感度两大标准进行人工筛选，特别是关注突发热点事件、影响社会稳定的风险议题、网民热议的民生话题等，最后筛选出“关注舆情”（包括“重点舆情”等）篇目，再按照媒体分类和新闻议题类别进行人工聚焦检索、分类分析、概括分析，最终形成其旗下的品牌栏目之一——《舆情报告》。

（6）麦知讯

麦知讯是一家致力于向国内外行业用户提供互联网信息监测整体解决方案、业务发展信息咨询的高科技公司。它在资本运作以及整合国内多家互联网信息专业公司、行业研究咨询公司的过程中不断成长，并通过合理选择和应用成熟的互联网信息技术，使公司在原有业务的优势得到巩固的同时，也在新的业务领域取得了优异的成绩。

它的舆情监控内容包括口碑信息监测，企业、产品、品牌正负面口碑监测，竞品间的口碑对比监测，网络营销监测等。针对营销主题，提供点击数、回复数、回复时间、回复人、回复内容、回复语气、回复人感情倾向、正反向关注度、主题删帖率等监测服务以及在此基础上的、网络营销效果监测、搜索引擎呈现率、产品品牌知名度、用户关注度、好评率变化统计分析、网络营销咨询服务，为企业或公关公司提供网络营销方案或决策意见及建议等。

（7）鹰隼

本果公司在透析互联网特点、网民习惯和偏好基础上，充分运用自身搜索引擎技术、全文检索技术、相似性排重技术、自然语言智能处理技术、内容管理、互联网技术以及电子政务和电子商务软件开发优势，成功研发了鹰隼网络舆情监控系统。

它对舆情的处理按照信息采集、舆情过滤、自动分类、相似性排重、舆情分析、舆情展示的流程推进，整个系统由三部分组成，分别是信息采集子系统、舆情处理分析子系统和舆情管理子系统。它能够有效地搜索互联网上各层次、各角落、各形式的信息，深层次地挖掘网络舆情价值，全天候并及时地提供最新网络舆情资讯、丰富翔实的信息、形象直观的图表、自动化的舆情预警，并递送网络舆情、舆情分析、统计数据、舆情报告。

2. 国内主要的在线网络舆情监测平台

（1）清博大数据（http：//yuqing. gsdata. cn/site/home，如图 9. 11、图 9. 12）。清博大数据拥有清博智库学术团队，服务项目涵盖舆情阶段性报告、热点事件综合分析、新媒体传播报告、粉丝画像分析、行业研究报告、政企刊物、政策执行效果评估等多种定制报告，长期为多家部委、大型企业提供包括舆情分析、危机公关、企业传播、新媒体策划等在内的舆情事件应对和新媒体传播策略报告。清博舆情致力于为客户提供领先的舆情报告服务。舆情事件发生后，清博团队以清博大数据平台为支撑。根据客户需求，对某一阶段的舆情事件热度排行、传播路径、观点呈现、特点总结、风险预测，并提出相关对策和趋势建议。清博的阶段舆情性报告包含舆情周报、舆情月报、舆情季报、舆情年报等。

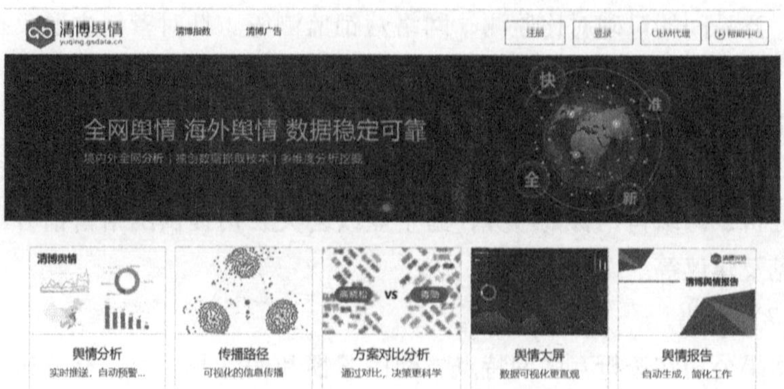

图9—11 微风云首页

图片来源：微风云。

（2）知微（http：//www. weiboreach. com/，界面见图9—13）。相较于微博风云榜，知微的舆情监测与分析要更为深入、全面，其主要功能包括：传播分析，即通过对微博传播路径的跟踪与分析，为企业、政府和运营机构舆情评测提供全方位的数据支持；事件博物馆，对互联网社会热点进行全面的聚合，并对事件进行深度解读（包括事件传播渠道的定位、影响力指数评估、同类型事件对比、事件发展脉络呈现、高频热词分析、正负面情绪及高频热词分析、基于全网的事件舆论聚合、参与事件讨论的人群画像等）；社会化媒体大数据实验室，旨在基于百亿量级的微博、微信数据，为数据分析教学与实验等提供软硬件成套的定制化解决方案。

（3）北大 PKUVIS 微博可视化分析工具（http：//vis. pku. edu. cn/weibova/weiboevents/index. html，首页见图9—14）。这是由北京大学可视化与可视分析研究组开发的，其功能在于通过直观的视图来清晰地呈现一个事件中微博转发的过程，使用户能够迅速地发现事件中的关键人物、关键微博、重要观点，同时通过可视化的方式帮助用户更好地分析新浪微博中事件的发生和发展过程。

图9—12　知微传播分析结果示例

图片来源：知微数据。

图9—13　知微事件博物馆分析结果示例（部分）

图片来源：知微数据。

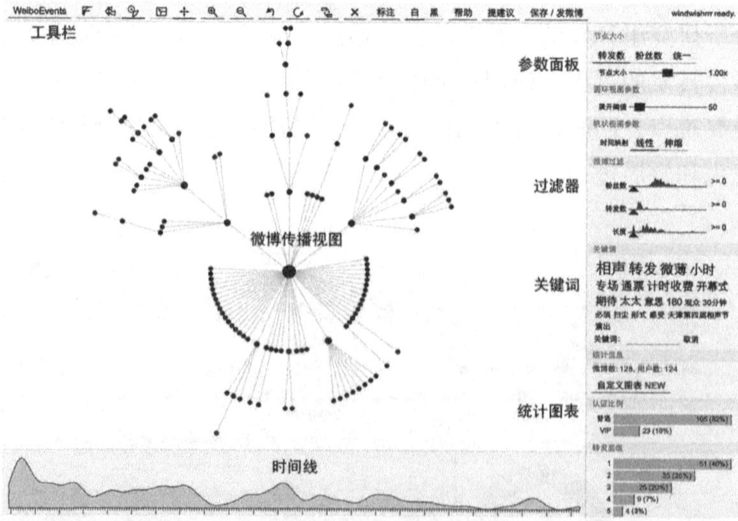

图 9—14　北大 PKUVIS 微博可视化分析工具主界面

图片来源：北大 PKUVS 系统。

（二）网络舆情监测关键技术

网络舆情监测系统以网络信息为处理对象，对网页代码进行数据处理后形成格式化数据，监测并追踪热点话题，同时将发现的热点用某种形式上报用户。在此过程中，涉及到的关键技术主要包括：

(1) 话题检测与跟踪

话题检测与跟踪（Topic Detection and Tracking，TDT）是一项旨在帮助人们应对信息过载问题的技术，它以新闻媒体信息流为处理对象，将语言形式的数据流分割为不同的新闻话题，同时监控新话题的出现，并将涉及某个话题的报道组织起来以某种方式呈现给用户。由于网络信息数量太大，与一个话题相关的信息往往孤立地分散在不同的地方并且出现在不同的时间，这就不利于用户对某些事件做出全面的把握。而一般的检索工具由于仅基于关键词匹配，所以返回信息的冗余度过高。正是在这种情况下，话题检测与跟踪技术才应运而生。话题检测与跟踪的五项基础性任务包括：

A. 关联检测，即判断两个随机选择的新闻报道是否在讨论同一个话题，这也是后续各项任务的技术核心。

B. 话题切分，即将原始数据流切分成具有完整结构和统一主题的报道，包括对音频信号的切分和对文本信息的切分，例如将一段新闻报道切分为时事政治、经济金融、娱乐八卦等。

C. 话题跟踪，即跟踪已知话题的后续报道。首先需要通过若干先验的报道判断出已知的话题，在此基础上逐一判断后续数据流中每一篇报道与已知话题的相关性并分类收集，从而实现跟踪功能。

D. 话题检测，即检测和管理预先未知的话题。通常，即使给定有已知的话题分类，仍不可避免地会碰到一些无法归入已知类别中任何一类的信息，这时就需要在缺乏话题先验知识的情况下构造话题的检测模型，并根据这一模型检测陆续到达的报道流，从中鉴别出最新的话题。

E. 首报检测，即检测出某一话题的第一篇报道。它主要是从具有时间顺序的报道流中自动锁定未知话题出现的第一篇相关报道。与话题检测不同的是，首报检测输出的是一篇报道，而话题检测输出的是一类报道集合。

（2）文本倾向性分析

网络的虚拟性和匿名性使得网络文本内容在大多数情况下能更真实地表达出民众的态度和情绪，通过倾向性分析可以明确网络传播者的意图和倾向。文本倾向性分析实际上就是试图根据文本的内容挖掘出作者的情感方向。迄今为止，国内外有关网络文本倾向性的分析研究工作主要集中于以下几个方面：一是客观性分类，即将评论文档按照类型和风格的不同区分为主观和客观两类，但不同研究者的判别往往有较大差异；二是词的极性判别，即通过分析词的语气特征来判断词的极性；三是语气分类，采用语气标注、语义分析模式、机器学习等方法对文档的语气进行分类。上述方法，或主观性成分较大，或对大规模训练集的依赖较大，因此在文本倾向性分析中，应注重主客观过滤、观点极性、强度、情感分析判别等技术的研究，同时还包括对网络环境下倾向性特征词的特点和类型的研究等。[①]

（3）多文档自动文摘

传统的多文档自动文摘技术通常是针对某个封闭的静态文档集生成摘要，而不考虑文档集的对外联系。而网络信息由于具有动态演化性，网络舆情监测的对象是一个从产生到发展再到消亡的动态过程，网络舆情信息的自动文摘技术需要考虑不同信息的侧重点以及不同时段的信息与信息之间的关联性。基于此，研究者们构建了多种面向网络演化信息的动态文摘模型：文档过滤模型，即从文档内容过滤的角度提取动态信息以生成文摘；文摘过滤模型，即首先利用静态文摘的方法对当前信息生成候选文摘，然后再从候选文摘中过滤掉与历史信息重叠的内容，从而得到所需的动态文摘；合并过滤模型，该模型强调当前信息与历史信息二者之间的关联性，首先对历史信息和当前信息合并的全文档空间生成文摘，再从中进行历史信息的过滤，从而生成动态文摘。[②]

网络舆情监测系统智能化水平的提高离不开上述关键技术的支撑，而如何对网络舆情这一复杂社会现象进行数学建模又是关键中的关键，它需要基础理论研究与技术研发的合力运作，前者是前提，后者是实现，只有将网络舆情本身研究清楚了，才能进一步指导对它的形式化描写。

---

① 戴媛、程学旗："面向网络舆情分析的实用关键技术概述"，《信息网络安全》2008 年第 6 期，第 62—65 页。

② 张瑾、许洪波、程学旗："面向网络演化信息的动态文摘方法研究"，转引自戴媛、程学旗："面向网络舆情分析的实用关键技术概述"，《信息网络安全》2008 年第 6 期，第 62—65 页。

模块四 网络舆情报告撰写

在完成了网络舆情信息的采集、分析研判之后，舆情工作者需要以某种形式将监测所得结果上报给用户。随着信息技术与舆情工作的融合日益紧密，网络舆情报告的形式也日益多元化，既包括纸质版的文字、图表报告，也包括电子版的文档、PPT、视频等丰富形式。鉴于文字稿是网络舆情报告的最基础样式，本章主要从文字稿的撰写出发，介绍网络舆情报告的相关格式与要求。

一、网络舆情报告类型

根据时间跨度的不同，网络舆情报告可分为舆情急报、舆情日报、舆情周报、舆情月报、舆情年报等。所谓舆情急报，指的是一些意义非常重大且时效性非常强，需要立即报送以便用户迅速对此做出决策的情况，例如自然灾害或重大社会安全事件发生之后网民的反应等。而舆情日报是指24小时内必须报送的信息和每日网络舆情的综合反映。虽然日报在时效性上不如急报，但也属于时效性要求较高、时间段相对较短的情况报告。舆情周报则是指对一周内网络舆情的综合反映，其涵盖的内容相对日报更多，因而需要舆情工作者善于梳理出本周网络舆情的重点和基本态势。舆情月报、季报、年报等则侧重于从相对长的时间段内分析出网络舆情的热点、特点、规律和趋势，较为侧重从已有的情况总结经验教训，既为用户决策提供一些宏观的战略性参考，也为提升舆情引导、应对能力指明方向。

根据编写内容的不同，网络舆情报告又可以分为动态舆情报告、综合舆情报告、舆情专题报告、舆情原文报告等。本部分将重点就上述四类报告进行介绍。

（一）动态舆情报告

动态舆情报告主要反映最近发生或即将发生的新情况、新问题。这类报告往往是在原始信息材料长期跟踪基础上形成的，主要宗旨在于迅速反映动向和问题，且这些动向和问题应是经过仔细甄别后的结论。因此，对于动态类舆情汇报，要求舆情工作者应把握两个要领：一是，广泛浏览舆情信息，在日常工作中注意掌握网络舆情的总体状况，尤其是网民留言和帖文较多的论坛、博客等，应对这些渠道进行搜集、整理和分类，通过长期跟踪，及时准确把握同以往不同的一些新迹象、新苗头；二是，报告的篇幅讲究短小精悍，快写快报，以顺应动态性的舆情发展形势，尤其是对于一些带有苗头性、倾向性和突发性的事件反映，更要讲求语言精炼、反应灵敏、一事一报。从格式上看，动态舆情报告通常采用“一段式”写法，即“标题＋正文”的编写样式。

（二）综合舆情报告

综合舆情报告是综合地反映某一段时间内网络舆情及网上热点舆论概况的报告。由于网民关注热点的转移率高，所涉及的话题也较为松散，且舆情发布与传播的渠道多元，网络舆情及舆论热点的跳跃度较大，用户难以全面把握舆情的总体走向。同时，对于一些职能范围较广、业务领域宽泛的用户而言，其舆情需求并不总是局限于某一小小的领域或仅仅针对某一问题。这就需要舆情工作者在编写动态类的舆情报告之外，还要适时汇集和编写综合类的舆情报告，为用户提供相对完整的“鸟瞰图”。通常，综合类舆情报告所涉及的主题主要包括：“归纳网民对国内外重大事件的各种反映；概述网民对党和政府重大决策的种种看法；概括网民关于某一行业、某一领域的意见建议等。”[①] 在撰写这类舆情报告时，需要对大量材

---

① 中共中央宣传部舆情信息局：《网络舆情信息工作理论与实务》，学习出版社2009年版，第146页。

料进行全面的归纳、综合，既要罗列相关的基本现象，又要做到重点突出，主要应掌握三个要领："一是各类信息的点面结合，要把某一主题下的同类信息加以集中和归纳，与全局性的情况加以结合和比较，从中找出带有普遍性、规律性的问题。二是定性分析与定量描述结合，不能只摆出一堆数字或只笼统地定性，应把二者结合起来。三是描述现状与梳理问题相结合，既要描述现状，又要分析和整理网民提出的问题和建议。"①

（三）舆情专题报告

舆情专题报告是面向特定问题或情况，经过一段事件的跟踪、调查以及"合并同类项"分析后形成的舆情报告。这类报告讲求深刻透彻，其主要构成部分包括：

1. 综述部分。该部分应简要介绍事件或话题的来龙去脉及本次舆情监测分析的目的。

2. 分析部分。分析部分指针对该事件或话题的数据分析、原因分析、趋势预测等内容，是舆情专题报告的核心构成部分。要求所提供的数据可靠，所展开的分析严谨、深刻。

3. 应对部分。该部分主要就已有应对举措进行点评，就后续如何面对、疏导、管理提出有针对性、可操作性的办法建议。

舆情专题报告撰写应把握的三个要领：一是忌空洞的表述和公式化的概括，务必以广泛而客观的事实和数据为基础和依据；二是重研判和预测，要由浅入深、条理清晰，尤其是要对问题的苗头、倾向、发展趋势有清晰的预见和判断；三是重提出解决问题的办法，且这些办法要切实可行。

（四）舆情原文报告

一些网民（尤其是具有专家背景的国内外知名学者、智库、评论员等）针对我国经济、社会发展等重大问题发表的分析和评论性文章，由于

---

① 中共中央宣传部舆情信息局：《网络舆情信息工作理论与实务》，学习出版社 2009 年版，第 146 页。

对我国相关问题的决策者具有重大的参考借鉴价值，加之原文已对问题进行了深入、全面的分析和研究，甚至对存在的问题提出了相应的对策建议，因而可直接以原文的形式上报。对于这一类舆情报告的完成，一方面要求舆情工作者对信息本身进行有效的判别，包括判别主题的重要性、作者的权威性、内容的专业性和科学性等，并最终对信息的价值做出准确的判断；另一方面，在原文上报的基础上，报告还需包括一个导语部分，对文章的主要内容（即核心价值点）进行概要式提炼，以便用户预先对信息有个全面的了解。

二、网络舆情报告撰写技巧

网络舆情报告的撰写与新闻稿的撰写有相似之处，也有其独特的要求，因而在编写技巧上同样应有所反映。

（一）标题

标题是整篇网络舆情报告的首要部分，其作用主要体现在：一是凝练主题；二是凸显价值；三是便于检索。因此，网络舆情报告的标题需精练、醒目、准确，应尽可能采用客观直述的方式，且应涵盖尽可能多的信息亮点。

1. 客观直述

作为向用户反映真实情况的舆情报告标题，最基本原则就是要客观地审视和尊重网络舆情信息的内容，要直叙其事，切忌为吸引眼球而夸大其词、断章取义、耸人听闻。它不同于一些追求轰动和关注效应的新闻标题，而是提倡鲜明、朴实、简练，力图达到“一语道破天机”的效果，而不是“一语引万人追捧”的标题党效应。例如，新闻或论坛帖文标题经常会使用设置悬念、修辞等手法，有时还带有明显的倾向和强烈的情绪，这种标题似乎更能引起受众的共鸣，从而会采用诸如“深度解密”“到底孰是孰非”等旨在吸引眼球的字词。然而，网络舆情报告作为为决策者提供参考的资料，需要对上述网民的强烈情绪做一些客观的处理，从而应采用诸如“××事件受网民高度关注”“网民对××问题反应不一”“××问题激发网民非理性情绪高涨”等标题。此外，对于舆情原文报告（尤其是外文舆情）的标题，还应注意在标题中简要注明文章的来源，如“日本《朝日新闻》发文称‘若美国继续内向，中国将统治亚洲’”；“俄《独立军事周刊》发文称美部署反导系统‘令人担忧’”等。

2. 信息饱满

信息量是标题制作的关键考量之一。而信息量是否饱满并非仅从标题的长短入手。以尽量简练的语言提供最大的信息量，这是网络舆情报告标题制作的最佳选择。通常，用户接收到的舆情报告可能不止一份，甚至是上百份，这样一来，对于舆情报告的初步筛选就主要通过标题来进行，因此在舆情报告的标题中应尽量将“亮点”标出，以便用户更准确地衡量报告的价值。诸如“××××事件网络舆情报告”或“××××事件网民反应”等标题都较为笼统，舆情中潜藏的一些重要因素并不能得到体现，从而使得舆情报告的重要性和紧迫性得不到应有的评估。相对而言，诸如“网民认为××××问题亟待解决”“××××事件引发网民对××××问题的广泛质疑”等标题，则重点更为突出。此外，通过凝练关键词，同样能较好地达到信息饱满而简练的目的。例如“美国《世界日报》社论：中国大陆‘新特区’热应当降温”，就是信息的关键词“新特区”“热”“降温”等的有效组合。这些关键词还有利于对信息的按标签索引。

（二）数据

当前，基于海量信息的网络舆情分析离不开数据统计分析的有力支撑，这一点在舆情报告的撰写中同样应得到体现。网络舆情报告的编写要适时、适量地使用数据统计和数量规模描述，以避免分析过于宏观甚至模糊不清。所使用的数据既可以是报告人自行获得的统计分析结果，也可以是援引自专业机构、主流媒体公布的权威数据。需要注意的问题主要是：一是要把握好数据的权威性、客观性和代表性，注重宏观数与微观数据之间的平衡，这一点应从分析过程的科学性来把握；二是不可无一个数据，也切忌满篇数据，同对标题精炼的要求一样，数据的使用应恰到好处，主要的目的在于将问题表述得更清楚、更直观；三是不可只有数据而无描述、解释，数据只是一个状态，至于造成该状态的原因及其间隐藏的规律和未来可能的走势，均需要报告人给予更为清晰、深入的阐释，方能充分实现数据使用的价值。总之，对于网络舆情报告中数据的使用，既要重视通过数据来说话，还要重视利用数据来说真话、实话以及把话说透、说明了。

（三）语言

网络舆情报告的语言既讲求精练，又讲求原汁原味。[①]

语言精练要求围绕大量网民的态度抽取出核心关注点，包括网民的价值判断和基本主张，将之归纳和提炼成一些总结性的内容。在此过程中，对于围绕同一问题的或相似主题的以及散见于不同地域、不同平台的舆情，应进行观点的分类以及相近观点的“合并同类项”，从而达到简化的目的。

而所谓原汁原味，是指要客观地反映网民的心态，切忌掺杂舆情工作者个人的主观喜好，更不能为了迎合用户的喜好而歪曲网民原有的态度。原汁原味要求我们在报告的撰写过程中除了要客观真实地描述网民的情绪、思想和行为倾向之外，还可以引用网民言论原文加以陈述，甚至在有些情况下引用原文更为可取。例如，在撰写外媒涉华舆情报告时，对于一些外媒涉及我国敏感问题或重要问题的负面言论，一方面要采用加引号的引用方式树清报告撰写者的政治立场，避免带来不必要的困扰；另一方面，原汁原味的言论更能反映舆情主体最真实的情感，并可作为外交交涉的重要依据。值得注意的是，在引用原文的过程中，一是不宜过多地引用原文，要保证适量适度的原则，若通篇都是原文引用，则会导致重点不突出、不明朗。二是应避免引用一些不文明、充满暴力倾向、牢骚式的不良言论，而应尽量选择一些具有代表性、能反映问题、有具体内容指向的言论。例如，针对青岛天价虾事件，网友“张龙”留言称“此事从职能上看，当属物价局、工商部门管辖范畴，两部门若不予理睬，已经构成怠于行使职权”。这些来自群众的鲜活和真实的声音，是难得的原汁原味的舆

---

① 中共中央宣传部舆情信息局：《网络舆情信息工作理论与实务》，学习出版社2009年版，第136页。

情素材，完全可以在舆情报告中直接引用。

三、网络舆情报告例文

（一）网民对即将实施的“史上最严”“食品安全法”高度关注①

1. 事件概述

2015 年 4 月 24 日，新修订的《中华人民共和国食品安全法》（以下简称“食品安全法”）经第十二届全国人大常委会第十四次会议审议通过，颁布实施近五年的“食品安全法”首次被修改完善。新修订的“食品安全法”共 10 章 154 条，于 2015 年 10 月 1 日起正式施行。这部新法案经全国人大常委会第九次会议、第十二次会议两次审议，三易其稿，被称为“史上最严”的“食品安全法”。

2. 网民观点倾向

“民以食为天，食以安为先”，24% 的网友认为，新法在多个方面的规定更加细化完善，体现出国家对食品安全的高度重视，令人欣慰。33% 的网友在肯定进步的同时，更强调监管落实。不少网友指出，“法律的生命在于实施”，希望“最严”不只停留在纸上。22% 的网友认为，在有法可依、有法必依的基础上，还要违法必究。加大处罚力度，提高违法成本，进而形成有效震慑，才能令我国的食品安全形势继续向好的方面发展。另有 12% 的网友表示，食品安全关乎民生大计，怎样严厉都不为过。何况，是否真的是“史上最严”，尚需实践检验，不应过分乐观。还有 9% 的网友表达了其他观点。

3. 媒体观点

《深圳晚报》《检察日报》等媒体指出，新版“食品安全法”与旧版相比，主要表现为四个方面的进步：一是突出预防；二是全程监管；三是加强惩戒；四是社会共治。每个方向上的进步都击中了食品安全的痛点，握准了社会期许的脉搏。“食品安全法”借由这种深入的结构性修订，实

① 来源于人民网“舆情频道”，http：//gx. people. com. cn/BIG5/n/2015/0505/c351858 - 24746 232. html。

现了系统性提升，法律监管效力有望进一步突进。

央视、新华网等媒体则认为，新修订的“食品安全法”的五大亮点颠覆食品市场，即分别在农药管理、保健食品管理、婴幼儿配方乳粉生产、网购食品监管、转基因食品的生产经营等多个环节做出了进一步规定。

《法制日报》《西安晚报》等媒体认为，良法是善治的前提，有了最严格的“食品安全法”，就迈出了食品安全领域全面治理的关键一步。不过，法律的生命在于实施，新的“食品安全法”能不能发威，关键还得靠执法的效果来体现。

4. 舆情对策

食品安全涉及诸多行业和领域，若该法没有相应的后续配套措施，很难达到不留死角的全覆盖。因此，要让“最严”“食品安全法”成为治理利器：

首先，必须尽快出台相应的实施细则、实施条例等。其次，应该看到，与该法新增内容相对应的，是相关执法部门执法任务的加重。新法在贯彻执行上面临着诸多困难和挑战。因此，政府应从人力、物力、技术等方面，向相关执法部门提供强力支持，以促进新法的贯彻执行。再次，必须在执行上形成合力。特别应搞好各部门、各地方、各行业之间的衔接。上级相关部门应加强统筹协调，尽力避免执法过程中各部门、各行业互相掣肘，消解执法力量等问题的产生。

（二）上海外滩踩踏事件引发公共管理反思①

1. 事件概述

2014 年 12 月 31 日 23 时 35 分许，上海市黄浦区外滩陈毅广场发生群众拥挤踩踏事件。2015 年 1 月 1 日凌晨 4 时，上海市政府新闻办发布消息称：踩踏事件致 35 人死亡，43 人受伤。事件发生后，上海市连夜成立工作组。中共中央政治局委员、上海市委书记韩正，上海市委副书记、市长杨雄要求全力做好伤员抢救和善后处置等工作。1 月 1 日晚，上海市公安

① 来源于人民网“舆情频道”，http：//yuqing. people. com. cn/n/2015/0114/c210114 - 26385382. html。

局官方微博对所谓“撒钱”导致踩踏事件做了澄清，称据视频监控显示，抛撒“美金”一事在拥挤踩踏事件之后。1月2日，上海市政府新闻办官方微博发布消息称，“12·31”外滩陈毅广场拥挤踩踏事件已致36人死亡，47人受伤。1月3日，36名遇难者名单全部公布。1月6日，杨雄通报了上海外滩踩踏事件有关情况，并表示：虽然事件原因还有待调查确认，但痛定思痛，我们必须吸取血的教训，对这起事件进行深刻反思。

2. 舆论关注度分析

截至2015年1月7日16时，相关网络新闻已超过4万篇，相关传统媒体报道为3324篇，相关微博超过13万条，相关微信文章超过1000篇（具体见图10—1）。从事件的传播路径来看，微博平台成为事件重要的传播源。2014年12月31日23时30分，网友“Direction”发微博称“外滩发生踩踏事故了，太恐怖了”，成为此事件最早的曝光源之一。2015年1月1日零时31分，上海市公安局官方微博发文称“小编刚才在市公安局指挥中心看到，有游客摔倒后，执勤民警立即赶到围成环岛，引导客流绕行”，成为各商业门户网站新闻传播点。1月1日1时26分，搜狐发布新闻《网传上海外滩发生踩踏事故　警方回复》，成为此次事件的第一条报道。

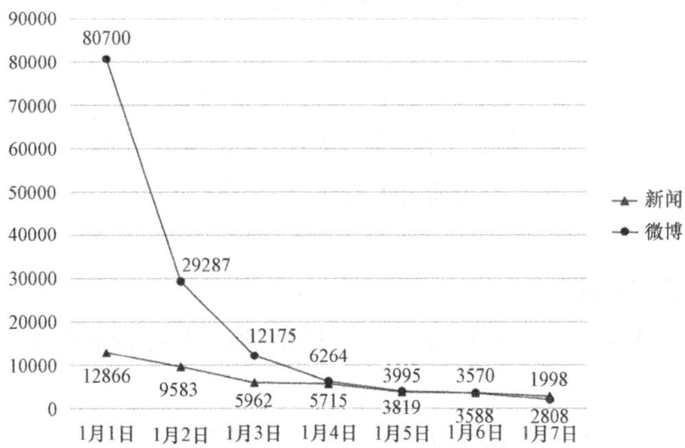

图10—1　上海外滩踩踏事件舆情关注度走势（单位：条/篇）

图片来源：人民网“舆情频道”。

3. 媒体舆情分析

媒体前期报道主要集中于对事件本身的惊讶痛心、对逝者表示哀悼以及对事件发生原因的探究。随着细节的不断披露，舆情焦点开始转向对事件的反思。舆论各方对事件发生原因的追问也开始呈现爆发之势。

先是“@新浪新闻”追问：陈毅广场为何聚集大量民众？灯光秀换地方了，是否有人通知？踩踏的原因到底是什么？

随后，新华网发文三问上海外滩踩踏事件：风险预防策略是否充分？安全管理手段是否到位？应急控制措施是否及时？

《新京报》将事件追问增加到10条：事发时外滩人流量有多大？灯光秀转场是否及时通知？交通为何没有管制限流？踩踏是否由“撒钱”引发？外滩警力配置是否得当？应急控制措施是否及时？为什么遇难者多是女性？伤亡人员如何救治赔偿？此次踩踏事件如何追责？特大城市缘何出现踩踏？

连续的追问，让事件的舆情热度不断上升。

4. 网友观点倾向

在上海踩踏事件中，绝大部分网友对事件的发生表示痛心，感叹生命之脆弱，纷纷为遇难者祈祷，希望汲取教训，让悲剧不再重演。在哀悼事件中的逝者之余，许多网友纷纷开始反思事件的来龙去脉，且在事件发生之前就有网友发言抱怨现场人员拥挤，没有足够的警力维持秩序。有网友认为，“人多、地少”是发生踩踏事件的根本原因。有相当一部分网友认为，造成踩踏事件的原因是缺乏应急预案管理措施，管理部门定有失职之嫌。还有相当一部分网友认为，这次事件正是上海人口负荷过重的体现，呼吁加大对上海外来人口的控制与管理。

5. 处置应对建议

（1）通过电视、网络等各种平台提前通报交通管制情况和活动注意事项；

（2）对人群进行区域分流管制，每个区域控制人数；

（3）随时做好应急准备，除治安警察外，医疗救护、消防队、缉毒、反恐警察及警犬等在现场随时待命；

（4）积极借助新媒体平台进行信息发布，做好信息沟通的桥梁。

（三）西安凤城医院手术台自拍事件引医患矛盾再度升温①

1. 事件回放

2014 年 12 月 21 日，微博上一组医护人员在手术台旁的自拍照引起大量网民的关注。图片内容显示：患者还躺在手术台上，而医护人员们却摆起了 POSE 自拍。据了解，照片拍摄于当年 8 月 15 日，在西安凤城医院，因手术室将搬迁，医务人员完成手术后拍照留念。目前，博主已删除了这组照片和相关内容。21 日晚，西安市卫生局通报了“医生手术台自拍”事件调查情况，决定给予常务院长记过处分、留职察看一年，免去分管副院长、麻醉科主任、护士长行政职务；所有参拍人员写出深刻检查，记过处分。责成西安凤城医院就此事件向社会进行公开道歉，并进行全面整改，加强内部管理，规范医务人员行为，避免类似事件发生。

2. 网民观点倾向

对西安凤城医院医生手术台拍照一事，网民态度大体有四种：（1）手术成功了，拍个照无可厚非；（2）拍照、脱口罩、未经患者同意都欠妥，处罚应该；（3）处罚重了，简单粗暴，没有人味儿；（4）支持拍照。网络舆情所涉及的主要矛盾点包括：

（1）有网民认为这起事件仍是医患关系紧张的一个缩影，认为医者与患者之间缺乏最基本的信任，使得每一起涉及医疗纠纷的公共事件最后都上升到剑拔弩张的对峙局面，只有重建医患信任才是治本之策。

（2）有网民对媒体的报道倾向颇有微词，认为媒体对医患关系存在先入为主的“过度解读”，使得刻板印象让位于事实判断，一味地将其“符号化、标签化”。

3. 媒体评论摘要

（1）北京青年报：手术台前玩自拍，公众看见了冷漠，同行看见了热血

同一组照片，公众看见了冷漠，同行却看见了热血。而制造这种分歧

① 来源于“新华舆情”，http://news.xinhuanet.com/yuqing/2015-01/08/c_127369712.htm。

的，正是难以调和的医患矛盾。在矛盾的土壤上，对立的双方难以主动达成共识、体谅与和解：如果医者能够想到门外焦急痛苦的家人，恐怕也不会有手术台前的自拍；如果大家能够体谅医者抢救生命的艰难，也就能够理解那份成功的喜悦。可遗憾的是，医者继续任性，公众固守成见。

（2）新京报：观“手术室自拍”，先别预设立场

不管事实如何，请让事实判断先行，因为符号化的认知总是避免不了产生错位。公众固然需要克制固有认知下的情绪，但回归问题的根源，重建医患信任才是治本之策。医患信任不再缺乏了，类似事件的敏感度自然就降低了，否则医生的一个自拍行为，又何至于成为一则新闻呢？

（3）南方都市报：手术台自拍风波，需回归技术性分析

应该承认，这一起由医护人员手术台摆拍引发的争议，的确为抽象化的医患冲突再添了一把火。医生们看似轻佻的举动，激怒了一些已经从内心丧失对医护人员信任的人群。在社交媒体时代，类似照片的效应演变至今，也是可以预料的。但反过来，公众舆论尤其是大众媒体和知名大V，在报道或转发此类事件中，有必要回归技术性的分析。那些看似义愤填膺的抨击，如何与专业性的意见进行糅合，这也许是所有在社交媒体时代被大量信息轰炸的人群所需要面对的重要命题。

（4）潇湘晨报：手术台自拍：自媒体里的狂欢与冷漠

自媒体时代里从来没有无节制的狂欢，也不应该存在没有温度的冷漠。值得欣慰的是，对于“手术台自拍”一事，多数网友都表达出愤怒的态度，并对自拍的医护人员进行了斥责。这说明，绝大部分网友能够意识到自拍的边界问题。

（5）广州日报：“医生手术台前自拍”，有图未必有真相

医生手术台前自拍的真相绝对不是几张照片能够说得清楚的，预设立场下的事实判断，显然无助于缓解医患矛盾，也必然让理性宽容的舆论空间日渐逼仄。不止是公众对医生手术台前自拍图片的解读逻辑，类似的事件，如艾滋女事件、女孩为晕倒环保工撑伞、最美女孩喂饭……有图未必就有真相，价值判断先行下的认知是一件很危险的事情。

（6）大河报：“手术台合影”需要换位思考

如果学会换位思考，那么作为医务工作者应该知道，即便这组照片没

有流传到公共平台，这也是在错误的时间、错误的地点做了一件错误的事情，有损职业道德。公众也应该明白，医务工作者和大多数人一样，玩玩自拍，发个微博，这可能不妥，但终究不是什么大逆不道的事情。“手术台前拍合影”也许不必过度阐释，但背后的公共情绪却值得反复品味。

4. 舆情点评

此次事件中，“无视病人没有悲悯”和“手术成功可以理解”两种声音的分野，使得原本就很紧张的医患冲突再次显性化，也再次凸显了当下构建和谐医患关系的必要性和紧迫性。

（四）12306 数据泄露事件引发网民有关隐私保护的热议①

1. 舆情概述

2014 年 12 月 24 日晚，中国铁路总公司官方购票网站（www. 12306. cn）被曝用户资料大量泄露，很多用户身份证、邮箱等敏感信息在网络上流传，给广大旅客造成信息安全威胁。

2. 舆情传播情况分析

从 24 日晚此次信息泄露事件爆出到 25 日，有关事件的消息数量急剧上升，到 26 日达到峰值，主要渠道为媒体报道，其中人民网对于该事件的报道力度最大，报道文章数量占所有网站之首，在两天内共有 68 篇相关报道。而网民的热搜以及各大网站、论坛对此事的推送关注是事件升温的主要原因。具体情况如图 10—2 所示。

3. 网民观点倾向

在众多观点中，对事件的介绍解读、对通过立法等方式来保护用户数据资料的呼吁和专家为网民支招保护自己隐私占大多数。其中，正面舆情占极少部分，中性舆情数量则略有上升，而与此形成鲜明对比的是负面舆情的急剧上升，呈几何增长。

4. 舆情趋势

从媒体报道与网民反应情况来看，总体舆情呈不良走势，网民对本事件关注热度持续走高。而从舆情的矛盾点分布来看，舆情的爆发点集中于

---

① 来源于“汇联舆情”，http：//www. huilan. com/sjz/455175/466372/index. html。

网民对信息泄露的消极抵触情绪以及由此引发的对强化网络信息安全管理的呼吁，因此建议有关部门应对上述问题做好及时、合理的解释，并以实际举措加以落实。加快网络信息管理机制及法律法规的建立健全，以及加强对 12360 官方网站的技术提升，均是亟需解决的问题。

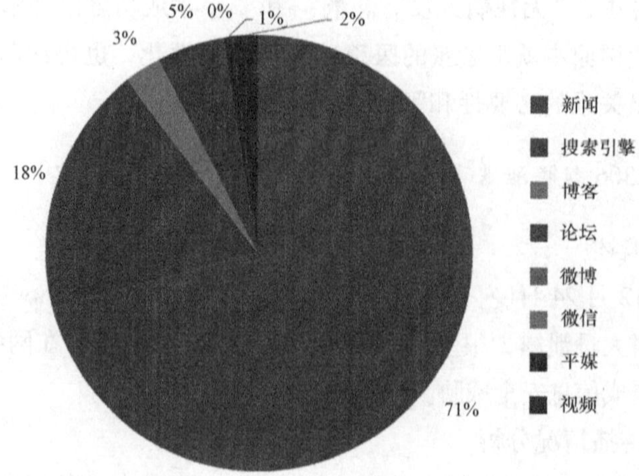

图 10—2　12306 事件舆情关注度平台分布

图片来源：汇联舆情。

模块五　网络舆情的处置应对

2009 年 7 月 17 日，在曾经发生“杞人忧天”的河南杞县又上演了一出现代版的“杞人忧钴”的闹剧。7 月 17 日，该县一条虚假消息引发了大规模的恐慌，有关“钴 60 放射源将爆炸”的谣言瞬间在互联网络及手机移动网络传播开来，随之出现了当地民众纷纷逃难的场面。为了保安全，杞县一些老百姓冒着近 40 度的高温酷暑，拖家带口，逃往周边县市避难，汽车、拖拉机、三轮车等车辆一度堵塞了通往周边县市 600 多公里的道路。事实上，在 17 日恐慌事故发生之前，该县某辐照厂确实于 6 月 7 日出现过辐照装置故障。故障发生后，早在 7 月 5 日前后就曾有群众向当地媒体提出请记者介入调查核实的建议。然而当记者前往杞县调查时，却被有关部门以影响社会稳定为由拒之门外，这使得群众的猜测和疑虑不断增加。与此同时，更多的流言通过天涯论坛、QQ 等传播开来，诸如“钴 - 60 要爆炸了”“遭受核辐射要断子绝孙”“赶快逃命吧”等谣言占据舆情的绝对主导地位。7 月 12 日，面对越来越厉害的谣言，当地市政府第一次举行新闻发布会，通报辐照装置处置情况，力求辟谣。7 月 17 日，市委领导赶赴杞县指导工作和稳定群众情绪。7 月 18 日，所在省副省长赴杞县指挥并亲赴辐照厂实地察看。至此，出逃群众才纷纷返乡，社会开始趋于稳定。

从“杞人忧钴”这个故事我们不难体会到，对于一个舆情问题的解决不能仅靠及时的侦获、有效的分析，而最终都要落实到实际的处置应对上来。不仅要重视处置应对，更要讲究处置应对的技巧。根据舆情所涉及客体，也就是舆情所针对的对象（包括政府、企业、公众人物等），网络舆情的处置应对也应分为政务网络舆情处置应对、财经网络舆情处置应对、个人网络舆情处置应对。本章主要探讨和学习政务网络舆情的处置应对问题。政务网络舆情工作主要是面向党政军机构等用户的，因而主要解决的是公共管理、社会治理方面的问题。

一、处置应对策略

对于政务网络舆情问题的处置应对，主要从以下几方面入手：响应是否及时、态度是否诚恳、级别是否恰当、信息是否充足、是否运用网络技巧等。

1. 响应及时

如今，随着网络舆情影响力的提升，民众越来越重视通过网络渠道来表达诉求、不满或抗议，因而对有关部门或对象及时回应上述诉求或情绪的要求也不断提高。及时响应便成为衡量网络舆情处置应对效果的一个基本因素。自网络舆情诞生以来，由于处置应对不及时，网络舆情危机并不少见。前述的“钴-60 事件”就是一个典型的例子。此外，诸如“LG 翻新事件”“山西等地震事件”等，均对网络舆情影响力评估不到位或企图通过“捂盖子”的方法“息事宁人”，从而导致响应不及时。“快速反应、及时出击”才能把握住舆情处置的“黄金时间”，及时有效地将事态控制在自己的掌握范围内，争取更多的时间与空间，化被动为主动，从而将矛盾化解、问题解决，避免了将小事闹大、大事闹炸的危机局面。诸多实例已证明，“捂盖子”功夫再高、涂脂抹粉的能力再强，也经受不住真相和网民（包括媒体和个人）的追问，政务舆情的火灭不了，则极可能引发成公共舆情中的熊熊大火。

2016 年 8 月，国务院办公厅印发《关于在政务公开工作中进一步做好政务舆情回应的通知》（以下简称《通知》）。《通知》要求对涉及特别重大、重大突发事件的政务舆情，最迟应在 24 小时内举行新闻发布会，对其他政务舆情则应在 48 小时内予以回应，并根据工作进展情况，持续发布权威信息。实际上，一度成为官方应对舆情危机最佳节点的“黄金 24 小时”早已升级为微博时代的“黄金 4 小时”，甚至微信时代的“黄金 1 小时”。因此，网络舆情的处置应对不应仅以特定时间为节点，而应将“主动应对”始终放置在第一位，尽可能地主动作为、提前感知、主动回应各方关切。但值得注意的是，响应并不代表下结论，对于网络舆情事件的处置与应对，要做到及时响应，但谨慎定论，切勿因一味地追求及时而草率地对事件的原因、结果等下结论。

2. 态度诚恳

态度诚恳是指在网络舆情事件的处置应对中，应尽可能地站在利益相关方、利益受损方或广大网民的立场，切实感受民众的所需、所求、所拒，切忌采用“蒙混过关”“混淆视听”“转移话题”“遮遮掩掩”甚至“控制打压”等做法，这样只能导致舆情火势更为凶猛。所谓态度诚恳，既包括设身处地为民众着想，还包括当事故发生后敢于面对事实、承认过错。

近些年来，一些官员因舆情处置应对态度不端正而引发的雷人、雷语事件亦不少见，诸如“不管你信不信，反正我信了”、“你是选择替党说话还是替人民说话”以及“瓮安事件”中的“俯卧撑”、云南看守所事件中的“躲猫猫”等，一度在网络世界乃至现实生活中流传。对于网民而言，态度诚恳代表的是“执政为民”的落实力度，也是网络舆情处置应对的又一重要评估指标。

3. 级别恰当

网络舆情处置应对中的响应层级主要指回应人的行政级别。网络舆情事件的严重性不同，则网民对响应层级的期许也不同。例如，在前述的“钴－60 事件”中，在大规模群体逃荒事件发生之后，当地市政府才召开第一次新闻发布会。而在新疆托克逊县黑奴工事件中，在事件首爆当天新疆维吾尔自治区党委书记就亲自表态，随后在事故调查过程中，政府领导也多次召开新闻发布会。这使得密切关注这一事件的广大网民看到了相关部门及官员解决问题的诚心和决心。然而，一方面，要求响应层级适当并不代表响应的级别越高越好。例如在四川会理 PS 事件中，宣传照片 PS 引发了对会理县领导的恶搞狂潮，娱乐性成分要显著高于政治性、社会性成分，县政府及相关工作人员及时、巧妙地回应将此舆论危机事件转化为一次成功的城市营销，从而并不需要更高级别部门或官员介入。反之，若试图通过更高级别的介入来表明相关部门对事态的重视程度，反而会使原本带有浓重娱乐、调侃色彩的事件变得严肃且严重，效果将适得其反。另一方面，要求响应层级适当，也并非是任何与该舆情事件有关的部门或人员均需要做出回应。例如，2015 年有关“女儿举报父亲”的高考题引发了网民对题中所涉及人物以及教育部门、交警部门等的热议，有网友甚至对题中的“女儿”展开了“人肉搜索”。对于这一事件，随着高考后时间的推移，网民的关注热度会逐步消退，事件中所涉及的教育部门、交警部门等并不需要过多地做出回应。

4. 信息充足

网络舆情事件通常由特定信息引发，对网络舆情事件的处置应对过程同样离不开对信息的合理利用。信息是贯穿网络舆情形成、发展、消退的关键新因素，而信息充足作为重要的舆情应对指标，是平息网络舆情危机的最有效措施。信息充足指网络舆情处置应对部门对事件的背景、现状、原因以及处理情况等给予及时、准确的公布。信息的充足一方面体现在信息的量上，另一方面则体现在信息的质上。以 2014 年 2 月 25 日南京护士被打事件为例。事发两天后（即 2 月 27 日），南京市玄武警方就举行了发布会，通报了案情，却使得网民围绕当事人身份、瘫痪可能性、公布信息是否完整等提出各种质疑。因为尽管玄武警方公布了现场的监控视频，但对于整个打人过程，却仅有两分钟不到的简短视频，且于事发两天后才公布。实际上，对于此类事件来说，详细记录该事件全过程的监控视频应该是处置应对此次网络舆情事件最有利的信息，但当地警方却在信息的量上“偷工减料”，从而使得最有说服力的监控视频在真实性、完整性上都大打折扣，让网民心生各种不必要的猜疑。对于信息质的保障，在一些突发事件或敏感问题引发的网络舆情事件中，相关方面由于害怕事实真相暴露、矛盾升级，便企图采用发布不实信息或封锁消息等方式来处置应对。例如，在频繁发生的各种矿难事故中，相关方的信息公布时常出现谎报、瞒报伤亡人数的情况。

因此，切实做到信息充足，不仅可以帮助政府机关迅速取得舆论的话语权，及时树立阳光负责的公众形象，还能有效防止网络上各种不利的猜测、质疑和炒作，最大化地压缩流言形成和大肆传播的空间，最终有效化解社会恐慌和平息舆情危机。

5. 网络技巧

网络技巧指党政机构、企业或个人积极、主动、及时和熟练地运用“两微一端”、官方网站、媒体网站、网民留言板等互联网新媒体手段，进行信息发布和意见沟通等舆情应对。这就要求：一方面，应熟悉网络宣传规律、互联网技术和网络舆论引导的技巧，积极开展网络问政，通过建立健全网络问政机制来更好地倾听民意，疏导民怨，化解矛盾，促进和谐，这是维护政府公信力和提高舆情应对效果的一个有效手段。在现代社会，充分利用便捷先进的互联网技术手段，还能大大减少行政成本，一定程度上节省了人力、物力、财力等社会资源，同时增加了阳光透明的多元化监督通道。另一方面，应熟练掌握网络语言技巧，要善于理解网民的用语、用词，在网络舆情处置与应对中则应避免使用“假、大、空”的官话、套话，而应尽可能地使用平和、平民化的语言，并巧妙地结合网络流行语的使用，这样能更好地拉近同网民之间的距离，改善自身在民众心中的形象。四川会理县 PS 事件的处置与应对就是网络技巧使用得当的一个经典示范。

当前，绝大多数政府机关都建有官方网站。在舆情危机的应对中，一些政府机关不仅把官方网站作为信息发布与互动的平台，还引入第三方权威网络媒体来扩大信息发布的受众面和影响力，有效地维护了政府部门的形象。例如，2010 年 8 月 6 日，江西上饶发生强拆事件，继而引起舆论热议。事后网络爆出“删帖门”，使事件进入舆情高涨期。10 月 14 日，上饶县政府自制网页发到网上，全面公布官方掌握的有关事实的图文声像，指出当事人在拥有自家住宅的情况下，擅自抢建房屋，并伪造土地权证等细节。网页公开发布以后，引起媒体和网络关注，在事实材料面前，网络舆情压力得以有效缓解。虽然拆迁户与政府的争议依然存在，但网页发布效果显著，也为解决纠纷提供了新路径。

在网络舆情应对技巧中，引入第三方权威媒体是极为重要的方法。在舆情事件中，第三方媒体身处舆情危机之外，作为以“真实、客观、公正”为职业操守的第三方主流权威媒体，在政府和网民双方处于舆论对立状态时，其报道和评论往往更容易被网民所接受，从而显示出其化解舆情危机的巨大优势。例如，在云南孟连事件中，第三方媒体的介入促进了舆情危机化解的进程，信息发布及时全面，获得了舆论的肯定。

二、应对实例分析

（一）新疆托克逊黑奴工事件

2010 年 12 月 13 日，有媒体爆料称新疆托克逊县某建材化工厂有十余名黑奴工，其中有八名为智障人士。这些黑奴工遭受了四年多的非人奴役，被当地人形容为“猪狗不如”。该事件一经爆料，就引起广大网民极大的愤慨，网络主流媒体和自媒体均对此事进行了密集报道与关注。

事件爆料当日（即 12 月 13 日），新疆维吾尔自治区党委书记张春贤即亲自表态称“即使‘上天入地’，也要把不法分子缉拿归案、依法严惩、公开处理，还人民群众一个公道”。该事件事关伤残人士的切身利益，且事件本身情节恶劣、手段残忍，触碰到社会道德的底线，激发了公众对弱势群体的深切同情。从事件所涉地政府对此类性质极其恶劣的重大事件的舆情处置应对来看，一方面，在事发初始即公开表态，在响应及时一项上做到极致，且事发当日的首次表态即由自治区的省级“一把手”发表，在响应级别上更是展现出政府对此事件的高度重视。另一方面，自治区党委书记的表态，言简意赅，不需要长篇大论，但却需要切中要害、态度鲜明。“上天入地”表明了政府部门解决问题的决心。“缉拿归案、依法严惩、公开处理”则精准地把握了广大网民对于此类事件的核心期许，那就是怎样解决问题、问题处理的结果、问题处理的过程等。而“还人民群众一个公道”则向群众发出了一个明确的信号，即党和人民是站在一起的。在舆情爆发阶段，新疆维吾尔自治区党委的一系列舆情处置应对举措，使得对于这一“挡不住的舆情热浪”成功实现了热点转移，将热点转移至谴责、惩治丑恶行为，而不是针对政府是否作为，推动整个网络舆情向正面方向继续化解和引导热点。

事件爆料次日（即 12 月 14 日），托克逊县政府发表通报称该案主嫌犯已被抓获，多家媒体报道了相关责任人受到问责和党纪政纪处分的消息。托克逊县政府的这一通报既是对前一日“缉拿归案”表态的快速回应与落实，更是让广大网民看到了实实在在的行动和结果，使他们对此前的明确表态更加认可和坚信不疑。这一点在其他一些案例中却并未得到很好的应用，一些舆情处置部门尽管注意到及时响应与表明态度的重要性，但却容易仅重表态而忽略与此对应的实际落实问题，从而使得其公信力不仅没有得到稳固，反而受到负面的冲击。此外，在此案例中，在信息的公开、透明方面，当地政府部门还能充分发挥第三方媒体的作用，将事故处理的进展及结果及时通过多家媒体进行发布，保障了信息的客观性和权威性。

事件爆料后第五日（即 12 月 17 日），自治区党委召开会议强调“要深刻汲取教训，切实维护残疾人合法权益”。在事件的处理接近尾声之时，自治区党委并未因单个案件的完结而停止作为，汲取教训，继续将维护民众合法利益放在首位，深得广大网民称赞。

新疆托克逊黑奴工案是网络舆情处置应对的优秀案例，当地政府在响应及时、态度诚恳、级别恰当、信息充足、网络技巧这五个方面均表现突出，使得这一原本高热、高敏的舆情事件从爆发到消退仅经历了不到五天左右的时间，成功的经验值得借鉴。

（二）邢台洪灾事件

2016 年 7 月 19 日，河北邢台遭遇入汛以来最强降雨，导致严重洪涝灾害，多个村庄惨遭水淹。20 日凌晨，邢台开发区大贤村突遭洪水袭击，导致多人遇难。22 日上午 10 时，部分受灾村民及死者家属堵塞 107 国道，发生官员、村民互跪一幕。从微信、微博的发酵到媒体的公开报道，邢台洪灾事件成为网络热点。

7 月 20 日下午 6 时，距离洪水突袭发生已 16 个小时，邢台开发区党工委书记在接受河北经济电视台采访时称“没有人员伤亡”。如上文所述，网络舆情的处置应对应及时响应、谨慎定论，应对方应及时响应，以表明此事已引起重视，并就解决这一问题的具体举措、安排等做出通报。但在此过程中，对于一些结论性的问题，应对方在缺乏切实调查的情况下不应过早给出定论，尤其是对于一些在网络舆情中业已形成结论的问题。由此造成的在“真相”上的官民差异极易引发进一步的质疑或新一轮的舆情热点，从而将舆情关注点从对问题的解决转移到对政府是否作为的探讨上来。

7 月 22—23 日，邢台市委对外宣传办公室官方微博“@邢台发布”相继发文介绍受灾情况，解释洪灾暴发的原因。23 日 13 时许，邢台市防汛抗旱指挥部组织召开“7·19”暴雨洪水新闻发布会，指挥部副指挥长、市政府副市长就网民和社会共同关注问题进行回应。23 日 14 时许，“@邢台发布”公布此次洪灾遇难者及失踪人员名单。23 日 22 时许，邢台市召开新闻发布会，市长代表市委、市政府向所有遇难者表示沉痛哀悼，向全社会诚恳道歉，并启动责任追究程序。

在此次洪灾事件的舆情处置应对过程中，当地政府部门可以说“有所为”，亦“有所失”。“有所为”主要表现在：

（1）直面问题。在事件后期，邢台市领导就此次事件应对处置的不力对民众公开表示道歉，并对其中的问题进行了直面的陈述，同时还对由此引发的责任追究进行了较为具体的陈述。

（2）高层级发声。尽管事故主要发生在邢台市的某一个村庄，但由于事故伤亡较大，且关涉民众的人身、财产安全，舆情关注度高，在整个舆情处置应对过程中，新闻发布方涵盖省、市各个层级，彰显出各级政府部门对此事件的高度重视。

（3）重视新媒体运用。在信息公布、舆论引导的过程中，“@邢台发布”“@邢台公安网络发言人”“@邢台气象”“@河北发布”等官方微博对汛情、救灾、官方回应等进行了及时的信息发布。借助新媒体优势，应对方扩大了传播面和影响力，回应了民众关切，降低了谣言滋生和传播的风险。

（4）上网名单应对质疑。对于自然灾害类突发事件，网民关注的是受灾情况、受灾群体的救治情况等。在此案中，面对网上扑面而来对死伤人数的质疑，邢台市政府及时公布并随时更新死者名单，以强有力的事实证据回应了各种猜疑、传闻。

（5）巧借第三方言论。在当前官民互信机制受到一定冲击的情况下，巧借第三方机构或权威专家进行网络舆论的引导与答疑，是网络舆情处置应对的有效方法之一。此案中，对于自媒体上流传的“泄洪未通知村民导致伤亡”的消息，官方邀请气象、水利专家进行回应，这比当事官方直接回应更具解释力。

所谓“有所失”，则主要体现在信息发布的相对滞后和首轮发布未保障信息的质的问题上。一方面，突发事故爆发后的次日晚，官方才第一次公布受灾情况，在时间上落在了非官方信息之后，从而失去了应对的主动权。另一方面，20日下午接受电视台采访时的“没有人员伤亡”以及第一次新闻发布会上缺乏具体内容的表态，使得网民最关心的一些问题没有得到很好的解答，在信息的质和量上均未得到保障，“瞒报说”大范围传播，引发舆情次生灾害。

（三）四川会理 PS 事件

2011 年 6 月 26 日，天涯社区发布一则名为《太假了，我县的宣传图片》的爆料帖。该帖文后被转发至微博，旋即在网络世界广泛传播开来。一时间，“会理悬浮照”成百度搜索热词，网民们更是开启了疯狂的“PS 大赛”。

6 月 27 日上午，《潇湘晨报》等媒体在对工作人员进行采访时，工作人员表示：网友的质疑是对的，新闻照片不应拼接，6 月 26 日夜间发现问题后，经过初步调查，我们已对涉事工作人员进行了严肃处理，并要求不允许再犯类似错误。可以说，在首轮舆情应对中，该县政府工作人员的回应即打开了一个良好的局面。工作人员的回应首先认同了网友的质疑，随后承认了不应拼接的错误，并给出了改正这一错误的具体举措。有了诚恳的态度、实在的内容，因此并不需要在响应级别上一味地求高，即可取得良好的处置应对效果。

27 日下午 18 时 30 分左右，会理县官微从出现起即带“V”实名认证，发布《向网络媒体、各位网友致歉信》，开始向广大网民道歉，并再次“保证在今后的工作中绝不再发生类似情况”。

随着事件的传播，互动媒体平台的“PS 大赛”并未就此消退，以会理县三名官员为模板的图片仍然是网民竞相传播的对象。面对此种舆情态势，当事人“孙正东”开设微博做出回应称：“感谢全国热心的网友，让会理县领导有机会在短短的时间内免费‘周游世界’，‘旅行’归来后，领导已回到正常的工作轨道，也希望网友把关注的焦点，转移到会理这座古城上来。会理是座有着两千多年历史文化的古城，也是古南方丝绸之路的重镇，看看@阿卓志鸿镜头下的会理吧，绝对没有 PS 哦！”当事人诙谐幽默的回应再次获得网友的好感，并成功实现将舆情危机向旅游宣传转移的目的。

在整个舆情事件的处置过程中：一方面，舆情爆发初期，会理县政府并没有遵循以往的“家丑不可外扬”“封、堵、删”的传统方法，而是主动放下身段，诚恳地承认错误。另一方面，在处置应对的过程中，既有对涉事人员的处理结果说明，还有会理县领导考察现场真实图片的证据提供，有效地打消了媒体和民众心中的疑虑，获得了公众的理解，使负面舆情迅速降温。此外，在娱乐性舆情持续走高的情况下，当事人通过微博用极其亲民、幽默的网络用语呼吁大家关注会理古镇的做法，成功实现了议程的重新设置，巧妙地变“被动”为“主动”，由负面转正面。“会理 PS”一案堪称网络舆情处置应对中的一个经典案例。

三、总体原则

舆情应对的一般性建议如下：

（1）及时搜集和准确研判网络舆情；

（2）第一时间发出权威声音，抢夺舆论主动权；

（3）相关领导应亲临现场恢复秩序、稳定情绪；

（4）防止社会问题政治化，切忌滥用警力；

（5）多部门联动处理突发事件，加强舆情应对的动态反应能力；

（6）及时进行责任切割，严格做好行政问责，平民怨，顺民意；

（7）合理运用网络技巧，维护、修复政府公信力。

而这一切都应以实效为落脚点，不能光讲技巧来应付，而不求现实中的真正解决。现实是第一性的，任何网络舆情事件的处置应对最终都应落脚到现实矛盾、现实问题的解决上来，这是网络舆情处置应对的根本性原则。

第三部分——

专题研究

专题一　突发事件网络舆情

2007年通过的《中华人民共和国突发事件应对法》将突发事件定义为："突然发生，造成或者可能造成严重社会危害，需要采取应急处置措施予以应对的自然灾害、事故灾难、公共卫生事件和社会安全事件。"[①] 突发事件的发生，使社会偏离正常发展轨道并向失衡状态发生质变，因而是网络舆情监测的重点对象，也是网络舆情处置应对的难点问题。

一、突发事件的主要分类

根据突发事件发生过程、性质和诱发机理，可将其分为自然灾害、事故灾难、公共卫生事件、社会安全事件四类。

（一）自然灾害

自然灾害由自然因素直接导致，主要包括水旱灾害、气象灾害、地震灾害、地质灾害、海洋灾害、生物灾害和森林草原火灾等。典型如2008年的汶川地震、2012年的甘肃岷县山洪泥石流灾害、2013年的云南镇雄泥石流、2014年的鲁甸地震、2015年的尼泊尔地震等。

（二）事故灾难

事故灾难多指具有灾难性后果的、人为因素导致的事故，主要包括工

---

① 《中华人民共和国突发事件应对法》，中国政府网，2007年，http://www.gov.cn/ziliao/flfg/2007-08/30/content_732593.htm。

矿商贸等企业的各类安全事故、交通运输事故、公共设施和设备事故、污染和生态破坏事件等。典型如2012年的北京“7·21”水灾、2012年的山西苯胺泄漏事件、2013年的新疆呼图壁县煤矿瓦斯爆炸事故、2014年的马航飞机失事事件等。

（三）公共卫生事件

公共卫生事件主要包括传染病疫情、群体性不明原因疾病、食品安全和职业危害、动物疫情，以及其他严重影响公众健康和生命安全的事件。典型的如非典、H7N9禽流感、食物中毒、“问题”西瓜事件、蜱虫咬人致死事件等。

（四）社会安全事件

社会安全事件一般包括重大刑事案件、重特大火灾事件、恐怖袭击事件、经济安全事件和涉外突发事件等，通常由一定的社会问题诱发。典型如多地发生的公交车爆炸事件、河南兰考的“1·4”火灾事故等。

二、突发事件的主要特征

突发事件的发生往往出乎人们的意料，是事物内在矛盾由量变到质变飞跃的过程，也是通过一定的契机而诱发的。突发事件的诱因具有一定的偶然性和不易发现的隐蔽性，对于复杂多变的网络而言更是如此。随着博客、微博、微信等新技术、新交流手段、新平台的开发，突发事件在网络上会以什么方式出现，会在什么时候出现，以及会以什么形式、内容出现，都是人们无法把握和预料到的，人们对于突发事件发生的具体时间、实际规模、具体态势以及可能的影响均是难以预测的。具体而言，突发事件网络舆情的特征主要体现在：

（一）不确定性

突发性事件发生的不确定性极易造成相关舆情信息内容的不确定性。无论是有组织、有计划的群体性突发事件，还是诸如“3·01”昆明暴恐事件等，对于公众和政府部门来说都是突然发生的，都是社会或某个组织系统在日常运转中或个体在常规生活中突然遭遇的外在冲击。这种时间上的突发，导致对事件的信息所知甚少，同时对事发的时间、地点、规模、影响程度、趋势等都难以预计。从传播学角度来看，社会资讯越发达，公众接受信息的渠道越多，突发事件爆发时，由于真相不明，误传、谣传、小道消息漫天飞的现象就越容易出现，这些信息的出现并不遵循既定可循的轨迹，身处事件内外的群众均易陷入惶惶不安之中。而这些不确定性都为突发事件的处置和应对提出了极大的挑战。

（二）偶然性与必然性

通常，我们容易将突发事件的不确定性归结于偶然性，然而实际上，从突发事件爆发的原因来看，却是偶然性与必然性的统一。一些看似偶然发生的自然灾害中往往有其人祸的影子，更不必说事故灾难、公共卫生事件、社会安全事故等突发性事件了。例如，无视交通规则、安全意识淡薄、酒驾、疲劳驾驶等导致的各类交通事故；政府无视民生、封锁诉求渠道等导致的各种官民纠纷等。突发事件偶然性和必然性的辩证关系，正说明任何突发事件都有其可以找到的原因，有时探求源头并没有我们想象的那么复杂。这也为预防突发事件的发生，处理突发事件以及突发事件当中的舆情引导提供了正确的理念和态度。

（三）迅速集散

在当前五大媒体（报纸、广播、电视、网络、手机）共同传播的形势下，人们可以通过多种渠道获取信息和传递信息。突发性事件关系许多个体的切身利益，民众急需了解事件的真实情况，渴求通过更多渠道获得更多相关信息，这就使得他们之间的信息传播频率、速度、数量等均会急剧攀升，迅速产生广泛影响，有时还会对公众的道德观、价值观产生冲击并引发争论。因此，突发事件发生之后，舆论的形成速度往往更为迅速。一般而言，突发事件迅速集散的舆论往往会随着事件的解决而消散，也可能因媒体其他议程设置而引起公众的关注点转移。需要注意的是，对于关注点转移带来的舆情缓和，实际上并不是突发事件的有效、根本解决方式。

一旦被扑灭的火种再次受到激化，突发事件又会以更迅猛之势再次来袭。

三、突发事件网络舆情的处置应对

突发事件网络舆情同一般的网络舆情事件一样，在处置应对上讲求政府响应、信息透明、网络技巧、动态反应、技术处理等策略，其中尤其重视动态反应，应时刻跟踪事态的发展变化，做出相应的应对策略调整。同时，对于突发事件网络舆情的处置应对，更加突出时效性的要求，有效发挥政府机关等权威部门在事件真相还原中的“意见领袖”作用，也要注重通过适当的平台（网络媒体、新闻发布会等）对事件的当前状态、防护或救助措施等进行普及。总之，在突发事件网络舆情的处置应对上，应力求“抢时、抢势、抢巧”。总结起来，主要包括以下几点：

（一）建立突发事件新闻发布机制

突发事件爆发之后，公众均迫切希望了解事情的发生和发展以及政府应对事件的措施等，一方面是为了满足自身的知情权，尤其是对是否会给自身带来伤害和损失做出评估；另一方面是为了缓解重大突发事件所带来的恐慌和压力。因此，政府应建立突发事件新闻发布机制，在第一时间公布消息，引导网络舆论。

1. 信息公开要主动、及时

正如洪水泛滥时若一味地围堵往往会有决堤的危险一样，在面对突发事件网络舆情爆发的时候，我们也应注重对“泄洪模式”的运用。突发事件发生之初，公众往往因缺乏足够的信息而茫然无措，此时若相关政府部门能够准确掌握到民众的这种信息迷茫，及时做好信息公开工作，同时借助非政府组织以及新闻团体之力，使网络传播的信息渠道畅通透明，网络舆论的发生、汇聚井然有序，则对于整个事件的应对处置将会大有裨益。

2. 信息发布的态度要端正

第一时间发布事态信息只是突发事件网络舆情应对的基础条件之一，与此同时，还应保证所发布的内容是有效的、发布信息的行为是起到正面作用的。因为突发事件所涉及的问题通常较为敏感，容易激起网民的各种情绪，因而网民也常常会抓住发布过程中的一些不足而大肆质疑甚至唾骂。因此，发布信息及时固然重要，但“正确”地发布信息更为重要。一方面，在内容上必须交代清楚事件的来龙去脉，帮助民众还原事件的真相，厘清事件的来龙去脉。另一方面，在态度上应表明政府和媒体正在努力将真相公之于世，并且正在积极寻求解决问题的办法；此外，在言辞上，应杜绝使用含糊不清的词语，以免公众产生推卸责任、办事不力的看法，诸如“你是准备替党说话，还是准备替老百姓说话?”“我反正是信了”“你是哪个单位的？哪个让你直播的?”等雷人语录至今仍被网友调侃。

（二）高度重视网络舆论引导机制建设

突发事件网络舆论的引导是网络舆情工作的重要内容，实施方式主要是通过网络发言人、网络留言板、领导人网络信箱、官方机构与官员微博、网络信息员、网络评论员等网络沟通机制，针对网络舆情参与主体的积极和消极态度进行引导。在引导过程中，主要把握以下要领：

一是，把网络作为主场，第一时间快速出击。从大量网络和社会热点的发生情况来看，很多问题起源于网络也扩大于网络，因此应该将网络作为舆情监测和舆情引导的主场地。

二是，坚持用事实说话。在处理突发事件时不应泛政治化，在和群众对话时一定要实事求是，切忌说官话、套话。网络舆情的引导基础在于用事实增强说服力，没有事实的支撑，任何舆情引导都是苍白无力的。

三是，坚持理性引导。切忌鲁莽行事，而应注重对话和沟通，按照民主与法制的途径和方式来解决问题。

（三）强化部门之间的沟通与协作

无论是网络舆情的监测、分析还是处置应对，都离不开各部门之间的沟通与协作。这些部门既包括相关的兄弟单位，还包括媒体机构、司法机构、公安部门等。

首先，需要法律部门制定和提供体系化、立体化的依据。只有构建了突发事件的网络立法体系，才能有效地进行网络传播，也只有有了这种刚性的规范，才能避免操作中的无序性和人为性。因此，在突发事件发生后，应形成一套科学的、具有可操作性的程式化危机报道模式，完善突发事件应急管理中的法律依据体系。

其次，需要联合公安部门及时对有害信息进行处理。突发事件中，民众的信息获知量有限，而信息获知的渴求度高，给一些别有用心的人提供了可乘之机，从而导致虚假消息、小道消息漫天飞的情况。在此过程中，急需协同公安部门对这些肆意造谣、扰乱视听的人员进行定位和控制，从消息源头上来进行事实澄清。

此外，在突发事件中，由于网络舆情的迅速形成，政府或其他舆情客体会在瞬间成为舆论审判的对象，从而失去了原有的公信力和权威性。此时，就需要借助大众媒体的第三方力量，发挥其危机公关的作用，化解舆论危机。除新闻媒体外，一些非政府组织（如救援队伍、慈善机构等）也可在突发事件的舆情引导中发挥积极的作用。加强与这些部门、机构、组织之间的联合协作，将更有利于突发事件中舆论危机的化解。

专题二　国外网络舆情监测与导控

基于网络技术的迅猛发展及网络在人类生活中的高渗透性，网络舆情监测受到各国的共同关注。了解和借鉴他国开展网络舆情监测的举措与方法以及他国在管理和应对网络舆情问题时的相关机制与经验，对我国网络舆情的监测与管理具有重要的现实意义。

一、美国境外网络舆情监测的主要举措及特点探析

网络舆情监测是指综合运用各种技术手段对通过互联网发布、传播、体现的信息进行监听、测量和分析的活动。从1969年美国发明互联网以来，网络在人类社会生产、生活中的参与度不断提高，时至今日已成为一种无处不在的必需品，渗透到各个方面、各个角落。网络的迅猛发展带来了信息领域的重大变革，也带来了国家间利益关注点的新转变，其已成为维护国家安全稳定、国际地位声誉和开展情报角逐的新的重要战场。美国作为情报领域的先行者，同时又是网络霸权的掌控者，在网络舆情监测领域更是以实际举措实现了步步领先。本部分总结归纳了美国在开展境外网络舆情监测方面的“三部曲”——成立公开信息中心、发起“密涅瓦”社科研究计划、启动“大数据”发展战略，进而探索了其网络舆情监测的理念及方法特点。

（一）美国境外网络舆情监测“三部曲”

1. 公开信息中心——舆情监测成专项

近些年来，尤其是经历了“9・11”恐怖袭击的惨痛教训后，美国各

界对情报界“忽视公开情报”状况的不满连年增多，要求美国官方加大公开信息情报价值开发与应用的呼声日益高涨。2005 年 3 月，大规模杀伤性武器（WMD）委员会在其报告中强烈建议组建一个公开信息情报专职机构，认为应“加强对公开情报的搜集与利用，努力借鉴并采用情报界以外专家的研究成果，广泛应用信息网络等新兴技术手段”。[①] 在此背景下，美国国家情报总监于 2005 年 11 月宣布成立公开信息中心[②]（以下简称“中心”）。

中心在美国中情局原外国广播信息服务处基础上扩建而成，隶属于美国国家情报主任办公室，由中央情报局代管。中心按照“集中监管，分散执行”模式，与美国 15 家情报单位以及政府部门展开合作，在全世界范围内进行数据的搜集、分析，力求打造一个“全球覆盖、全面支援”的公开源情报机构，其中：（1）全球行动部门，主要负责信息搜集、生产与分析，相关工作人员分赴世界各地开展实地作业，从各种渠道搜集多形态的信息资源并开展分析研究，而且随着互联网的发展，网络数据资源成为其最主干力量。（2）分析发展部门则负责信息的深度分析、整合以及相关技术手段的开发。（3）中心负责技术开发的小组主要包括分析开发实验室、网络运用小组、音像数据组，分别进行语言技术分析、网络搜索技术、情报挖掘与遴选、情报分析、音像资源监测与搜集、音像加工与入库、信息共享等技术研发。中心在人才选拔和培养过程中，不仅注重情报分析、外语翻译应用、国际关系及特定国别研究等能力，同时也注重人员的互联网应用素质，更将网络信息搜集与分析、媒体分析等专题纳入人才培养的专业课程中。

中心的网络舆情监测侧重于境外网络，具有语种多、范围广的优势，可通过 80 多种语言实现对 160 多个国家的网络舆情监测分析，其中尤以英语网络舆情、阿拉伯语网络舆情、中文网络舆情为重点。具体任务类别包括：

（1）外媒涉己网络舆情分析。主要监测境外网络媒体涉及美国各现行政策或重大问题的网络舆情，旨在获知他方反应并研判涉及美国国家利益的各种趋势变化。

---

① 李会明：“美国国家公开情报研究中心”，《国际资料信息》2008 年第 6 期。

② 英语为 National Open Source Center，也译作“公开源信息中心”或“公开源中心”。

（2）多媒体网络舆情分析。中心除对以文本形式存在的网络舆情进行监测外，还开展以图片、视频等可视化形态存在的网络舆情监测，即从电视频道、网络地图等多种渠道监测和采集有用信息，并进行分析加工和建库存储。目前，中心既可实现国内重点电视频道的24小时监测，还可监测国外海量的电视频道节目。对于图片舆情，则重点监测各种地理图片，尤其是敏感地区图片，并对图片数据与信息建档入库。

（3）网络舆情专题分析。中心在长期跟踪监测基础上广泛搜集各种公开网络舆情信息，并进行分主题的翻译、分析，最终形成专题编译研究报告。其中，尤以美国情报界重点关注对象信息为核心专题。

（4）网络媒体分析。以某特定国家媒体为分析对象，重点分析了解该国或地区的媒体组织结构、运行模式、受众群体及影响力等情况，旨在把握该国或地区媒体运行规律及发展特点。

（5）重要对象网络舆情分析。与网络媒体分析不同，重点对象分析并非某国家或地区的总体情况分析，而是通过跟踪监测某特定媒体或特定人物（尤其是专家或意见领袖等）等重点对象，来研判该媒体或人物的政治背景、言论立场及影响力等。中心目前正严密监测150—300个极端组织网站，随时注意获取有用的反恐情报。

从2008年至2013年已有产品成果来看，中心的网络舆情监测具有如下特点：（1）网络舆情分析虽是任务主导，但却并非占据绝对优先比重。如图13—1①所示，在中心已公布的58项产品中，网络舆情分析类产品②占38%，且其中涉己（美国）网络舆情分析所占比重并不高，仅占舆情分析类产品的9%；而重要媒体调查分析、网络媒体综合性分析、媒体舆情功能分析三者共占产品总量的62%。③ （2）网络舆情分析产品呈上升趋势。从上述产品类别在时间维度的分布情况看（如图13—2④），虽然网络

① 该图表及相关数据参照 www. publicintelligence. net 以“open source”为检索词的检索结果自制而成。

② 典型产品如《阿富汗：塔利班宣传视频中以美国为基础目标》《南韩网民对互联网控制受限和增长趋势的反应》《日本媒体表示在未来空间发展方面有信心》等。

③ 典型产品包括《菲律宾媒体一览》《马来西亚媒体指南》《乌克兰总统候选人利用互联网未见成效》《巴基斯坦无人机制造公司网站》《印度主要报纸的影响》《台湾非官方军事网站》等。

④ 该图表参照 www. publicintelligence. net 以“open source”为检索词的检索结果自制而成。

舆情分析相对于其他类产品而言起步稍晚，但其所占比重呈大幅度上升趋势。由此不难判断，在经过大量针对媒体情况、媒体使用等的基础性研究后，未来网络舆情分析将成为中心的主要任务方向。

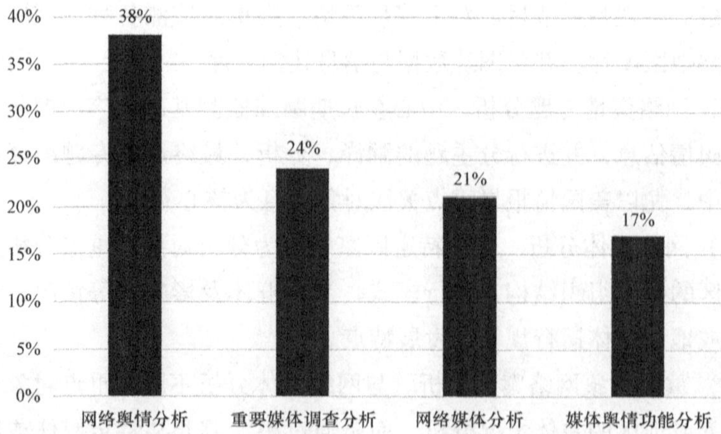

图 13—1　公开信息中心产品类别分布图

图片来源：作者自制。

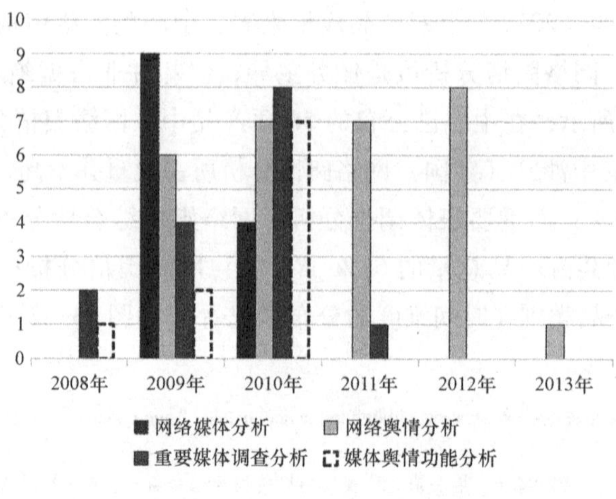

图 13—2　公开信息中心产品类别演变趋势图

图片来源：作者自制。

2. “密涅瓦”计划——社科研究增辅助

公开信息中心让美国情报界感受到公开信息的情报潜力，同时也凸显出一些问题，那就是：信息数量的增多和丰富并不一定同情报效应呈持续正相关，相反，信息的泛滥或过载给情报甄别带来了新挑战。正如作战部门若不清楚战场物理环境特征就无法有效执行作战任务一样，分析人员若不掌握隐藏危机的区域文化、政治环境等足够背景知识，就无法及时准确判别信息主体的意图和预测各种动态倾向。为了提升公开信息的搜集、萃取能力，给海量网络舆情信息的分析提供强有力的支持，2008 年夏，原美国国防部长罗伯特·盖茨发起了“密涅瓦”社科研究计划。

“密涅瓦”原指罗马神话中的战神和智慧女神，“密涅瓦”计划寓意将战神与智慧之神双剑合璧，借助美国军方的财力基础，发挥地方科研机构的智力优势，对一些关乎美国国家安全战略的地区或问题进行长期、系统的基础性研究，以达到“弥补军方在某些政策相关领域基础性科研的不足，……并使其成为美军战略判断、政策制定的智力后盾”① 的目的。“密涅瓦”计划的初衷旨在解决三个基本问题——“发掘整理信息、进行严谨分析并提供安全政策建议”，② 即对应于网络舆情监测的三大主要环节——舆情信息采集、舆情信息分析研判以及舆情处置应对。其目的就在于，通过加强对监测对象社会、文化和政治动态的理解来推动舆情信息的分析研判。

“密涅瓦”计划由负责政策规划的助理国防部长办公室直接领导，面向军内外甚至国内外院校、学术研究机构乃至个人提供项目资助。在项目审查、研究议程设置、人员聘用等过程中，美国军方具有较高控制权，以确保各研究项目更贴近美国军方诸如反恐、反内战、反叛乱和应对崛起大国等使命需求。继“密涅瓦”计划启动后，2010 年美国国防部又启动了“密涅瓦主持”项目（Minerva Chairs Program）和“密涅瓦研究专家项目”（Minerva Research Professorship Programs）。前者从隶属美军的高等院校中

① 于铁军、祁昊天：“美国国防部密涅瓦计划述评”，《国际政治研究（季刊）》2013 年第 1 期。

② 于铁军、祁昊天：“美国国防部密涅瓦计划述评”，《国际政治研究（季刊）》2013 年第 1 期，第 138 页。

选拔军内优秀研究人员与研究课题给予资助，旨在在跨兵种和国防部内部的战略层面建立一个社科专家团队，并注重加强军事教育机构与地方社科研究机构的联系。后者则主要面向部分军事院校，旨在遴选一批顶级专家学者在国防部学术研究机构任职。

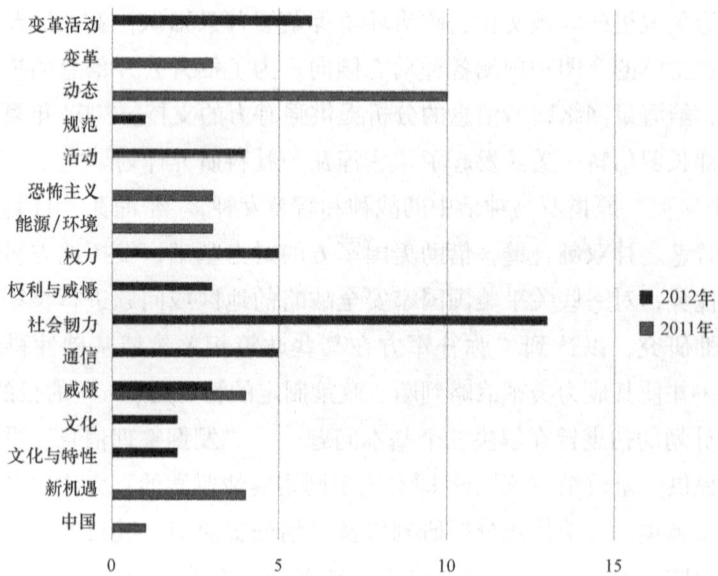

图 13—3　2011 年、2012 年“密涅瓦”计划项目类别分布图

图片来源：作者自制。

“密涅瓦”计划与地方科研机构的合作领域广泛，涵盖心理学、人类学、社会学、历史学、政治学等多学科。为了更好地从战略层面对研究项目进行规划，“密涅瓦”计划每年均发布一些优先研究领域供研究者们参考选用，并对项目进行主题分类。仅就 2011 年、2012 年两年来看，其关注领域及对应项目分布如图 13—3。①

---

① 该图表参照 2ND ANNUAL MINERVA, *Minerva Research Summaries*, http: //minerva. dtic. mil/doc/2011_ MinervaResearchSummaries. pdf 及 MINERVA INITIATIVE, *2012 MINERVA RESEARCH*, http: //minerva. dtic. mil/doc/2011_ MinervaResearchSummaries. pdf, accessedJune 20, 2014。

由图可知，社会稳定、权力与威慑力、反恐以及关乎未来的新动向、新变革、新机遇等是其关注重点。其中，有关中国各方面能力与动向的研究成为其重要关注对象之一。2011 年，与中国相关的项目共 1 项，[①] 至 2012 年虽未有单独分类，但有关中国的项目增加了 4 项。[②] 截至 2014 年，仍在研的涉华项目共 5 项。[③] 2014 年，“密涅瓦”计划发布的优先研究领域主要有四类：[④]（1）信念传播与变化动向，包括信念的形成与影响、群体一致性、文化规范与安全、变革的动力、分裂组织的结构动力等；（2）社会韧力与变化模式研究，包括经济、统治方式、能源、环境与资源等对稳定的贡献以及其他影响社会韧力与稳定性的因素；（3）权力与扩张的理论研究，包括全球化进程中国家的角色转变和传统威慑之外的因素研究；（4）冲突与安全的新课题等。

由于“密涅瓦”计划资助项目周期一般为 3—5 年，从 2014 年其发布的优先研究领域可知，在未来短时间内，对于群体文化、信念等意识领域的研究将是其重点，而对新动向、新因素的分析与预测依旧是其核心关注。到目前为止，“密涅瓦”计划研究人员已向参谋首长联席会议主席、防御政策决策者、战场战斗指挥决策者等高级官员提供了大量有价值的研究。随着初期项目的继续推进，由大学驱动的“密涅瓦”研究将进一步提升对关键社会与文化的理解，从而帮助美国更好地对当前海量的网络信息进行甄别和阐释，并对未来的未知动态、趋势进行更准确的预测。

---

① 该项目为 *The Study of Innovation and Technology in China*。

② 分别为：（1）*Political resilience of the Chinese Communist Party amidst economic liberalization and global integration*；（2）*China in Africa: Opportunistic Acts or Strategic Moves?*（3）*Quantifying Structural Transformation in China*；（4）*China's Emerging Capabilities in Energy Technology Innovation and Development*。

③ 分别是：（1）*Thailand's Military, the USA and China: Understanding how the Thai Military Perceives the Great Powers and Implications for the US Rebalance*；（2）*Culture in Power Transitions: Sino - American Conflict in the 21st Century*；（3）*China's Emerging Capabilities in Energy Technology Innovation and Development*；（4）*Quantifying Structural Transformation in China*；（5）*Innovation , Defense Transformation , and China's Place in the Global Technology Order*。

④ THE MINERVA INITIATIVE，Priority Research Topics for FY14，*PRIORITY RESEARCH TOPICS*，（2014 - 04 - 23）［2015 - 08 - 13］，http：//minerva. dtic. mil. topics. html.

3. 大数据战略——技术理念创先进

“密涅瓦”计划在社科领域的研究成果为海量信息的分析提供了强有力的背景支持。然而，互联网信息的进一步爆炸式增长将人类社会带入到一个更加空前的“大数据时代”，大量、高速、多样、真实的“大数据”不仅为情报工作创造了在新的与正在出现的数据和内容中洞悉事物的新机遇，同时对数据的分析、整合以及新技术的使用提出了更高的要求。为了充分利用这些迅猛增长的“大数据”，2012 年 3 月 29 日美国总统奥巴马发布了《大数据研究与发展计划》（*Big Data Researchand Development Initiative*），旨在提升利用大量复杂数据集合获取知识和情报的能力。为响应该计划，美国六大联邦政府部门[①]计划新增 2 亿美元用以开展大数据研究，其中美国国防部每年向一系列军事部门项目投资的 2.5 亿美元中有 6000 万用于旨在利用大数据服务于国防决策的新研发项目。

正如美国中央情报局首席技术官格斯·汉特所言，大数据技术能帮助追踪恐怖分子和监测社会情绪，就像可口可乐等消费公司借助数据分析掌握消费者习惯一样，中情局也通过大数据技术来寻找恐怖分子的踪迹。显然，在美国，大数据不仅是企业营销的宝贵财富，更是国家安全与战略发展的价值资本。因而，在大数据战略提出后，美国在多个方面分别采取了一系列举措。[②]

（1）激励科学研究。2013 年 2 月，美国国家科学基金会等 10 家国际研究基金会联合启动第三轮“数据挖掘挑战”计划。该计划面向社会与人文科学研究，旨在通过认识大数据对社会及人文科学研究人员的意义，来说明大数据是如何改变这些学科领域的研究状态的。

（2）加大投资应用。美国国防部致力于充分开发和利用大数据来维护国家安全，其重点就是开展与网络安全相关的大数据应用，包括开发计算技术和软件工具以分析半结构化和非结构化海量数据、通过自动关联网络中的不同数据源判断网络的发展变化情况以实施安全防御等。

---

① 这 6 个部门包括美国国家科学基金会、国家卫生研究院、国防部、能源部、国防部高级研究局、地质勘探局。

② 陈明奇：“大数据国家发展战略呼之欲出：中美两国大数据发展战略对比分析”，《人民论坛》2013 年第 5 期。

（3）推进人才培养。美国是全球首个将大数据上升到国家意志和国家战略层面的国家，同时也是数据科学家和面向未来的大数据人才储备启动最早的国家。例如，鼓励研究型大学开发交叉学科研究生项目，以培养下一代数据工程师；在斯坦福大学、伯克利加州大学、迪肯大学等开设机器学习、云计算、众包等大数据研究关键课程；资助研究训练机构培训本科生使用复杂数据图形和可视化技术；召集专业人员进行如何利用大数据改革教与学的探索等。

（二）美国境外网络舆情监测特点分析

从2005年成立公开信息中心专门开展全球网络舆情的监测、跟踪，到2008年发起开展关键对象社科研究，为准确分析研判网络信息提供强有力支持的“密涅瓦”计划，再到2012年旨在在掌控互联网霸权之后再度占据信息数据战略高地的“大数据研究与发展计划”，美国网络舆情监测不仅在时机上抢先，在发展理念、技术方法上更是具有其独到之处。

1. 拓宽舆情理念，重视基础夯实

按照我们的传统理解，“舆情”通常指普通老百姓针对某些事件、现象的意见、态度或看法，多局限于一些较为直观的表露情绪的言论。而从美国境外网络舆情监测发展的“三部曲”来看，美国情报界对网络舆情的界定已进一步拓宽，所关注和监测的信息范围从表达态度、观点的反应类“舆情”，到通过网络传播、体现的各种个人信息、行为记录、言论内容等多元化甚至零散的数据信息，从而实现了从狭义的网络舆情监测向广义的网络公开信息监测的融合。从中我们不难发现美国境外网络舆情监测“攻防并行”的策略特点，即既重视通过对网络舆情的监测来服务于各种危机（包括恐怖主义等）的应对，也重视通过对网络舆情的监测来服务于对外的宣传与渗透。

此外，从公开信息中心时期注重对特定媒体对象特点、特定国家媒体状况、媒体舆情功能等基础性研究分析，以此作为开展网络舆情分析的坚实基础；到“密涅瓦”计划时期专门性开展重点国家或地区社会、政治、文化等的背景研究，以此作为开展公开信息萃取、分析的厚重积淀；再到大数据战略时期重视对大量多样化数据的搜集、存储和保存、管理，以此

作为海量信息分析与应用的强大保障。可以说，美国网络舆情监测的任何一步发展都十分注重对基础的夯实。的确，对于网络舆情监测而言，舆情的发布、传播、扩散都离不开媒体的参与。因此，对于互联网媒体状况与分布的研究是开展舆情信息搜集、舆情信息分析等的有效保障，有助于网络舆情监测工作方向性和指向性的进一步明确。与此同时，对于舆情主体情感、态度的感知离不开所在群体特征、文化特色、信念转变等的掌握，这既是信息分析、舆情评估的基础，更是对行动和决策开展的有力参考。而在远远超出人工处理承载能力的大数据时代，技术的开发、设备的研制均是保障效率的前提。这些基础性的工作正是美国网络舆情监测各个发展阶段之初都十分重视的。

2. 强化顶层管控，重视联合共享

美国构建的是一个自上而下、由国家宏观管控、下属各部门分工协作的专门性舆情监测工作体系，既重视顶层管控与设计，又重视执行部门之间的协作配合。这种架构模式，一方面有利于行业的规范化和国家的宏观可控性，同时也有利于情报的联合与共享。

首先，美国已将对网络舆情的监测上升至战略高度，对该项工作的开展与推进从国家层面给予了高度重视，不仅设立全球性机构专门开展相关工作，在人力、财力等方面给予大力支持，同时在各项工作任务的实施过程中也时刻注重对其方向性、需求性等的把握，提升了国家层面的参与度。

其次，早在二战和冷战时期，美国就显现出“集中力量办大事”的组织优势，不仅善于发挥国家机构内部各部门合力，更善于动员国内外学术、智力资源服务于国家目标。美国网络舆情监测发展的“三部曲”就很好地体现了这一点：（1）无论是公开信息中心、“密涅瓦”计划，还是大数据战略，均涉及多个部门，这些部门不仅包括多家国家情报部门，还包括各种政府机构、地方科研团体，甚至外国机构和个人等；（2）注重对所获得的数据资源、研究成果的共享，公开信息中心资源实施半开放政策，①

① 2007 年 10 月 1 日前，该中心网站对一般公众开放，此后转为半开放式，仅对联邦政府、州政府人员及雇员、BBC 监测机构人员、国外联络人员等开放。

“密涅瓦”计划研究成果则公开发布，而对于大数据则提供诸如 Data. gov 等开放平台。

3. 加强人才储备，面向未来挑战

人才是一切的根本，尤其是对于网络舆情监测这一呈持续上升走势的新领域来说，人才储备更是至关重要。从“三部曲”中我们不难看到，美国时刻注重保障网络舆情监测“可持续发展”的人才队伍建设，不仅成立专门部门管理和实施人员培训工作（如公开信息中心的人力资源和组织发展部门等），还注重发挥各大院校优势，开展面向未来和长远的人才培养计划，培养对象不仅局限于在职人员、研究生，更将作为未来骨干力量的本科生也涵括在内，足以体现出美国网络舆情监测的长远目标。而这种面向长远、面向未来的特点不仅体现在人才培养上，同时也体现在其研究应用的重心上。美国的网络舆情监测虽重视基础性研究，但这些并不是其应用的终点。无论是公开信息中心产品还是“密涅瓦”计划项目成果，不仅重视对现状的把握，更注重对隐性“舆情”及潜在“模式”“趋势”“动态”等的挖掘，对新动向的关注、对未来变革的预测、对潜在可能性的挖掘始终是其关注重点，尤其是大数据战略计划的提出，更是体现出美国倚靠基础、面向未来信息挑战的战略高度。

（三）结语

随着互联网的普及，美国已开始大肆监测全球互联网信息，这种监测早已超越了我们通常意义上的监测与导控，而是从维稳安邦的内守阶段走向了带有“操控”“颠覆”色彩的外攻阶段。从 2009 年摩尔多瓦“Twitter 革命”和伊朗大选危机的鲜活例证，到 2010 年、2012 年美国国务卿希拉里积极推行的利用 Facebook、Youtube、Flicker、Twitter 等网络平台传递外交政策的“网络外交”，网络不仅成为美国获取舆情的重要平台，也是其“操控”舆情为我所用的“极为重要的战略资产”，而社交网站更被美国总统奥巴马喻为“箭袋中的一支新箭”。因此，我们不仅要警惕美国网络舆情监测发展对我国家安全稳定的威胁与挑战，更要从中汲取经验教训，如此才能更好地应对各种挑战。

二、其他国家网络舆情监测的主要举措及特点探析

在德国，网络言论作为言论的一种，被纳入到言论自由的范围，受到法律的保护。德国对网络言论采取“宪法直接保护和特别立法的保护、限制相结合”的方式。作为德国宪政体系基础的《基本法》对言论自由明确规定：“每个人都有权在言论、文字和图像中自由表达和传播其见解，并从通常可获得的来源中获取信息。通过广播和摄像的出版自由和报道自由必须受到保障，并禁止审查。根据普通法律条款、为保护青年的法律条款以及为尊重个人荣誉的权利，上述权利可受到限制。”①

为阻止激进的网上宣传，德国通过了《信息和传播服务法》（ICSA，又称《多元媒体法》）。作为欧洲第一部全面规制网络内容的立法，《多元媒体法》在三个主要方面对德国的互联网控制产生影响。第一，它对 ISPs 加强了关于非法内容传播的责任，例如对有关纳粹复兴内容的传播，“将会使用该法律”，“可以技术性地阻止其传播”。第二，它通过法令设定特定的“网络警察”监测危害性内容的传播。第三，它将在网上制作或传播对儿童有害内容的言论视为一种犯罪。在德国所认定并强烈坚持的民主下，法院对有关网络言论采取了严厉的监测措施。

在信息公开方面，德国十分重视政府部门与新闻媒体之间的沟通以及和网民之间的积极互动，以此有效地避免个别网民的恶意诽谤或谣言的传播。而对于各种重大突发性事件，通常由总理或各部部长亲自进行公布，并“回答记者和传媒提出的每一项问题”，形成一种政府信息公开为记者服务、为媒体服务、为公众服务的传统。德国早在 2005 年就出台了一部《信息自由法》，对公民享有的“政府信息普遍知情权”进行了界定，并针对电子政务和网络化等特点进一步完善了政府信息公开的渠道和方式。

德国新闻情报局每天除接收 26 家通讯社、73 家电台和电视台的新闻外，还从 150 余种国内外杂志以及其他各种媒体摘录近万条信息加以浓缩、综合，并汇成《每日新闻简报》呈送政府总理、内阁部长和议会议员，以

① 转引自马荔：《突发事件网络舆情政府治理研究》，北京邮电大学博士论文，2010 年。

帮助其迅速了解国际形势，做出有效决策。

为了更好地管理和应对网络舆情，有效畅通民众对各种信息尤其是危机信息的知情权，德国建立了一个内外分离、集中处理、便捷高效的危机信息平台。该平台由两个彼此独立的子系统构成：一个是德国危机预防信息系统（deNIS），该系统集中了互联网上所有可以找到的危机预防措施信息，并面向社会公众开放，主要向人们提供在面对各种危机情形时应当如何采取保护措施等信息，并及时与网民互动。该系统建有2000多个网络链接，方便民众查询各种有关民众保护和灾难救助的背景信息以及各种预防危机的措施等信息。二是德国危机预防系统2（deNIS2），主要是建立民事保护和灾难防护领域的内部信息网络，来支持危机预警，在损失发生时迅速地进行信息分析，从而为决策者在民众保护和灾难救助方面提供信息，这一内部平台可以帮助决策者有效地应对危机，大大减轻决策层的预先评估和资源管理工作。

除德国外，其他国家亦越来越重视对网络舆情的监测与利用。日本文部科学省组建的“研究开发战略中心”，每年投入经费600亿日元，广泛分析世界各国关于科技信息的报道，研究日本应该重点投资的领域。此外，美国的对外关系委员会、布鲁金斯学会、兰德公司、卡内基国际和平基金会、华盛顿战略与国际问题研究中心、哈佛大学国际事务研究中心，以及英国战略研究所、法国国防部军事情报局、日本的野村综合研究所等著名研究机构，均十分重视对网络舆情信息的利用。

主要参考文献

[1] 蔡欣宝、郭若飞、赵朋朋、崔志明："Web 论坛数据源增量爬虫的研究"，《计算机工程》2010 年第 9 期。

[2] 陈明奇："大数据国家发展战略呼之欲出：中美两国大数据发展战略对比分析"，《人民论坛》2013 年第 5 期。

[3] 戴媛、程学旗："面向网络舆情分析的实用关键技术概述"，《信息网络安全》2008 年第 6 期。

[4] 冯希莹、王来华："舆情概念辨析"，《社会工作（学术版）》2011 年第 5 期。

[5] 纪红、马小洁："论网络舆情的搜集、分析和引导"，《华中科技大学学报（社会科学版）》2007 年第 6 期。

[6] 贾国飚："一种流言传播的小世界网络模型及控制策略"，《新闻爱好者》2010 年第 6 期。

[7] 姜胜洪："网络舆情形成与发展规律研究"，《兰州学刊》2010 年第 5 期。

[8] 李海燕："论情报意识"，《图书馆学研究》1994 年第 4 期。

[9] 李会明："美国国家公开情报研究中心"，《国际资料信息》2008 年第 6 期。

[10] 廉思："世界范围内青年运动新趋势研究：对'茉莉花革命'、英国青年骚乱、美国'占领运动'的分析"，《中国青年研究》2013 年第 12 期。

[11] 廖毅文："研究互联网涉军问题提高舆论引导水平"，《军事记者》2012 年第 9 期。

[12] 苏云升、周如俊："网络舆情与思想政治教育"，《广东青年干部学院学报》2005 年第 4 期。

[13] 孙玉伟："用户信息行为研究的理论基础探源（上）"，《图书馆杂志》2011 年第 10 期。

[14] 王一："中国网络舆情研究的现状、问题及对策"，《北京社会科学》2014 年第 9 期。

[15] 吴玉敏："当前舆情非理性态势堪忧"，《人民论坛》2013 年第 12 期。

[16] 许杭璐、昝琪："大学生网络舆论从众心理的探究"，《学理论》2013 年第 35 期。

[17] 于铁军、祁昊天："美国国防部'密涅瓦'计划述评"，《国际政治研究（季刊）》2013 年第 1 期。

[18] 曾润喜、杜换霞、王君泽："网络舆情指标体系、方法与模型比较研究"，《情报杂志》2014 年第 4 期。

[19] 杜骏飞：《危如朝露：2010—2011 中国网络舆情报告》，杭州：浙江大学出版社，2011 年版。

[20] 甘惜分：《新闻理论基础》，北京：中国人民大学出版社，1981 年版。

[21] 姜胜洪：《网络谣言应对与舆情引导》，北京：社会科学文献出版社，2013 年版。

[22] 李弼程等：《网络舆情分析——理论、技术与应对策略》，北京：国防工业出版社，2015 年版。

[23] 刘建明：《基础舆论学》，北京：中国人民大学出版社，1988 年版。

[24] 刘毅：《网络舆情研究概论》，天津：天津人民出版社，2007 年版。

[25] 马振飞：《网络舆情导控教程（高等院校信息安全专业系列教材）》，北京：清华大学出版社，2014 年版。

[26] 孟小平：《揭示公共关系的奥秘——舆论学》，北京：中国新闻出版社，1989 年版。

［27］齐佳音、张一文：《突发公共危机事件与网络舆情作用机制研究》，北京：科学出版社，2016 年版。

［28］人民网舆情监测室：《如何应对网络舆情？——网络舆情分析师手册》，北京：新华出版社，2011 年版。

［29］人民网舆情监测室：《网络舆情热点面对面》，北京：新华出版社，2012 年版。

［30］人民网舆情监测室：《36 计跳出舆论漩涡》，北京：人民日报出版社，2014 年版。

［31］《图书情报工作》杂志社：《新媒体环境下的网络舆情研究与传播》，北京：海洋出版社，2014 年版。

［32］王国华、曾润喜、方付建：《解码网络舆情》，武汉：华中科技大学出版社，2011 年版。

［33］王来华：《舆情研究概论》，天津：天津社会科学院出版社，2003 年版。

［34］王兰成：《网络舆情分析技术》，北京：国防工业出版社，2014 年版。

［35］谢耘耕：《舆情蓝皮书：中国社会舆情与危机管理报告（2015）》，北京：社会科学文献出版社，2015 年版。

［36］薛大龙：《网络舆情分析师教程》，北京：电子工业出版社，2014 年版。

［37］喻国明、李彪：《中国社会舆情年度报告（2015）》，北京：人民日报出版社，2015 年版。

［38］张创新：《现代管理学概论》，长春：吉林大学出版社，2000 年版。

［39］张克生：《国家决策：机制与舆情》，天津：天津社会科学院出版社，2004 年版。

［40］张晓军：《美国军事情报理论研究》，北京：军事科学出版社，2007 年版。

［41］中共中央宣传部舆情信息局、天津社会科学院舆情研究所：《舆情信息汇集分析机制研究》，北京：学习出版社，2006 年版。

[42] 中共中央宣传部舆情信息局：《网络舆情信息工作理论与实务》，北京：学习出版社，2009 年版。

[43] 中国传媒大学网络舆情研究所：《网络舆情及突发公共事件危机管理典型案例》，北京：中共中央党校出版社，2014 年版。

[44] 马荔：《突发事件网络舆情政府治理研究》，北京邮电大学博士论文，2010 年。

[45] 杨鹏：《网络论坛信息采集技术的研究及应用》，昆明：昆明理工大学，2014 年版。

[46] CNNIC，第 38 次《中国互联网络发展状况统计报告》，（2016 - 08 - 03）[2016 - 08 - 20]，http：//www. cnnic. net. cn/gywm/xwzx/rdxw/2016/201608/W020160803204144417902. pdf。

[47] CNNIC，《2014 年中国社交类应用用户行为研究报告》，（2014 - 08 - 22）[2016 - 08 - 20]，http：//h. cnnicresearch. cn/u/login/rid/144。

[48] 法制日报：《舆情研究：七类舆情事件的网络舆情规律》，（2016 - 08 - 05）[2016 - 08 - 11]，http：//www. legaldaily. com. cn。

[49] 国务院新闻办网站：《互联网新闻信息服务管理规定》，（2005 - 09 - 29）[2016 - 08 - 10]，http：//www. gov. cn。

[50] 乐思舆情监测中心：《新媒体时代下微信舆情该如何监控?》，（2014 - 04 - 05）[2016 - 08 - 10]，http：//www. knowlesys. cn。

[51] 人民网舆情监测室，"湖南临武瓜农死亡事件舆情分析"，（2013 - 08 - 22）[2016 - 08 - 20]，http：//yuqing. people. com. cn/n/2013/0808/c354318 - 22493663. html。

[52] 赵云泽：《微信舆论特点及其带来的监管挑战》，移商通，2014 - 05 - 12 [2015 - 01 - 3]，http：//www. iwanshang. com/news/020140512/1201311999. html。

[53] 中国各地新闻媒体和网站单位名单，（2013 - 07 - 07）[2016 - 08 - 10]，http：//www. wenku. baidu. com。

[54] 《中华人民共和国突发事件应对法》，中国政府网，2007，http：//www. gov. cn/ziliao/flfg/2007 - 08/30/content_ 732593. htm。